The UT Handbook of Academic Vocabulary

東大英単

東京大学教養学部英語部会［編著］

東京大学出版会

The University of Tokyo Handbook of Academic Vocabulary
Department of English Language, College of Arts and Sciences
The University of Tokyo, Komaba
University of Tokyo Press, 2009
ISBN 978-4-13-082140-7

プロローグ

　これは受験参考書ではありません　効果的な英語学習をサポートする新しいタイプの語彙テキストをお届けします。本書は東京大学教養学部に入学した学生の実力や必要性にもとづいて独自に開発された学内用教科書を母体とし、それをさらに広い読者に向けて発展させたものです。「語彙力強化を通じて総合的な英語力を豊かにすること」を最大の目的としています。テキストの内容を説明する前に、編集の趣旨や制作の背景について簡単に紹介しておきましょう。

*

　語彙力とは何か　英語力を強化するには、英文法や構文の知識、文章の発想や背景についての理解、作文や会話・プレゼンテーションといった場面での発信能力など、さまざまな知識とスキルが必要なことは言うまでもありません。語彙はこれらすべてを支える基礎的な部分です。英語で何かを表現するときに、「こういう場合はどんな言葉を使ったらよいのか」「もう少しボキャブラリーがあったら」と感じた経験は誰にもあることでしょう。

　暗記型学習から発信型へ　しかし、語彙力を伸ばすといっても、どのような方法がよいのでしょうか。一日に一定数の単語の意味やスペリングを覚えるといった機械的なやり方は効果がありません。暗記をしても、英語を使う現実の場面ではほとんど役に立たないからです。本書では「語彙をバラバラな言葉の羅列ではなく、いかに体系的に捉えて実際の使い方を体得するか」ということに重点を置いています。ですから、語彙の数そのものを増やすことが目標ではありません。このテキストに登場する280の見出し語の多くは、読者の方々が高校までの学習ですでに知っているものです。

　語彙を文脈で捉える　本書の関心は、「ある単語が使われる最も典型的で自然なコンテクストは何か」ということにあります。つまり、文法的に正しい文章でも、語彙の選択として実際はあまり使われない語を日本人学習者が用いる場合が多いことを考えて、語の文脈に重点を置きました。「こういう場合にはこの言葉がふさわしい」ということが理解できるようになれば、そのあとはより豊富な語彙を正しく使い分ける力も徐々に、また着実についてくるはずです。

語彙のレベルと種類 ここで取りあげた語彙や例文はいずれも学術的な論文や報告に頻繁に登場するもので、大学生として知っておくべき、また正しい使い方が望まれるものばかりです。見出し語は、既製の語彙テキストやリストに準拠せず、東京大学教養学部1年生が必修統一授業の英語Ⅰで夏学期に使用する教科書 *On Campus* の全14章で使われている語彙から厳選したものです。文理横断的な内容を広くカバーしたテキストを語彙のソースとして使うことで、多様な専門分野にわたる基本語彙の多くを扱っています。

見出し語の配列 見出し語は、たとえば *On Campus* の第1章の重要語彙のうち20語が、aからzにわたり本書の第1章の項目に取りあげられるという形で、章ごとに対応しています。さらに、*On Campus* や1年生が冬学期に使用する *Campus Wide* で使われている文章も参照できるよう、引用ページを付記しています。本書を学習しながら、あわせて英語Ⅰテキストを参照してみることをお勧めしますが、もちろん、本書はこれのみ独立して使えるように編集してあります。

*

制作の背景 2006年度にスタートした東京大学教養学部英語新カリキュラムの構想段階の議論の中で、「読み」を中心とする必修授業で総合的な読解力をつける一つの方法として、独自の語彙テキストを編纂してはどうかという発想が生まれました。語彙力は、「辞書を使った逐語訳からの脱却」には是非とも必要な力です。知らない単語に出会っても、前後の文脈から推測して、その先の文章を読み進めるといった習慣を身につけることも大切です。

編集チームの構成 このような趣旨のもと、教養学部の学生にふさわしいオリジナルな語彙テキストを制作するためのチームが編成されました。メンバーはいずれも駒場キャンパスで長年、英語の授業を担当している教員で、専門分野でいえば言語哲学、ヴィクトリア朝英文学、辞書学、シェイクスピア研究、言語学理論、アメリカ文化研究などで、出身地も日本、スコットランド、アメリカとこれも多様です。各自の英語に対する関わり方や感覚の違いを生かしつつ、また、ふだんの授業で感じている日本人学生の英語力の問題点について議論を重ねながら、本書の内容が次第に固まっていきました。

学内版による授業 この語彙テキストの前身は2008年に *A Handbook of Academic Vocabulary*(通称 *HAVOC*)のタイトルで学内出版され、教養学部1、2年生を対象とした多くの授業で使用されました。本書の中に明らかに大学生を意識しているような書き方があちこちで見られるのは、こうした出発点からくるものです。学内版テキストに対しては、教室の学生たちからはもちろん、担当教員からも多くの建設的なフィードバックがあり、さまざまな形でその後の編集作業に生かされました。

＊

各章の構成　本書は小さな項目に分かれており、どこからでも学習ができるように編集されています。各章の構成とそれぞれの役割について、順番に説明しておきましょう。

見出し語・発音記号・英語 I テキスト引用箇所　各章の冒頭には、その章で取りあげた 20 の見出し語をまとめて配置してあります。見出し語の横に発音記号を付けましたが、これは国際音声記号（International Phonetic Alphabet, IPA）を使用しています。同じ語に複数の発音がある場合は、それらもある程度併記しました。さらに同じ行の右端に上記の *On Campus*（OC と略記）あるいは *Campus Wide*（CW）で見出し語が最も典型的に使われている箇所を、そのページと行の番号で記してあります。

語　意　さらに次の行には、見出し語をアクセントの位置を示した形で表記し、そのおおよその語意を英語で説明しました。語の定義については一般的な辞書類に必ずしも依拠しておらず、また多義語の意味を網羅することも避け、特に大学生が知るべき重要な点を強調する形で独自の説明を加えました。

派生語・関連語　主要な語形変化、派生語、関連語を品詞分類を付して紹介し、見出し語から出発して、さらに語彙の知識を広げることをめざしました。

例文と和訳　各項目には、見出し語一つに対して、原則として二つの例文が挙げられています。例文の作成に際しては、特にアカデミックな文章におけるその言葉の使われ方を意識しました。これに和訳をつけるべきか否かも編集段階でずい分と議論しましたが、読者の便宜を考えて日本語の自然な訳をつけることにしました。一般に大学受験生は英文をその構文どおりに日本語に置き換えようと苦心しますが、ここでは、「この英文の意味内容を日本語で表すとしたら、こういうことになるだろう」という姿勢を基本としています。

綴　り　見出し語、派生語、関連語、例文では原則的に米国式スペリングを使用し、必要な場合は英国式を併記しました。

日本語による解説　見出し語について、日本語による数行の補足的解説を加え、その語のニュアンス、イメージ、語源、類語、反意語などを紹介しています。その語がもつ独特のパーソナリティのようなものに関心を向けて、語彙に対する感覚を磨こうというのがその趣旨です。

語彙のクロスレファレンス　本書で扱っている 280 の見出し語には、互いに関連の深い単語が多く含まれています。「この単語を使えるようになったら、こちらの単語にも目を向けてみよう」という読者のために、多くの項目では、解説の最後で括弧の中に、見出し語に関連した単語が登場する別の項目やコラムを示してあります。同じような意味合いの語彙、関係はあっても使われ方に違いがある単語、あるいは見出し語

と対照的な意味の単語などを紹介しています。あちこち寄り道をすることで、語彙の世界がさらに豊かなものになるでしょう。

　例　題　各章では、5つの項目のあとに復習用テスト Review が設けられています。そこまでで学んだ5つの見出し語を、必要なら語形を変えて空所に入れるというのが基本的な形式です。これが各章に4つあり、途中で息継ぎをするという意味もあります。そして最後にその章で学んだ20語全体について、定義のポイントの確認、英作文などを内容とする Unit Review があります。

　章末コラム　各章の最後に登場するのは読み物に近いコラムで、その章の特定の語の使われ方について掘り下げたり、周辺の関連語彙に関心を広げるためのページです。特に知っていると役立つ語源についての話、類似した単語の間の微妙な違い、主語や動詞など文章の各要素のつながりなど、豊富な語彙力を身につけ、質の高い英語論文を作成するのに有益な事柄を満載しています。

＊

　好奇心の効用　本書にはあちこちに猫のキャラクターが登場します。知的好奇心は学習にとって最も大切なものであり、猫の柔軟性も見習いたいところです。章末コラムの他に、本文の中でも「こちらの項目を参照」という場合に猫（　　　）が案内役をつとめます。名前は「ミヨ」、英語では Meow と綴ります。

　解答例　各章の例題に対する解答例を巻末にまとめました。受験勉強とはやや異なり、本書の問題には複数の正解がある場合も多く、また「この単語の方が適切だが、こちらも可能だ」という語彙選択の幅も示してあります。

　単語索引　巻末に本書の見出し語と派生語・関連語をすべてアルファベット順に配列してあります。それらが見出し語として扱われている本来の章および項目の番号に加えて、他の箇所でも使われている場合は、その章と項目やコラムの番号も記しました。見出し語280語がいかにさまざまな文脈で使われるかを発見していくのも、本書を学習する楽しみの一つといえるでしょう。

　写真・図版　各章には、例文や解説に出てくる人物や事柄に関連した写真や図版が掲載されています。その多くは Wikimedia Commons の資料を使わせていただきました。

＊

　英語の総合力をめざして　基本的な語彙の一つ一つを自分で実際に、また正確に使えるようになれば、リーディングそのものの力だけでなく、英語の総合力を強化する道にもつながります。その第一歩として、本書が少しでも役立つことができれば、制作に携わったメンバー全員にとって、これ以上うれしいことはありません。

最後になりましたが、過去数年にわたる編集の全過程を通じて寄せられた同僚からの貴重なアドバイスと協力に、そして本作りを進めていくうえで創意工夫を重ねてくださった東京大学出版会編集部の後藤健介氏の心強いパートナーシップに、改めて感謝の意を表します。

　　　2009年　春

　　　編　　集　　　　　　　　　　　　　能登路雅子
　　　　　　　　　　　　　　　　　ブレンダン・ウィルソン
　　　　　　　　　　　　　　　　　　　　　山本史郎
　　　　　　　　　　　　　　　　　　　　トム・ガリー
　　　　　　　　　　　　　　　　　　　　　河合祥一郎
　　　　　　　　　　　　　　　　　　　　　矢田部修一

　　　校　　閲　　　　　　　　　　　　ポール・ロシター
　　　　　　　　　　　　　　　　　　　　　橋川健竜
　　　　　　　　　　　　　　　　　　　　　諏訪部浩一
　古典語校閲・コラム協力　　　　　　　　　高橋英海
　イラスト　　　　　　　　　　　　　　　　斎藤兆史

Table of Contents

プロローグ (i)

One ··· 1
[コラム] 主張の濃淡 Claimer vs. Claimer (14)

Two ·· 17
[コラム] 多義語の用法 Usage Conditions (31)

Three ··· 33
[コラム] 行為・行動に関する語彙 Clear for Action (46)

Four ··· 49
[コラム] 能力に関する語彙 Capacity Unlimited (62)

Five ·· 65
[コラム] 英単語の起源 Ancient Origins (78)

Six ·· 81
[コラム] 仮定・解釈に関する語彙 Guess What? (96)

Seven ··· 99
[コラム] 主語と動詞の相性 Compatible Subjects (112)

Eight ··· 115
[コラム] 時に関する語彙 A Matter of Time (129)

Nine 133
［コラム］定冠詞のザ・規則 *The* Definite Article   (147)

Ten 151
［コラム］接頭辞入門 A Prelude to Prefixes   (165)

Eleven 167
［コラム］証拠の確実性 Certain Uncertainties   (180)

Twelve 183
［コラム］英文和訳から翻訳へ Transformational Translation   (197)

Thirteen 201
［コラム］言語使用域と語彙 Cash In on Register   (214)

Fourteen 217
［コラム］変わりゆく要注意表現 Speaking of the Unspeakable   (231)

解答例 Suggested Answers 235

単語索引 Vocabulary Index   (249)

One

accumulate civilization claim considerable context framework individual investment literally metaphorically original policy process resources role specific strategy text tradition unique

01 | accumulate /əkjúːmjəlèit/ (CW 20-102)

accúmulate ≈ to increase gradually, by addition not growth
accumulate *v* - accumulation *n* - cumulative *adj* (accumulative *adj* より一般的)

○ **The researchers accumulated hundreds of photographs of irregular plant growth caused by chemical fertilizers.**
研究者たちは化学肥料のせいで変則的な成長をした植物の写真を数百と集めた。

○ **An accumulation of small misfortunes eventually led to the government's collapse.**
些細な不運が重なって、政府はついに崩壊する結果となった。

資産や努力を「蓄積する」というプラスの意味合いで捉えられることが多いが、不幸や失敗、ゴミなども accumulate する。pile up、build up などと同義で、徐々に確実に積み上がっていくというイメージは、関連語としての cumulus（積雲）、cumulative effect（累積効果）などからもうかがえる。(🐦 第 7 章 4. concentrate)

cumulus

02 | civilization [civilisation] /sìvələzéiʃən/ (OC 32-169)

civilizátion ≈ *n* (*abstract*) a state of advanced learning, technology, or social organization; (*concrete*) a society possessing the same
civilization *n* - civilized *adj* - civilize *v*

○ **Colonialists often see themselves as bringing civilization to less fortunate peoples.**
植民者はしばしば、自分たちは恵まれない諸民族を文明教化しているのだ、というふうに考える。

○ **The society which produced the pyramids certainly deserves to be called a civilization.**
ピラミッドを生んだ社会は、間違いなく一つの文明と呼ぶに値する。

civilization に相対する状態として primitive という概念が設定され、人類史が savagery（野蛮）、barbarism（未開）を経て civilization（文明）に段階的に至るといった社会進化論的な考えが欧米で盛んだったのは 19 世紀末頃だが、こうした侮蔑的な分類に代わり、現在では固有の文字の有無によって、nonliterate/preliterate culture（無文字文化）という用語が使われている。ただし、日常的な用法では旧来のニュアンスが残され、形容詞 civilized が特定の個人に関して用いられる場合は、「教養がある、洗練された」という意味になる。

03 | claim /kléim/

(OC 52-119)

claim ≈ *v* to assert something not yet definitely known; to assert ownership (*also noun*)

claim *v*, *n* - claimant (a person who asserts a right to something) *n* - claimer *n*

○ **The moon hoax theory claims that people have never traveled to the moon.**

「月面着陸捏造説」は人間が月に到達したことなどはないと主張している。

○ **If no one claims the prize, it will be added to next week's total.**

もし賞金の当選者が名乗り出なければ、その額は翌週の賞金総額に加算される。

○ **The victim submitted a claim to the insurance company but did not receive any money.**

被害者は保険会社に支払請求を提出したが、一銭ももらえなかった。

日本語のカタカナ語で「商品に客からクレームがついた」などのように使われているが、claim に「苦情」の意味はなく、このような場合は There was a consumer complaint about the product. といった表現を用いる。論文で著者が明確な主張を行う場合にも使う。2 番目の例文のように、自分の所有権を主張する場合も用いられ、空港の baggage claim（手荷物受取所）もその一例。disclaimer はメーカーや作者の責任を軽減するための「お断り」や「但し書き」の意味。(第 1 章コラム・第 2 章 10. maintain・第 7 章コラム)

04 | considerable /kənsídərəbəl/

(CW 136-83)

consíderable ≈ significant in degree or amount; substantial; enough to be worth considering

considerable *adj* - consideration *n* - consider *v* - considerably *adv*

- **There was a considerable delay before the results could be finally verified.**
  結果が最終的に確認できるまでに、相当の遅れが生じた。
- **The committee feels that it has given your proposal all due consideration.**
  委員会としては貴殿のご提案を十二分に検討したと考えております。

度合いを示す形容詞としては「相当の」程度であるが、enormous、tremendous ほどではない。consider という行為につながる「考慮に値する」「無視できない」重要度を示唆している。significant、notable、sizable も同義。（🐸 第 2 章 16. significance）

05 | context /kάntèkst/ (OC 46-5)

cóntext ≈ the surroundings in which an event happens or an object exists
context *n* - contextual *adj* - contextualize *v*

- **The outbreak of World War I can only be understood if we see it in its wider European context.**
  第一次世界大戦の勃発について理解するには、ヨーロッパ全土におよぶ広い文脈を見る必要がある。
- **The politician complained that he had been quoted out of context.**
  政治家は自分の発言が前後の脈絡を無視して引用されたと不満を述べた。

text も context も語源はラテン語の *texere*（織る）。context はさまざまな物事や出来事が織り合わされて作られるもの、文章の前後関係や物事の背景事情や脈絡を意味する語。context が変われば、事件や発言の解釈も異なってくる。

Review 01 - 05

Supply the best word (or related form) from the list below.

accumulate, civilization, claim, considerable, context

1. Freedom from atmospheric haze is an important _____ for astronomers.

2. It is impossible to deny that the benefits of _____ are accompanied by a number of disadvantages.

3. Unfortunately, this bold new _____ is not supported by the facts as we know them.

4. Psychologists realize that events cannot be given meaning if they are removed from their actual _____ .

5. No single discovery has disproved Smith's theory; rather, the evidence against it has been _____ gradually.

---

06 | framework /fréimwə̀:rk/ (OC 48-31)

frámework ≈ a supporting structure which makes some work possible
framework *n* - frame *v*

○ **Freudian psychology provides a framework within which individual symptoms can be understood.**
フロイトの心理学は、個々の症状を理解するための理論的枠組みを提供する。

○ **The building collapsed because the steel used in its framework had corroded.**
そのビルは、骨組みに使われていた鉄材が腐食していたために崩落した。

考え方といった抽象的なもの、あるいは、建造物のような具体的なものに、ある特定のしっかりした構造を与えるもののことをいう単語である。最初の例文では理論構築の手がかりとなるような概念体系、２番目の例文では建物の骨組みのことを指しているが、この他、人間が作る組織の構成のことを指す場合などがある。

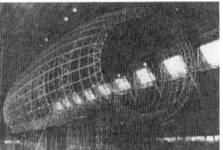
the framework of an airship

---

07 | individual /ìndəvídʒuəl/ (OC 4-59)

indivídual ≈ one of something; a human being; something unique
individual *n, adj* - individualize *v* - individualistic *adj* - individualism *n*

○ **In music education, it is essential to treat every student as an individual.**
音楽教育においては、学生一人一人の個性を尊重することがきわめて重要である。

○ **Mercury is a metal with some very individual properties.**
水銀は、独特な性質を幾つかもつ金属である。

形容詞の individual には、「一個人の、独特の」という意味の他に、「個々の」という意味もある。individualism は、19世紀前半にアメリカを視察したフランス人政治学者アレクシス・ド・トクヴィルが、近代民主制の社会的影響を論じるために individual と ism を合成した造語。(🐸 第10章 4. communal)

08 | investment /ɪnvéstmənt/ (OC 90-128)

invéstment ≈ the use of money or effort in hope of some return, or the money or effort used
investment *n* - invest *v* - investor *n*

○ **Mastering any academic discipline involves a serious investment of time and energy.**
一つの学問分野を究めるには、相当の量の時間と労力を費やさなければならない。

○ **In unstable conditions, many companies lack the confidence to make large investments for the future.**
不安定な状況においては、多くの企業は将来に向けて大きな投資をする自信がもてない。

invest する行為を指す場合と、invest されたものを指す場合とがある。invest されるものはお金とは限らない。最初の例文のように、何らかの結果を得るために時間や労力を費やす、という内容を言い表したい場合にも使える単語である。

09 | literally /lítərəli/ (OC 8-100)

líterally ≈ without exaggeration or metaphor
literally *adv* - literal *adj*

○ **Taken literally, a statement like "He's cool" makes no sense; we have to use lateral thinking to understand it.**
文字通りに解釈してしまったら、He's cool. のような文は意味を成さない。そういう文を理解するためには、水平思考を使わなければならないのである。

○ **That critic's analysis of William Blake's poetry is overly literal; she ignores the powerful role played by metaphor and imagery.**
あの批評家によるウィリアム・ブレイクの詩の分析は、あまりにも字句通りの意味にとらわれすぎている。彼女は、隠喩やイメージの果たす強力な役割を無視している。

この単語を、Adolf Hitler was literally a monster. のように、単に語気を強めるために使う場合もあるが、そのような使用法は、くだけた調子の会話や文章においてはともかく、きちんとした、論文のような文章では避けた方がよい。(第1章10. metaphorically・第11章20. strictly)

10 | metaphorically /mètəfɔ́ːrɪkəli/ (OC 10-150)

metaphórically ≈ in some extended or non-literal sense
metaphorically *adv* - metaphorical *adj* - metaphor *n*

○ **Small children have no ability to think metaphorically.**
幼い子供には、比喩的に思考する力がない。

○ **Sports such as boxing or baseball can be regarded as a metaphor for life itself.**
ボクシングや野球のようなスポーツは、人生そのものの隠喩とも見なしうる。

元となっている語 metaphor は、本来、比喩の一種である隠喩・暗喩を指す言葉だが、もっと一般的に、比喩全般を指すのにも使われる。(第1章9. literally)

Review 06 - 10

Supply the best word (or related form) from the list below.

framework, individual, investment, literally, metaphorically

1. No _____ is considered more important than the group.

2. We need a new _____ for international relations in the twenty-first century.

3. There were _____ hundreds of people at the party.

4. The earth as mother is an almost universal cultural _____.

5. She has _____ her entire fortune in the new company.

11 | original /ərídʒənəl/ (OC 4-31)

oríginal ≈ (*of ideas, etc.*) new, different; (*generally*) relating to the beginning of some process
original *adj, n* - originality *n* - origin *n* - originally *adv* - originate *v*

○ **Darwin's theory has been immensely influential, though it may not have been entirely original.**

ダーウィンの理論は、完全に独創的なものではなかったかもしれないが、計り知れない影響力をもち続けている。

○ **Most of the building was destroyed in an earthquake, but this wall is original.**

その建物は大部分が地震で壊れてしまったが、この壁は元のままのものだ。

名詞の original も、形容詞の場合と同じく二つ意味がある。「現物」という意味と「独創的な考え、モノ、人物」という意味である。伝記の副題として *An American Original* といった表現が使われている場合、「アメリカからしか生まれないユニークな人物」を意味する。(🐸 第1章 20. unique・第10章 9. extraordinary・第14章 19. unparalleled)

Charles Darwin

12 | policy /pálэsi/ (CW 164-175)

pólicy ≈ a stated plan of action
policy *n* - policymaker *n*

○ **Our policy is always to check and confirm our results before making them public.**

必ず検討・確認した上で結果を公表するのが、我々の方針だ。

○ **The government has been criticized for its failure to develop an effective policy on global warming.**

地球温暖化への効果的な対策を講じていないということで、政府は非難されてきた。

「政策」「方針」。policymaking は「政策立案」。それをする人が policymaker。公的なものであり、文部科学省などの機関の方針なら educational policy でよいが、一人の先生の教育方針なら educational principles。(🐸 第13章 14. principle)

13 | process /prásès/ (OC 166-64)

prócess ≈ (*noun*) a sequence of events; (*verb*) to put something through such a sequence
process *n*, *v* - processor *n* - procession *n*

○ **The process of making silicon wafers requires ultra-clean conditions.**
シリコンウエハーを作る工程は、きわめて清浄な環境で行われる必要がある。

○ **It takes several weeks to process the raw materials into the final product.**
原料を加工して、最終的に完成品の形にするまでには数週間かかる。

in the process of ... という形で、「…の最中、…の進行中」という意味になる。日常的に用いられる word processor、processed foods などの表現は、この単語が他動詞として用いられた時にもつ「処理する、加工する」という意味を利用している。

14 | resources /rí:sɔ̀:rsəz/ (OC 110-37)

résources ≈ *n* materials which can be used for some purpose (*also singular*)
resources *n* - resourceful *adj*

○ **Abundant natural resources do not necessarily give a country an economic advantage.**
天然資源が豊富な国が経済的に有利になるとは限らない。

○ **According to one view, the teacher should be regarded as a resource to whom students can turn when necessary.**
教師とは必要に応じて学生が利用できる資源と見なされるべきだ、という考え方もある。

通常は複数形で「資源、供給源」。人に使うと「力量、才能」。単数形で「(非常の場合の) 手段」。resourceful は「資源に富む」の意の他、人に使う場合は、アイデアなどをいろいろもっていて何でもこなせる人を指す。

15 | role /róul/ (OC 84-34)

role ≈ a set of actions which belong together
role *n* - role-play *v*, *n* - role-playing *n*

- **In its role as an access point to the Internet, the computer has proved to be a powerful social instrument.**
  インターネットへのアクセスポイントとしての役割において、コンピューターは強力な社会的道具となった。
- **Many actors regard the role of King Lear as one of the greatest challenges.**
  リア王の役を最もやりがいのある難しい役の一つと見なす俳優は多い。

かつてシェイクスピアの時代に、芝居をする際に役者に配られたのは台本ではなく、その役者の分の台詞を書き抜いた巻紙（roll）だった。この roll から role という言葉が生まれた（発音は同じ）。「役」「役割」の意。play a role は play a part と同義。

King Lear

Review 11-15

Supply the best word (or related form) from the list below.

original, policy, process, resources, role

1. World leaders have called for the violence to end and a _____ of negotiation to begin.

2. Reinforced concrete has played an important _____ in modern architecture.

3. Though _____ a supporter of the Communists, he later became one of their severest critics.

4. Our laboratory lacks some of the basic _____ which any research program needs.

5. The unexpected international crisis led to a number of significant _____ changes.

16 | specific /spəsífɪk/ (OC 152-80)

specífic ≈ particular
specific *adj* - specify *v* - specification *n* - specificity *n*

○ **For a historian, it is often a mistake to search for specific causes of events.**
歴史家にとって、出来事の原因を特定しようとするなど、大抵してはならないことだ。

○ **The ministry's spokesperson refused to specify what actions the government might take.**
同省のスポークスパーソンは、どんな政策を政府がとるか明言しようとしなかった。

「これこれ（なになに）と特定できる」「はっきりした」「特定の」。speci-fic も speci-al もともにラテン語の *speci-ēs*（種）から派生した単語。"Could you be more specific?" と言えば「もっと具体的に言っていただけますか」の意。（🕊 第3章14. particularly・第4章10. general・第5章20. universal）

17 | strategy /strǽtədʒi/ (OC 94-221)

strátegy ≈ large-scale planning
strategy *n* - strategic *adj* - strategist *n*

○ **Any successful company needs a coherent long-term strategy.**
会社が成功をおさめるには、一貫した長期戦略が必要だ。

○ **The guerrillas' strategy was to take control of rural areas first in order to prevent food supplies from reaching the cities.**
ゲリラの戦略は、まず地方を掌握して、食糧物資が都市部に届かないようにすることだった。

strategy（戦略）は全体的な vision のようなものであるのに対して、tactics（戦術）は細かな具体的方法。前者は「兵法」のようなもので、一般論として学び取ることができるが、後者はより実践的で現場に対応して決めていくもの。strategy の他に軍事用語が一般社会の事柄に転用されている例として、campaign（一連の軍事行動、選挙運動）、headquarters（司令部、本社）、veteran（古参兵、ベテラン）などがある。

18 | text /tékst/ (CW 26-10)

text ≈ any piece of writing
text *n* - textual *adj*

○ **Unfortunately, the original text has been lost and we have only secondary sources to guide us.**
残念ながら原典は失われており、手がかりとなるのは二次資料のみである。

○ **Websites are increasingly using still images, sound, and video in addition to text.**
ウェブサイトでは、文字の他に、静止画、音声、動画の使用が増えている。

「テクスト」「テキスト」という日本語とは違って、「文字の部分」という大きな意味で捉えておこう。たとえば text mail といえば、文字だけのメールのこと。これに対し、voice mail は音声のメッセージを伝える電話システム。

19 | tradition /trədíʃən/ (OC 24-43)

tradítion ≈ a custom or way of life which has survived for many years
tradition *n* - traditional *adj* - traditionally *adv* - traditionalist *n*, *adj*

○ **There is a tradition in this area of adorning a new bride with seashells.**
この地域には、花嫁を貝殻で飾る風習がある。

○ **Education does need to respond to the new challenges of the twenty-first century, but it remains important to encourage traditional skills.**
教育は21世紀の新しい課題に応える必要が確かにあるのだが、伝統的技能を奨励することもやはり重要だ。

「流儀」を含む「伝統」の意。old-fashioned という否定的ニュアンスも、authentic という肯定的ニュアンスも両方ありうる。「言い伝え、伝説」(legend) の意味でも用いる。類語に convention (しきたり、因襲) があるが、conventional というと traditional よりも否定的な意味合いが強い。(第3章 7. heritage)

20 | unique /juːníːk/ (OC 10-155)

uníque ≈ unlike any other
unique *adj* - uniquely *adv* - uniqueness *n*

○ **Each language has its own unique characteristics, its own specific strengths and weaknesses.**
どの言語にもその言語固有の特徴があり、それぞれの長所や短所がある。

○ **Wood is uniquely well suited, among sculptural materials, to express warmth and human emotion.**
彫刻材の中でも、特に木材は温かみと人間の感情を表現するのに適している。

「あの人はユニークだ」という意味で He/She is unique. と言ってよい。他の人と違っているということ。ただし、別に風変わりでなくても、どんなものでもそれに unique な（独特な）特徴があるといえることに注意しよう。（🐸 第1章 11. original・🐸 第10章 9. extraordinary・第14章 19. unparalleled）

Review 16-20

Supply the best word (or related form) from the list below.

specific, strategy, text, tradition, unique

1. Unlike scholars who try to understand literary works by studying the lives of their creators, Derrida claimed that "There is nothing outside the ＿＿＿＿＿＿＿＿＿."

2. We have no ＿＿＿＿＿＿＿＿ ideas for dealing with the problem at the moment, but we expect a general ＿＿＿＿＿＿＿＿ from our planners very soon.

3. Despite the country's modernization, the people's folk ＿＿＿＿＿＿＿＿ remain strong.

4. Alone among the reptiles, the gecko has a ＿＿＿＿＿＿＿＿ ability to cling to any surface.

Unit Review

Eight of the following sets of words and definitions do not match. Complete the words which are incomplete; the number of underlines indicates the number of missing letters. Finally, write the numbers of the correct definitions in the parentheses.

( )　accum _ _ _ _ _　　　1. a sequence of events

( )　civilization　　　　2. advanced learning or technology

( )　claim　　　　　　　3. something not yet definitely known

( )　considerable　　　　4. to increase gradually

( )	context	5.	materials
( )	framework	6.	any piece of writing
( )	investment	7.	money or effort used
( )	indiv _ _ _ _ _	8.	one of something
( )	literally	9.	without exaggeration or metaphor
( )	metaphorically	10.	in some extended sense
( )	orig _ _ _ _	11.	new, different
( )	process	12.	large-scale planning
( )	pol _ _ _	13.	a stated plan of action
( )	resources	14.	surroundings
( )	role	15.	a set of actions
( )	spec _ _ _ _	16.	particular
( )	strat _ _ _	17.	supporting structure
( )	text	18.	significant in degree or amount
( )	tradition	19.	a long-surviving custom
( )	unique	20.	unlike any other

主張の濃淡
Claimer vs. Claimer
claim, maintain, allege, suggest, argue, assert, conclude, insist, announce, accept, admit

　第1章の3. claim には「…を主張する」という意味がある。これに関連した語彙で「…と論じる、述べる」という意味によく使われる動詞を比較検討してみよう。私たちが論文や報告書などで意見や事柄を記述する際、その内容をどの程度の確信や熱意をもって論じることができるかを判断し、適切な語を使うことが重要である。

　claim は権利や事実を主張する際に使われるが、その主張の内容の真偽は不明であったり、証拠がない場合がある。下の例文 (1) に出てくる著書では、一定のデータや考察にもとづいて主張がなされていると思われるが、その主張の内容が正しいかどうかは分からないことが claim を使うことで示されている。maintain の意味は claim に近いが、主張の内容が誤りである可能性は claim と比べてやや低いといえ、また以前から長期にわたって考えていた主張に使われることが多い。例文 (2) でも著名な言語学者が持論を主張する時に maintain が用いられている。

(1) Her latest book **claims** that global warming will not be as serious as many people fear.
　　彼女は最新の著書で、地球温暖化は多くの人が危惧しているほど深刻なものにはならないと主張している。

(2) Chomsky has **maintained** for many years that language could not be learned without innate knowledge of grammar.
　　チョムスキーは言語というものは文法に関する生来の知識なしには習得できないと、長年にわたり主張している。

　allege は claim の意味に加えて、主張している事柄が何らかの不正行為、犯罪、疑惑に関連していることが多い。たとえば、The dead man's wife alleged that the doctor had killed her husband. という場合、死亡者の妻はその医師が夫を殺害したと主張しているが、当の医師が真犯人であるかどうかは分かっていないというニュアンスがある。例文 (3) でも、ヒトラーの主張がおそらくは事実にもとづいていないことが示唆されている。

(3) Before invading Czechoslovakia, Hitler **alleged** that German residents had been mistreated.
　　チェコスロバキアに侵攻する前に、ヒトラーはドイツ人住民が不当な扱いを受けてい

ると主張した。

　一方、suggest は claim の意味に仮定や暫定のニュアンスが加わり、「…を示唆する」「…のようだと思わせる」の意味になる。例文 (4) では、太陽エネルギーが最有力であるとはまだ確信をもって言えない状態が表されている。

(4) In some areas, wind power and tidal power may work successfully, but our results **suggest** that solar power is the most promising form of alternative energy.
地域によっては風力発電や潮力発電がうまくいくようだが、我々の調査結果は太陽エネルギーが代替エネルギーとして最も有力であることを示している。

　argue は claim と同義の場合もあるが、claim と比べるとその主張は証拠や論理にもとづくことが多い。学術論文や論説などでよく用いられるが、主張の内容の真偽は不明である。assert は claim の意味をさらに断定的にしたもので、「断言する」の意。例文 (5) でも主張の正しさを示す確証があることが示唆されている。conclude も確信の強さを示しており、証拠や論理に導かれた結論を最終的に論じる際に使われ、普通は考察の過程を説明したあとに出てくる。conclusive evidence、conclusive proof など、形容詞形で使われる場合は「決定的証拠、確証」の意味。

(5) Some experts **argue**, based on the shape of the jaw, that the skull cannot be regarded as human.
顎の形状を根拠に、その頭蓋骨は人間のものではないと主張する専門家もいる。

(6) We can confidently **assert** that this recently discovered poem was written by Edgar Allan Poe.
最近発見されたこの詩がエドガー・アラン・ポーの手になるものだと、我々は自信をもって断言できる。

(7) We can safely **conclude**, following these extensive trials, that the new drug will be of great benefit to heart patients.
これらの広範囲な実験にもとづき、この新薬が心臓病患者に大きな恩恵をもたらすとの結論を我々は確実に下せる。

　insist は claim の意味をさらに強めた表現であるが、主張の内容に対してすでに反対意見や抵抗があることを示唆している。例文 (8) では法の下の平等を明確に主張しなければ、政府が少数派の権利を侵害する可能性が強いという状況が表されている。The professor insisted on assigning homework even over the vacation period. などのように、insist on V-ing という形もよく見られる。

(8) When governments try to erode minority rights, it is important to **insist** that all citizens are equal in the eyes of the law.
政府が少数派の権利侵害の挙に出ようとする場合、法の下ではすべての市民が平等で

あるとあくまで主張することが重要だ。

　announce は公共の場やメディアで何かを断定的かつ一方的に通告、宣言、報道する場合に用いる。public announcement という表現がよく使われるのはそのためである。通信や宣言の内容はすでに確定的であり、疑問をさしはさむ余地はない。この意味で announce は declare や proclaim と同義。

(9) There was tremendous havoc when news of his death was **announced**.

　彼の死亡が公表されると、大騒ぎが起こった。

　accept は単に「了承する、受け入れる」を意味することも多いが、他人の説得や外圧によって、不本意ながら認めるという場合にも用いる。例文 (10) でも「地動説を本当は受け入れたくない」という心境がうかがえる。同様に admit も自分自身の不正やミス、不都合な事実をやむを得ず認めるというニュアンスがある。例文 (11) では主語である人物が職務を果たさなかったという、自らの落ち度を認めた状況を表している。

(10) The Catholic Church was eventually forced to **accept** that the earth moves around the sun.

　カトリック教会は、地動説を結局は認めざるを得なかった。

(11) The head of the research team **admitted** that he had not supervised that crucial experiment personally.

　研究チームの責任者は、その決定的に重要な実験を自ら監督しなかった事実を認めた。

Two

absolute analyze categorize condition
conscious effective efficient innate involve maintain
mechanism necessarily observe phenomenon preference
significance source substance technical ultimate

01 | absolute /ǽbsəlùːt/ (OC 12-17)

ábsolute [or absolúte] ≈ not changing; fixed; unqualified
absolute *adj* - absolutely *adv*

○ **Some philosophers have claimed that all knowledge is relative and that there is no absolute truth.**

あらゆる知識は相対的なものであって、絶対的な真実など存在しないと主張する哲学者たちがいる。

○ **There is absolutely no doubt that DNA is the medium by which genetic information is passed between generations.**

DNA が遺伝情報を世代から世代へと伝える媒体であるということに、まったく疑問の余地はない。

最初の例文にもあるように、現代の人文科学などの世界では absolute という概念は信頼を失いつつあるようだが、強意語としての absolutely は会話ではよく用いられる。"Are you sure you returned the keys?" "Absolutely! Don't you trust me?" のように。(🐾 第 13 章 16. relatively)

02 | analyze [analyse] /ǽnəlàiz/ (CW 94-19)

ánalyze ≈ to examine something closely in order to understand its parts, structure, and functions
analyze *v* - analysis *n* - analytical *adj* - analyst *n*

○ **The amount of energy consumed during exercise can be analyzed using special measuring equipment.**

運動中に消費されるエネルギー量は、特殊な測定器で分析できる。

○ **An analysis of the text's vocabulary showed that it had probably been written by Shakespeare.**

語彙分析の結果、そのテクストはおそらくシェイクスピアの手になるものだと思われる。

analytical は論文や講義などに関しては、descriptive（叙述的な）、impressionistic（印象にもとづく、漠然とした）、anecdotal（逸話風で裏づけに乏しい）とは異なって、厳密な論証を行う姿勢を表す。学問分野として analytical geometry（解析幾何学）、analytical chemistry（分析化学）などがある。

William Shakespeare

03 | categorize [categorise] /kǽtɪɡəràɪz/ (CW 82-6)

cátegorize ≈ to group something with others like it
category *n* - categorize *v* - categorization *n* - categorical *adj* - categorically *adv*

○ **Diabetes is categorized as type 1 or type 2 based on whether a patient does not produce enough insulin or is resistant to insulin.**

糖尿病は患者がインスリン分泌不足か、インスリン作用に抵抗性があるかによって、1型と2型に分かれる。

○ **The categorization of societies as civilized or uncivilized is controversial because the definition of civilization is unclear.**

社会を文明社会と非文明社会に分類することは、文明の定義が曖昧であるために問題が多い。

分類するという意味では classify や group などと同義。categorical(ly) は強意語として用いられることが多く、「全面的な / 全面的に」「断定的な / 頭から」の意。The cease-fire proposal met with a categorical refusal. や He categorically denies being the source of the leak. のように、ニュース報道によく見られる。

04 | condition /kəndíʃən/ (OC 12-24)

condítion ≈ the physical state of a person, especially someone who is in bad health (*also verb*)
condition *n, v* - conditional *adj* - unconditional *adj* - conditioner *n*

○ **The patient's condition worsened when she developed a high fever.**

高熱を発して、患者の容態はいっそう悪化した。

○ **Myocardial infarction is a sudden heart condition often accompanied by chest pain, weakness, and sweating.**

心筋梗塞とは、胸の痛み、脱力感、発汗などを多くの場合伴う急性の心臓疾患である。

「状態」や「状況」に加えて、「条件」という意味のあることに注意しなければならない。そこから on condition that ...（…という条件で）、under no condition（= never）などの言い回しが生じてくる。"the condition of England" は、19世紀の急激な工業化・都市化の下に、「病める」イギリスの社会を言い表したトマス・カーライルの有名な言葉。（🐝 第2章コラム・第5章2. circumstances）

05 | conscious /kάnʃəs/ (CW 18-93)

cónscious ≈ aware or thinking about something
conscious *adj* - consciously *adv* - consciousness *n*

○ **Private companies have become more conscious of the importance of diversifying their workforce.**
民間企業は、労働力の多様化を推し進めることが重要だという認識を深めている。

○ **Computers process information with no consciousness of its meaning.**
コンピューターは、情報を処理するだけで、その意味内容には関知しない。

最初の例文は conscious の幾つかの語義のうちで「特定の事柄に気づいている、関心を示す」の意味を用いており、この場合の反意語は unaware、unknowing など。2番目の例文は conscious の「知覚・感覚がある」の意味にもとづいており、反意語は unconscious。さらに conscious には deliberate（意識的な、故意の）という意味もあり、a conscious effort のように使われる。（🐝 第5章6. deliberately・第11章2. aware）

Review 01-05

Supply the best word (or related form) from the list below.

absolute, analyze, categorize, condition, conscious

1. Type 1 diabetes is a _____ in which a person's body does not produce enough insulin.

2. The _____ of mental illness as a purely physical condition is not accepted by some researchers.

3. The right to free speech is not _____; there must be some restrictions when human life is at risk.

4. In a fast-moving sport like table tennis, the players cannot control all of their actions _____; many of their moves are made automatically.

5. A chemical _____ of the river water showed that it contained a small amount of mercury.

06 | effective /ɪfékṭɪv/ (CW 88-134)

efféctive ≈ causing or helping to cause a desired result
effective *adj* - effect *n, v* - effectively *adv* - effectiveness *n* - effectual *adj*

○ **One effective technique for remembering telephone numbers is to think of the numbers as words.**

電話番号を覚えるのに、数を言葉に直してみるのもうまい手だ。

○ **The effectiveness of the death penalty in preventing crime has not been demonstrated statistically.**

死刑が犯罪防止の観点から有効かどうかは、いまだ統計的に立証されていない。

「効果が上がっている」という結果にも、「高い効果が期待できる」というような見込みにも用いられる。effective を含んだよく用いられる表現として cost-effective（費用効率が高い）がある。「かける費用や労力に対して効果が大きい」という意味である。条約・法律などに関して、effective as of April 1 といえば、「4月1日に発効」という意味。

07 | efficient /ɪfíʃənt/ (OC 18-144)

efficient ≈ using a small amount of energy or resources to achieve a goal
efficient *adj* - efficiently *adv* - efficiency *n*

○ **The most efficient way to find a book in the library is to look it up first in the online catalog.**

図書館で本を探すには、まずオンライン検索するのが一番能率的だ。

○ **Worker efficiency is easier to analyze in factories than in offices.**

労働効率の分析は、オフィスより工場の方が容易にできる。

efficient はモノに対して用いられることは言うまでもないが、an efficient manager（有能な経営者）のように、人についても用いられる。なお、cost-efficient という表現もあり、意味は前項 cost-effective と同じ。

08 | innate /ɪnéɪt/ (OC 12-9)

innáte ≈ existing in a person from birth and not acquired later
innate *adj* - innately *adv* - innateness *n*

○ **Psychologists disagree about whether a person's personality is innate or is formed during early childhood.**
人間の性格は先天的に決まっているのか、幼児期に形成されるのかに関して、心理学者たちの意見は一致していない。

○ **Some birds seem to know their migration routes innately.**
鳥の中には、渡りの経路を生まれつき知っていると思われるものもある。

inborn とほぼ同義。nascent（発生期の）、native などの単語と同様に、「生まれる」という意味のラテン語の動詞（不定詞は *nascī*、完了形は *nātus sum*）が元になっている。(🐱 第 8 章 12. inherent)

09 | involve /ɪnválv/ (CW 156-12)

invólve ≈ to include; to have as a part or component; to have a connection to
involve *v* - involvement *n* - involving *adj*

○ **Historical research involves studying, describing, and explaining what happened in the past.**
歴史研究には、過去の出来事を調べ、記述し、説明するという作業が含まれる。

○ **Many molecular and cellular processes are involved in hormone secretion.**
ホルモンの分泌には、分子レベル、細胞レベルでの数多くのプロセスが関わっている。

○ **Many readers have found *Wuthering Heights* to be an involving novel that is difficult to stop reading.**
多くの読み手にとって、『嵐が丘』は読み始めると熱中してしまい、途中でなかなか止められない小説である。

最初の例文においては、「含む」とか「伴う」といった意味。2 番目の例文のように be involved in ... という形で使われた場合は「…に関わっている」という意味を表す。3 番目の例文では「(人を) 熱中させる」の意。(🐱 第 12 章 9. engage)

10 | maintain /meintéin/ (CW 106-216)

maintáin ≈ to keep something in the same condition or at the same level
maintain *v* - maintenance *n*

○ **Regular exercise is essential for maintaining good health.**
健康を保つためには、定期的な運動が不可欠である。

○ **The government's environmental policy emphasizes the maintenance of forests in hilly areas.**
政府の環境政策は、丘陵地帯の森林保全に重点を置いている。

例文ではいずれも「保持する」という意味で使われている。この他に、「主張する」という意味で使われることもある。(🐸第1章3. claim・第1章コラム・🐸第7章コラム)

Review 06-10

Supply the best word (or related form) from the list below.

effective, efficient, innate, involve, maintain

An _____ weight-loss plan, one that actually leads to permanent weight reduction, should not be implemented in a hurry. Through a program _____ sensible diet and exercise, a person can slim down gradually and, later, _____ that lower weight. Such a long-term effort may not seem to be the most _____ method, as it requires much time and dedication, but it is more healthful because it takes advantage of the body's _____ self-regulatory functions.

11 | mechanism /mékənìzəm/ (CW 40-15)

méchanism ≈ a machine; a step-by-step process that occurs automatically
mechanism *n* - mechanical *adj* - mechanically *adv* - mechanize *v* - mechanized *adj*

○ **The new drug appears to be effective, but the mechanism by which it works is still unknown.**
その新薬は効果があるようだが、どのような仕組みで効いているのかはまだ分かっていない。

○ **Translation software analyzes text mechanically without considering the context or meaning.**

翻訳ソフトウエアは、文脈や意味を考えずに文書を機械的に分析する。

「この仕組みで」と言いたい場合、最初の例文のように by を使って by this mechanism ということもできるし、through を使って through this mechanism ということもできる。

mechanism

12 | necessarily /nèsəsérəli/ (OC 24-64)

necessárily ≈ always; needed in every case (usually used with negatives or questions)
necessarily *adv* - necessary *adj* - necessity *n*

○ **An original solution to a problem is not necessarily the best solution; sometimes conventional methods are better.**

新しい問題解決法が必ず最高の解決法であるわけではない。従来の方式の方が優れていることもある。

○ **For the London gentleman of the eighteenth century, a wig was simply a necessity.**

18世紀のロンドンの紳士にとって、かつらというのは絶対に必要なものだった。

○ **The experiment cannot be started until all of the necessary equipment and materials are ready.**

必要な機材や材料が全部揃うまでは実験は始められない。

necessary には、「必要な」の意味と「必然的な」の意味とがある。necessarily は後者の意味、necessity は前者の意味と関連している。（ 第5章 11. inevitably）

13 | observe /əbzə́ːrv/ (OC 50-86)

obsérve ≈ 1. to watch and study something. 2. to make a remark.
observe *v* - observation *n* - observer *n* - observable *adj* - observant *adj*

○ **Many subatomic particles are very difficult to observe because they have extremely short lifespans.**

原子を構成する粒子の多くは寿命が非常に短いので、観察するのがとても難しい。

○ **Close observation of humans walking reveals the important role played by the ankle in maintaining balance.**

人間が歩く様子をよく観察してみると、バランスを保つ上で足首が果たしている重要な役割が明らかになる。

同様に「観察する」という意味をもつ動詞に monitor がある。ただし、monitor の方は、観察するといっても、監視するという意味がこめられている。また、observe は monitor と違って、that 節を従えて「…に気づく」または「…と述べる」を意味することもある。(第6章 20. witness)

14 | phenomenon /fɪnámənàn/ (CW 140-154)

phenómenon ≈ something that happens or that can be observed (*plural:* phenomena)
phenomenon *n* - phenomenal *adj* - phenomenology *n*

○ **The increase in obesity is a worldwide phenomenon that has not yet been adequately explained.**

肥満傾向の増大は世界的な現象だが、まだ十分には説明がついていない。

○ **Recent brain research offers a new framework for understanding phenomena such as consciousness, emotions, and mental illness.**

近年の脳研究は、意識、感情、精神障害などの現象を理解するための新しい枠組みを提供している。

単なる「現象」という意味の他に、「普通でないもの、こと」という意味を表すこともある。同様に、形容詞形の phenomenal は、「現象の」という意味の他に、「普通でない、ものすごい」という意味ももつ。(第11章 13. occurrence)

15 | preference /préfərəns/ (OC 12-12)

préference ≈ wanting or liking something more than other similar things
preference *n* - prefer *v* - preferable *adj* - preferably *adv*

○ **The website allows users to set their own personal preferences for font size, background color, and page layout.**

そのウェブサイトでは、フォントの大きさ、背景の色、ページのレイアウトなどをユーザーが自分の好みに設定できる。

○ **Even a small amount of daily exercise is preferable to none at all.**

たとえ少しであっても毎日運動した方が、まったくしないよりもよい。

「いろいろある中でこれが好き」といった時に用いる。「何かお好みはありますか？」と言いたければ、Do you have any preferences? と言えばよい。「好みがうるさい」と言うなら、He is particular about food.（食べ物にかけてはうるさい）という表現もある。prefer はまた、I'd prefer my tea strong.（お茶は濃いのが好き）というようにも用いる。

Review 11-15

Supply the best word (or related form) from the list below.

mechanism, necessarily, observe, phenomenon, preference

1. Local weather _____, such as tornadoes and thunderstorms, are not necessarily related to global warming.

2. Small children tend to have strong _____ for certain types of food and to reject food they do not know.

3. Galileo was the first person to _____ the moons of Jupiter.

4. In a competitive environment, both sufficient resources and the ability to use those resources effectively are _____ in order to survive.

5. Although simple calculations can be done using _____ methods, higher mathematics requires more creative techniques.

16 | significance /sɪgnífɪkəns/ (OC 74-114)

significance ≈ the meaning and/or importance of something
significance *n* - signify *v* - signifier *n* - significant *adj* - significantly *adv*

○ **The significance of the initial find was not clear until after further excavations were made.**

最初に発見されたものにどのような意義があったのか、さらなる発掘がなされるまではっきりしなかった。

- **The first landing on the moon signified a unique advance in human history.**
  初の月面着陸は、人類史における比類ない前進であった。

  significant は important と同じ意味で用いることもあるが、「意義深い」というニュアンス。「意味深長な、意味ありげな」という意味もあり、a significant look（意味ありげな顔つき〔目つき〕）というふうに使われる。スイス人言語学者ソシュールがシニフィアン（意味するもの）とシニフィエ（意味されるもの）という用語を用いて構造主義言語学の端を開いたが、英語ではシニフィアンが signifier であり、シニフィエが signified となる。（ 第 5 章 12. negligible・第 7 章 20. symbol）

17 | source /sɔ́:rs/ (CW 90-175)

source ≈ a place, thing, or person where something is obtained
source *n*

- **The journalist refused to reveal the source of her information.**
  その新聞記者は情報源を明かすことを拒否した。

- **India's growing population is creating an urgent need for new water sources.**
  インドでの人口増大のため、新たな水源が緊急に必要となっている。

  電源（a source of electricity）、光源（a light source）、情報源（a source of information）、財源（revenue sources）といったように用いられる。source には「出典」の意味もあり、研究資料を区分する際、分野によって多少異なるが、原資料や実験結果を primary source（一次資料）、それらにもとづいて編纂された著作・論文などの文献を secondary source（二次資料）と一般的に呼んでいる。

18 | substance /sʌ́bstəns/ (OC 16-84)

súbstance ≈ a particular kind of material; something real or tangible
substance *n* - substantial *adj* - substantive *adj* - substantiate *v*

- **Marie and Pierre Curie discovered the elements polonium and radium in a dark substance called pitchblende.**
  マリーとピエール・キュリーは、ピッチブレンド（瀝青ウラン鉱）と呼ばれる黒い物質からポロニウムとラジウムという元素を発見した。

- **It's an interesting hypothesis, but I am afraid the evidence for it is not very substantial.**
  面白い仮説だけど、証拠はあまり強固じゃないね。

どっしりと、しっかりと、たっぷりあるもの、それが substantial である。虚と実は shadow and substance とも表現される。腹の足しになるきちんとした食事のことを a substantial meal という。(🐱 第3章 11. material・第13章 20. tangible)

Marie Curie

19 | technical /téknɪkəl/ (CW 32 - 119)

téchnical ≈ related to some special knowledge or skill
technical *adj* - technically *adv* - technician *n* - technique *n* - technology *n* - technological *adj*

○ **The technical term for the knee cap is "patella."**
膝の皿は、専門用語で「パテラ(膝蓋骨)」という。

○ **Pluto became technically no longer a planet in 2006.**
学問上は、冥王星は 2006 年に惑星でなくなった。

専門用語 (technical term)、専門知識 (technical knowledge) という時の「専門」と、技術提携 (technical cooperation)、技術顧問 (a technical adviser) という時の「技術」と、両方の意味がある。カタカナ語のテクニック(テクニーク)は technique.

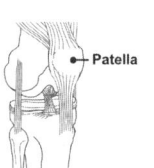

Patella

patella

20 | ultimate /ʌ́ltəmət/ (OC 16 - 64)

últimate ≈ final; best; strongest
ultimate *adj* - ultimately *adv* - ultimatum *n*

○ **The ultimate solution to urban traffic jams would be to ban cars from cities and rely only on trains, subways, and buses.**
都市の交通渋滞を最終的に解決するには、街から車を締め出して、電車、地下鉄、バスにのみ頼るしかない。

○ **Experts disagree over whether the ultimate reason for suicide bombings is cultural, psychological, or religious.**
自爆テロを引き起こす根本要因が文化的なものか、心理的あるいは宗教的なものかという点について、専門家の意見は一致しない。

○ **The hostage-takers issued an ultimatum: If their demands were not met, they would start killing their hostages.**
人質をとった犯人らは最後通告をしてきた。要求に応じなければ、人質を殺し始めるというのである。

「究極の、最終の」という意味で、the ultimate weapon は核兵器などの究極兵器のこと。the ultimate objective は「最終目的」。口語では「最大限の」という意味にもなり、the ultimate effort（最大限の努力）などと用いる。また、「これ以上は望めない最高の」という意味で、the ultimate lover、the ultimate diet、the ultimate vocabulary book といったやや誇張した表現もよく見られる。（🐦 第4章5. conclusive・第14章5. culmination）

Review 16-20

Supply the best word (or related form) from the list below.

significance, source, substance, technical, ultimate

1. The discovery of the bacterium *Helicobacter pylori* has been very _____ for the treatment of stomach illnesses.

2. Cells contain water, DNA, proteins, and many other _____.

3. In _____ contexts, specialized terms and abbreviations may be used without explanation.

4. The elimination of war will _____ require a change in human psychology.

5. Old newspapers, magazines, letters, and even picture postcards are useful _____ for studying how people lived a century ago.

Unit Review

Translate each of the following Japanese sentences into English using one of the five words, or their related forms, in the list above them. The first sentence is translated as an example.

conscious, effective, necessarily, phenomenon, source

1. このために混乱が生じた。This has been the **source** of the confusion.

2. 効き目のある治療法はまだ見つかっていない。

3. この事実は必ずしもその理論にとって問題となるわけではない。

4. このような社会現象は稀だ。

5. 我々は、その可能性を意識していた。

absolute, innate, involve, mechanism, significance

6. これらの課題をこなすには、いろいろな実験をしなければならない。

7. この教科書は、まったくの初心者にとっては難しすぎる。

8. 音楽の才能は、しばしば天性のものである。

9. 誰もこの出来事の意義を理解していない。

10. その人形は、特別な仕掛けで動かされている。

analyze, condition, observe, preference, technical

11. それは専門用語である。

12. 大統領は新しい、責任の時代が始まったと述べた。

13. その証拠を細かく調べなければならない。

14. 彼の病状について何か知っていますか。

15. 私たちは、どちらでもよいと考えている。

categorize, efficient, maintain, substance, ultimate

16. あの本はあまり内容がない。
    _____

17. 人間の性格は、内向型 (introverted types) と外向型 (extroverted types) に分けることもできる。
    _____

18. 彼は今の体重を維持したいと思っている。
    _____

19. 実験の最終的な結果はがっかりするようなものであった。
    _____

20. この方法はとても効率が良い。
    _____

多義語の用法
Usage Conditions
condition, conditional, unconditional

　名詞 condition には、大まかに言って、「状況」という意味と「条件」という意味とがある。

　「状況」という意味の時は、可算名詞として使われる場合と不可算名詞として使われる場合の両方がある。下の用例 (1) のように、意味的に詳細な修飾を受けた場合は可算名詞扱いとなり、(2) の場合のように、「良い」とか「悪い」といった程度の修飾しか受けない場合には不可算名詞扱いとなる。ちなみに、「状況・状態」という意味を表す類語として state と shape があるが、state は常に可算名詞扱いであり、shape は常に不可算名詞扱いである。(shape は、「状態」という意味の類語としては condition や state に比べて口語的な表現であり、改まった場面ではあまり使わない。)

(1) The farm was in a disappointingly run-down **condition**.
　　農園は、がっかりするほど荒廃した状況だった。

(2) In spite of its great age, the painting was in wonderful **condition**.
　　その絵はずいぶんと古いものだったが、非常に良い保存状態にあった。

　condition は、人間の置かれている境遇のことを指す場合には、例文 (3) のように、可算名詞として複数形で用いることが多い。

(3) During World War I, **conditions** in the trenches were appalling.
　　第一次世界大戦中、塹壕の中の状況は恐ろしくひどいものであった。

　例文 (4) のように、病状を指すこともあり、派生的に日常会話においては、例文 (5) のように、病気を指すのにも用いられる。

(4) The patient's **condition** deteriorated overnight.
　　その患者の容態は、一夜のうちに悪化した。

(5) He has a throat **condition**.
　　彼は喉に病気がある。

　一方、「条件」という意味を表すときは、condition は基本的に可算名詞であり、したがって、単数形で用いる際には例文 (6) のように何らかの冠詞を添えなければならない。ただし、「条件」という意味の場合であっても、(7) のように、on (the) condition that …(…という条件の下で)という成句の内部では冠詞を添えずに用いることが可能である。アメリカ英語では、同じことを表現するのに under the condition that … という言い方もするが、この場合は普通 the を省略しない。

(6) Ability to drive is a **condition** of employment with that company.
その会社に雇ってもらうためには、車の運転ができることが必要条件だ。

(7) She agreed to a ceasefire on **condition** that all prisoners were released.
彼女は捕虜全員の解放を条件に、停戦に合意した。

　形容詞の conditional、unconditional は、名詞の「条件」という意味の方から派生している語で、それぞれ、「条件に関わる、条件付きの、暫定的な」、「無条件での」という意味になる。

(8) The **conditional** construction in English is usually marked with "if."
英語の条件構文は、普通、if で示される。

(9) Many dog-owners come to rely on the **unconditional** love their pets can give them.
犬の飼い主には、犬が示す無条件の愛に依存するようになる人が多い。

　動詞の condition は、例文 (10) のように「…を良い状況にする」という意味で使われる場合と (11) のように「…に条件付けをする、条件反射を起こさせる」という意味で使われる場合とがある。hair conditioner、air conditioner といった表現は前者の意味から派生するもので、conditioned reflex (条件反射) といった表現は後者の意味から派生するものである。

(10) He began to **condition** himself for the race several months in advance.
彼は、レースの数か月前からコンディションを整え始めた。

(11) Pavlov **conditioned** dogs to respond to certain sounds by salivating.
パヴロフは、一定の音を聞くと唾液を出すよう、犬に条件付けを行った。

Three

controversy create dismantle enable entitled fundamental heritage identity indispensable inspire material obligation occupation particularly perspective recognize sophisticated stable transcend unfortunately

01 | controversy /kántrəvə̀:rsi/ or /kəntrɔ́vəsi/ (OC 26-86)

cóntroversy [contróversy] ≈ a large-scale, usually public disagreement about an issue
controversy *n* - controversial *adj*

○ **History reveals that important new ideas often begin life in bitter controversy.**

偉大な発想が、多くの場合、激しい論争の中から新たに生まれることは、歴史に照らして明らかである。

○ **These surprising claims will remain controversial until the results of the experiment can be reproduced.**

その驚嘆すべき新説は、実験結果が再現されるまでは真とは認められないであろう。

英語の定義に public という語が入っていることからも分かるように、controversy は何らかの公的な場において交わされる議論であり、その意味で argument、quarrel などとは異なる。「…についての論争」という場合には、about、over、as to などの前置詞が用いられる。一つ古典的な controversy の例を挙げるならば、古代人が優秀か、はたまた近代人も捨てたものではないと考えるか――17世紀フランスに始まった The Ancients vs. Moderns Controversy、すなわち「新旧論争」が有名。(第5章 5. debate)

02 | create /kriéit/ (OC 80-220)

creáte ≈ to make or produce a thing or idea, especially for the first time
create *v* - creative *adj* - creator *n* - creation *n* - creativity *n*

○ **This research appears to show that higher primates are capable of using symbols in a truly creative way.**

高等な霊長類には真の意味での創造的な記号使用能力のあることが、この研究によって示されているようだ。

○ **These factors combined to create a situation in which war was not merely likely but inevitable.**

こうした要因が重なって生じた状況により、戦争の開始は可能性が高いどころか、不可避となった。

名詞形は creation（創造、創作）で、神が無から世界や人間を創造したという主張は、creationism（創造説）。これと対立するのは、evolutionism（進化論）である。create から派生した creative（独創的な、創造的な）はよく用いられ、肯定的なニュアンスをもっている。

03 | dismantle /dɪsmǽntəl/ (OC 32-171)

dismántle ≈ to take to pieces
dismantle *v*

○ **It was necessary, because of the contaminated water, to dismantle the whole apparatus and begin the experiment again from scratch.**

水が汚染されていたせいで、装置全体を分解し、一から実験をやり直す必要が生じた。

○ **His goal in politics was to dismantle the post-war consensus which—he believed—was a threat to the nation's greatness.**

彼は戦後コンセンサスの瓦解を政治目標としていた。この体制こそが国の威信を損なう元凶だ、というのが持論だったのだ。

分解して dis と mantle に分ければ想像できるように、「覆いを取り除く」というのが元の意味で、そこから「分解する」という意味が派生している。作り直すために分解するという意味（最初の例文）と、再生できないように破壊する（2番目の例文）という、二つの意味があることに注意しよう。反意語は mantle ではなく、assemble、put together など。

04 | enable /ɪnéɪbəl/ (OC 168-136)

enáble ≈ to give the power to do something
enable *v* - enabling *adj* - enabler *n*

○ **The sudden improvement in the weather enabled us to make very rapid progress towards the summit.**

急に天候が好転したので、頂上に向かってきわめて速やかに進めるようになった。

○ **Overseas development aid can, in the right circumstances, be not only enabling but truly liberating to the recipients.**

海外開発援助は状況さえ整えば、援助を受ける側に自立性ばかりか、真に自由をもたらすものとなるだろう。

「enable 人＋to ...」の形で「人が…することを可能にする」というのはおなじみの用法であるが、enabling という分詞の形で、「何かを自力で実現するための力を与える」というようなやや特殊な意味で用いられることがある（2番目の例文）。enable の反意語は disable であるが、a disabled person というと「障害者」の意味となる。(🐸 第3章 5. entitled)

05 | entitled /ɪntáɪtəld/ (OC 24-62)

entítle ≈ to give someone the right to do or have something
entitle *v* - entitled *adj* - entitlement *n*

○ **We will not be entitled to draw that conclusion until more evidence is found.**

さらなる証拠が見つかるまでは、そのような結論を引き出すわけにはいかない。

○ **Her new position entitles her to a company car.**

彼女は新しい地位に就いて、会社の車を使用できることになった。

enable と同じように「entitle 人＋to …」の形を取るが、「…」の部分には動詞、名詞のどちらも可能。「人が…（すること）を可能にする」という基本的な意味は enable と同じだが、entitle は enable とは違って、「資格（もしくは権限、権利）として許す（可能ならしめる）」というような意味合いが強い。(🐸 第3章 4. enable)

Review 01 - 05

Supply the best word (or related form) from the list below.

controversy, create, dismantle, enable, entitle

1. Advocates of small government believe that government should be a(n) _____, not a controller.

2. Some people seem to thrive on conflict—wherever they go, they love to _____ _____.

3. Everyone has basic human rights—they're part of our natural _____.

4. The virus forced the system manager to _____ the computer system completely and install new servers.

06 | fundamental /fʌndəméntəl/ (CW 8-113)

fundaméntal ≈ basic
fundamental *adj* - fundamentally *adv*

○ **The fundamental reason for global warming is human consumption of fossil fuels.**

地球温暖化の根本的な原因は、人間による化石燃料の消費である。

○ **According to Keynesian economists, inflation fundamentally occurs because there is too much money chasing too few goods.**

ケインズ派の経済学者によると、インフレは基本的には、貨幣の過多に対して商品供給が追いつかないために生ずる。

形容詞 fundamental は basic と類似した意味を表すが、副詞形の fundamentally と basically とではかなり意味が異なる。The theory is fundamentally wrong. は「その理論は根本的に間違っている」という意味になり、一方、The theory is basically wrong. は「その理論は、(くわしいことは説明しないが) 基本的には間違っている」というニュアンスになる。(第3章9. indispensable・第6章10. essential・第14章7. elementary)

07 | heritage /hérətɪdʒ/ (CW 176-112)

héritage ≈ something precious which comes to us from previous generations
heritage *n* - inherit *v* - inheritance *n* - inheritor *n*

○ **Language is the most important part of our human heritage.**

言語は、我々人類が祖先から受け継いできたものの中で最も重要な部分をなす。

○ **In many cultures, the oldest child inherits all of his or her parents' property.**

多くの文化圏では、最年長の子が両親の全財産を相続する。

特定の相続人のものになる遺産・相続財産のことは inheritance と呼ぶ。heritage は、通例、特定の個人ではなく、人類なり国家なりの次世代全体へと受け継がれるものを指す。また、legacy は特定の人・時代が後に残すもののことを指すのに対し、heritage は、必ずしも出どころははっきりしないが何世代にもわたって受け継がれていくもののことを指す。(第1章19. tradition)

World Heritage site (Himeji Castle)

08 | identity /aidéntəti/ (OC 24-45)

idéntity ≈ selfhood; what makes something the thing it is
identity *n* - identical *adj* - identify *v* - identification *n*

○ **Police have not yet established the identity of the thief.**
警察はまだその窃盗犯の身元を特定していない。

○ **No group can have a secure sense of identity without a proper understanding of its own history.**
どのような人間集団も、自らの歴史を的確に理解することなしに、自分が誰なのかについての確固たる意識をもつことはできない。

身分証明書のことは、identity card、identification card、ID card などと呼ぶ。identify は「同定する、認定する」などの意味を表す。identical は単純に「同一である」という意味で、identical twins は一卵性双生児。（二卵性双生児は fraternal twins という。）

09 | indispensable /ˌɪndɪspénsəbəl/ (OC 112-62)

indispénsable ≈ absolutely necessary; essential
indispensable *adj* - indispensably *adv*

○ **In music, the one indispensable element is rhythm.**
音楽において、どうしても不可欠な要素はリズムである。

○ **Water is indispensable to life.**
水は生命にとって、なくてはならないものである。

indispensable の類語に necessary、essential などがある。dispensable は indispensable の逆で、「なくてもよい、重要でない」という意味。dispense with ... は「…を、必要がなくなったので捨て去る」という意味。特に、dispense with someone's services と言った場合は「人をクビにする」という意味になる。dispenser は、中に入っているものが一定量ずつ出てくるような器具のことを指し、たとえば soap dispenser は洗面台の横についている、石鹸を一定量ずつ出す容器のことである。（ 第3章 6. fundamental・ 第5章 4. crucial・第6章 10. essential・第8章 9. critical）

10 | inspire /ɪnspáiər/ (CW 154-174)

inspíre ≈ to give someone an idea, hope, etc.
inspire *v* - inspiration *n* - inspirational *adj* - inspired *adj* - inspiring *adj*

○ **The wildness of nature was important to all the Romantic poets, but it was a special inspiration to Wordsworth.**

自然のもつ野性的な性質はすべてのロマン派詩人にとり重要なものであったが、ワーズワースにとっては特別な霊感の源であった。

○ **Thank you for your very original—I might even say inspired—suggestion.**

非常に独創的な、天才的とさえ言えるような提案をしてくださって、どうもありがとう。

「呼吸する」を意味するラテン語の動詞 *spīrāre* が元になっている。同じ語から来ている動詞としては、他に conspire（共謀する）、expire（息を引き取る（文語的用法）、失効する）などがある。expire の名詞形は、expiration、expiry という二つがある。また、respiratory disease（呼吸器疾患）、respirator（人工呼吸器）なども *spīrāre* が元になっている表現である。

Review 06-10

Supply the best word (or related form) from the list below.

fundamental, heritage, identity, indispensable, inspire

1. It is now possible to _____ an animal's species by its DNA.

2. Some people say that hearing the national anthem is emotionally _____ because it reminds them of their national _____.

3. Oxygen is _____ for maintaining life.

4. After the fire, we urgently need to carry out a(n) _____ review of all safety procedures.

11 | material /mətíriəl/ (OC 24-31)

matérial ≈ (*noun*) 1. any stuff used for a particular purpose. 2. cloth; fabric. (*adjective*) 1. solid; tangible. 2. relevant, important.
material *n, adj* - materialistic *adj* - materialism *n* - matter *n, v* - materialize *v*

○ **Silicon has become an important material, not only in electronics, but also in architecture.**

シリコンは、電子工学のみならず建築においても重要な素材となった。

○ **Spiritualists believed that ghosts are not immaterial, but are composed of a special substance called ectoplasm.**

霊には実体がないわけではなく、エクトプラズム（心霊体）と呼ばれる特別な物質から成っていると、心霊主義者たちは信じていた。

matter（物質）と語源を同じくする形容詞だが、それ自体、名詞として「素材、材料、資材」など「材」の概念を表す。たとえば teaching materials といえば教材。具体的な「モノ」を指すので、形容詞としては spiritual の対義語になる。類語に、physical（物質的な）、substantial（実質的な）、corporeal（肉体的な）などがある。なお、materialism は、精神ではなく物質が根源的であると主張する「唯物論」（反意語は idealism や spiritualism）。materialistic は「唯物論的な」。ちなみにマドンナの歌に「マテリアル・ガール」（1985）というのがあったが、あれは（愛でなく）お金（モノ）が大事という女の子の歌。（🐦 第2章 18. substance・🐦 第13章 20. tangible）

12 | obligation /àbləgéiʃən/ (OC 30-165)

obligátion ≈ something one is morally required to do; a duty
obligation *n* - oblige *v* - obligate *v* - obligatory *adj*

○ **The company claimed that they were under no moral or legal obligation to release that information.**

会社は、その情報を公開する道義的義務も法律的義務もないと主張した。

○ **She felt a strong sense of obligation to the doctor who had saved her life.**

彼女は、命を救ってくれた医師に強い恩義を感じていた。

イギリスの八百屋や魚屋が「毎度ありぃ」「おおきに」といったノリで Much obliged! と言うことがあるが、「恩義を受けている」「感謝する」という意味。I am much obliged to you for your kindness.（ご親切どうもありがとうございます）とも言える。oblige には「余儀なく（強いて）…させる」という意味の他に、「…に恩恵を施す」という意味もあるので注意。同様に、obligation には、「義務」の他に「恩義」という意味がある。

13 | occupation /àkjəpéiʃən/ (OC 32 - 183)

occupátion ≈ 1. a job; an activity that fills up one's time. 2. control of a foreign country (usually by military force).
occupation *n* - occupy *v* - occupier *n* - occupational *adj*

○ **Few people are lucky enough to turn a hobby into an occupation.**

趣味を仕事にできるような幸運な人は少ない。

○ **Israel's occupation of territories captured in the 1967 war remains controversial to this day.**

イスラエルが1967年の戦争で獲得した領地を占有していることは、今日に至るまで議論を呼んでいる。

occupy の名詞形であるから、原意は「占めること」。「占有、占拠、占領」などの意味が出てくる。自分の時間を占めるのが「職業」。職業を指す英語としては最も一般的だろう。profession は専門的な職業ないし知的な職業を指すことが多く、vocation といえば「(神から与えられた) 天職」。employment は「雇用」といったニュアンスになる。(第3章コラム)

14 | particularly /pərtíkjələrli/ (OC 40 - 89)

particularly ≈ more so than in other cases
particularly *adv* - particular *adj* - particulars *n*

○ **Field research in Nepal is particularly difficult at the moment because of the troubled political situation.**

現在、ネパールで現地調査をすることは、政情不安のために特に難しい。

○ **It was Voltaire in particular who embodied the Enlightenment ideals of reason and toleration.**

とりわけヴォルテールこそ、理性と寛容という啓蒙思潮の理想を体現した人だった。

He's very particular about ... (…にとてもうるさい、気難しい) という表現もあるが、particular には「特定の、詳細な」といったニュアンスがある。peculiar も「特別な」と訳されることがあるが、peculiar には「ちょっとヘンな、独特な」といったニュアンスがある。最初の例文のように、particularly は文意を強める very (much) と同じニュアンスで用いられることもある。類語に especially や specially がある。複数名詞の particulars は「詳細の事柄」で、details と同義。(第1章 16. specific・ 第4章 10. general・第5章 20. universal・第8章 17. selective)

15 | perspective /pərspéktɪv/

(CW 146-32)

perspéctive ≈ standpoint; way of seeing
perspective *n* - perspectival *adj*

○ **Jung provided a completely new perspective for the study of psychological phenomena.**

ユングは、心理学的現象の研究にまったく新しい見地を開いた。

○ **From any scientific perspective, the evidence for telepathy is too thin to encourage further research.**

いかなる科学的な見地からも、テレパシーがあるとする証拠はあまりに薄弱で、その研究をさらに進めるべきだとは言えない。

シェイクスピアの時代に perspective といえば、ある特別な点から観ると絵の中に隠れていた別の絵が見えてくるような仕掛け絵のことを言った。要するに perspective とは、ある一つの見方を指すのであり、今では消失点に向かって遠景は小さく、前景は大きく描く「遠近法」や「透視画法」のことを指したり、より一般に「展望、見通し」のことを指す。

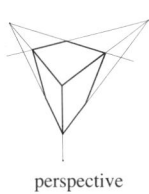

perspective

Review 11-15

Supply the best word (or related form) from the list below.

material, obligation, occupation, particularly, perspective

1. Their uniforms were made from various kinds of cloth—no _____ _____ was required.

2. Physical education is usually a(n) _____ part of the curriculum.

3. Living with a group of soldiers for a month gave me a new _____ on the difficulties of _____ a foreign country.

16 | recognize [recognise] /rékəgnàiz/ (OC 54-159)

récognize ≈ to know what something is, or remember it, when seeing or hearing it again
recognize *v* - recognition *n* - recognizable *adj*

- **Babies of a very young age have a remarkable ability to recognize faces.**
  生まれて日の浅い赤ちゃんでも、顔を見分ける驚くべき能力がある。

- **All civilized nations now recognize the importance of human rights.**
  すべての文明国家は、今では人権の重要性を認識している。

- **Gerty Cori was awarded the Nobel prize in recognition of her research on the metabolization of glucose.**
  ゲルティ・コリはグルコースの代謝に関する研究業績が認められて、ノーベル賞を受賞した。

「見覚えがある、見分ける」という意味の他に、地位や価値を「認める」という意味がある。たとえば、My boss sees me every day, but she never recognizes the quality of my work. という場合は、上司は自分を見てはいても、仕事の質はさっぱり評価してくれていない状況を表す。国家機関の公式な承認などについても、the internationally recognized government of East Timor というようにこの語が使われる。

Gerty Cori

17 | sophisticated /səfístəkèitɪd/ (CW 138-106)

sophísticated ≈ complex; refined
sophisticated *adj* - sophistication *n* - sophistry *n*

- **Accuracy improved dramatically as their methods became more sophisticated.**
  彼らの方法がより高度化するにつれ、精度が大幅に向上した。

- **Simplicity is an advantage for theories, at least in their early life—too much sophistication can be a barrier to understanding.**
  理論にとって単純さというものは、少なくともその初期段階では、利点である。あまり複雑化すると、理解の妨げとなりうるから。

人間についての形容詞として用いられる場合、その人はファッションやマナーが洗練されているという意味もあるし、知識や経験が豊富な教養人という意味合いで使われることもある。反意語として coarse、ignorant、naive などがある。日本語でナイーブというと「純真で素朴」といった褒め言葉として使われることが多いが、原語では「うぶで愚直」と否定的なニュアンスが強い。（第13章15. refinement）

18 | stable /stéibəl/ (OC 22-19)

stáble ≈ not liable to sudden or dramatic change
stable *adj* - stability *n* - stabilize *v* - stabilizer *n*

○ **The doctor told us that the patient's condition was stable.**
医師は患者の容態は安定していると我々に話した。

○ **This car's low center of gravity improves its stability on winding roads.**
この車は重心が低いおかげで、曲線道路での安定性が良い。

2番目の例文のように、あるものの物理的な安定性を指したり、化合物や薬剤の化学的な安定性の意味に使われる場合の他、体調、精神状態、人間関係や、国際関係など、幅広い事柄について用いられる。反意語としては、unstable、shaky、insecure、unpredictable、uncertainなど。(🐾 第11章17. stabilize)

19 | transcend /trænsénd/ (OC 32-169)

transcénd ≈ to go beyond or above into a new and better state
transcend *v* - transcendent *adj* - transcendental *adj*

○ **The history of mathematics is full of new developments, but Cantor's set theory transcends them all.**
数学の歴史には数多くの躍進があるが、カントールの集合論はそれらすべてを凌駕するものだ。

○ **Followers of the guru believe that by meditating on a special word they can achieve a state of transcendental peace.**
その教祖の信者たちは、ある特別な言葉について瞑想することで超越的な安らぎの境地に到達できると信じている。

類語として、surpass、excel、outdo、outshine、rise above などがあるが、これらの語が一般的には能力や業績、あるいは美しさなどの属性に関して使われるのに対して、transcend は通常の経験や意識の範囲を超えるという意味で、哲学や神学に関する文章によく出てくる。なお、out- は上記の outdo、outshine のように「…を超える、凌ぐ」という意味合いの多くの複合語を形成するが、この他にも outlive、outlast (…より長生きする) などがある。さらに固有名詞と結びついた興味深い表現として、シェイクスピアの『ハムレット』に由来する out-Herod Herod (残忍さにおいてヘロデ王を凌ぐ) という成句はよく知られているが、同様に out-Lincolned Lincoln (リンカーン以上にリンカーンのようだった) といった言い方もできる。

20 | unfortunately /ʌnfɔ́:rtʃənətli/ (OC 40-101)

unfórtunately ≈ regrettably; sadly
unfortunately *adv* - unfortunate *adj*

○ **Unfortunately, there was too much cloud and we were unable to observe the lunar eclipse.**

あいにく雲が多くて、私たちは月食の観察ができなかった。

○ **I'm afraid I have a meeting at two, so—unfortunately—I won't be able to attend the presentation.**

2時に会議があるので、プレゼンには残念ですが出席することができません。

「運悪く」の意味だが、最初の例文のように客観的な状況をストレートに表す場合もある一方で、「申し訳ありませんが」「誠に残念ながら」といった相手の感情に配慮した緩和表現としても重要な役割をもつ。2番目の例文では unfortunately に加えて、冒頭で I'm afraid が使われていることで、二重に丁寧な断り方となっている。

lunar eclipse

Review 16-20

Supply the best word (or related form) from the list below.

recognize, sophisticated, stable, transcend, unfortunately

1. The volcano has _____ become too dangerously _____ for us to work there.

2. The greatest artists seem able to _____ all the obstacles and problems of everyday life.

3. The ability to _____ different voices is a highly _____ cognitive skill.

Unit Review

Four of the following sets of words and definitions do not match. Complete the words which are incomplete; the number of underlines indicates the number of missing letters. Finally, write the numbers of the correct definitions in the parentheses.

( ) contro _ _ _ _ _ _ _   1. creating disagreement
( ) create   2. to make; to produce
( ) dismant _ _   3. to take to pieces
( ) enable   4. unluckily
( ) entitled   5. having a right to something
( ) funda _ _ _ _ _ _   6. complex; refined
( ) heritage   7. what we inherit; tradition
( ) identity   8. what makes something the thing it is
( ) indis _ _ _ _ _ _ _ _   9. necessary; essential
( ) inspire   10. to give hope, a new idea, etc.
( ) mat _ _ _ _ _ _ _ _ _ _   11. ignoring spiritual matters; obsessed with money
( ) obligat _ _ _   12. required; not optional
( ) occup _ _ _ _ _ _ _   13. related to work or a profession
( ) particularly   14. more so than others
( ) perspect _ _ _   15. standpoint; way of seeing
( ) recognize   16. to know something again
( ) sophisticated   17. basic; most important
( ) stab _ _ _ _ _   18. to make something safer and less liable to sudden change
( ) transcend   19. to go beyond
( ) unfor _ _ _ _ _ _ _ _   20. to make it possible to do something

行為・行動に関する語彙
Clear for Action

action, activity, behavior, conduct, misconduct, occupation

　action は人や組織などが、ある特定の時と場所で何かを行う「行為、行動」を意味する。act や deed も同様の意味で用いられ、以下の2つの例文はいずれも、これらの語によって置き換えが可能である。

(1) In these circumstances, arresting the leader of the opposition was the **action** of a tyrant.
そのような状況で反対派指導者を逮捕したのは、まさに独裁者の暴挙である。

(2) Tackling the thief single-handed was a very brave **action**.
たった一人で泥棒と格闘したのは、とても勇敢な行為だ。

　activity は水泳、創作、野球のプレーなど、「活動」を意味する。また行動している状態を表すこともある。

(3) The school health adviser recommends a suitable physical **activity** for each child.
学校の保健アドバイザーは、子供が適切な身体活動を行うよう勧めている。

(4) When predators are nearby, the mice show little **activity**.
捕食者が近くにいると、ネズミはほとんど活動しない。

　behavior も「行動」だが、他者の目にどう映るかということが意識されるような文脈で用いられ、「ふるまい」に当たる。

(5) Jeremy Bentham, the founder of Utilitarianism, was noted for his eccentric **behavior**.
功利主義の創始者ジェレミー・ベンサムは、奇行の人として知られていた。

(6) Astronomers inferred from the unexpected **behavior** of Neptune that there must be a ninth planet.
海王星が奇妙なふるまいをすることから、天文学者は第9の惑星があることを推測した。

　conduct は人の行動が、法的妥当性や善悪判断といった関心から眺められる文脈に登場する語である。政治家の選挙運動中の挙動、学生の学校での態度・行状などがその例である。したがって、上の例文 (5) は conduct に置き換えることができるが、(6)

は置き換え不可能である（強いて置き換えれば、ユーモアを狙った文章となるだろう）。

(7) Her **conduct** during those difficult times was exemplary.
その難局における彼女の身の処し方は、一点非の打どころのない立派なものだった。

(8) At one point in his eventful life, Clarence Darrow was accused of serious professional **misconduct**.
その波乱に満ちた生涯において、クラレンス・ダロウが職業上の重大な非行を責められたことがあった。

　occupation には、本文の解説にもあるように、「それによって時間を費やすある種の活動」という意味合いが含まれている。「仕事」とも訳せるが、特に古い英語では、生活の資を稼ぐための「仕事」という意味で用いられることはむしろ少ない（→ 例文(11)）。

(9) Many retired people miss their former **occupations** and feel that a gap has opened up in their lives.
退職した人の中には、かつての仕事を懐かしがり、自分の人生にぽっかりと穴があいたように感じる人も多い。

(10) Stress is an **occupational** hazard in many professions, but perhaps the medical profession itself is most at risk.
多くの専門職で、職業に付随する危険因子としてストレスが挙げられるが、その危険がもっとも大きいのは医師であろう。

(11) "... she never endeavoured to divert herself with reading, or **occupation** of any kind." (Emily Brontë, *Wuthering Heights*)
「彼女は読書やその他の楽しみで、心を満たそうとはしなかった。」

Four

breakthrough capability collaborate comparison conclusive conjecture develop dimension exhibit general insight intense margin probability reflect research surmise symmetrical trait unify

01 | breakthrough /bréikθrùː/ (CW 8-105)

bréakthrough ≈ a discovery or accomplishment that allows further progress
breakthrough *n*

○ **Stravinsky's *Rite of Spring*, though very controversial when it was first performed, is now accepted as a breakthrough in modern music.**
ストラヴィンスキーの『春の祭典』は、初演当時は物議をかもしたが、今では現代音楽の先駆的傑作として受け入れられている。

○ **Crick and Watson's breakthrough discovery of the structure of DNA led to many revolutionary advances in the life sciences.**
クリックとワトソンによる DNA 構造の画期的発見は、生命科学における数多くの革命的進歩をもたらした。

障害や難問を突破・克服して、飛躍的前進をすることをいう。可算名詞なので、冠詞のaが付いたり複数形にもなる。外交交渉の行き詰まりの打開など、はっきりと認識されていた障害を超える場合にも使えるし、科学技術の躍進的発展につながる発見のような、その後の進歩を強調する場合にも使える。動詞の場合は、make (achieve) a breakthrough などを用いる。

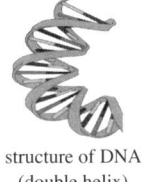

structure of DNA (double helix)

02 | capability /kèipəbíləti/ (OC 10-147)

capabílity ≈ the characteristics necessary to do something, usually practical
capability *n* - capable *adj* - incapable *adj*

○ **The virus acquired the capability to infect not only birds but humans as well.**
そのウィルスは、鳥のみならず人間に対しても感染能力をもつに至った。

○ **Few economists thought that the government was capable of stopping inflation.**
政府にインフレを止めることができると考える経済学者はほとんどいなかった。

ability といえば、ability to speak English fluently のように努力して身につけることのできるものであるが、capability は今ある潜在的な能力を指す。a country having the capability of making nuclear weapons（具体的な装置はないにしても、核兵器を作る技術力のある国）、She has many capabilities.（彼女はさまざまな能力を秘めている）というように。the expansion of Japan's military capability（日本の軍事力拡大）のように国家のもつ戦闘能力も指す。類語に aptitude（適性）、capacity（受容力、収容能力）、competence（能力、適性）、faculty（才能）、gift（天性の力）、skill（技能）、talent（才能）などがある。(🐸 第4章コラム・第5章14. potential・第11章5. capacity)

03 | collaborate /kəlǽbərèit/ (OC 36-59)

colláborate ≈ to work together, especially in research or art
collaborate *v* - collaboration *n* - collaborator *n* - collaborative *adj* - collaboratively *adv*

○ **Archaeologists from three countries collaborated in the excavation of the tomb.**

三か国から集まった考古学者たちが、その墓の発掘に力を合わせた。

○ **Textual evidence suggests that Shakespeare's *Henry VIII* was written collaboratively with John Fletcher.**

テクスト内の証拠から、シェイクスピアの『ヘンリー八世』はジョン・フレッチャーと共同で執筆されたと考えられる。

collaboration は、科学・文学・芸術などの分野における共同研究や合作を指す。in collaboration with ... は、「…と共同で」の意味。しかし、ビジネス界などでは、より一般的な co(-)operation を用いる。cooperation between the public and private sectors（官民協同）のように。

04 | comparison /kəmpǽrəsən/ (CW 106-224)

compárison ≈ an examination of how two or more things are different or similar
comparison *n* - compare *v* - comparable *adj* - comparative *adj* - comparatively *adv*

○ **A comparison of the strata revealed that the rocks in the lower stratum were nearly a billion years older than the rocks in the higher one.**

地層を比較してみると、下層にある岩は上層の岩より10億年近く古いことが明らかになった。

- **Political ideology has sometimes been compared to religious faith in terms of the intensity with which people hold on to their beliefs.**
  政治的イデオロギーは、人々が自分の信条にいかに強く固執するかという点で、ときに宗教的信仰にたとえられる。

in comparison with ...（…と比べて、…に比べれば）という成句がよく用いられる。形容詞形 comparative には、comparative literature（比較文学）や comparative advertising（比較広告）のように、「比較という手段を用いた」という意味もあれば、the comparative happiness of the middle class（中産階級の相対的な〔下層階級と比べれば幸せと呼べる〕幸福）のように「比較をしてみれば」という意味もある。また、We are comparatively lucky.（我々はまだ良いほうだ）のように副詞を用いた表現もある。(🐸 第13章16. relatively)

rock strata

05 | conclusive /kənklúːsɪv/ (OC 36-39)

conclúsive ≈ indicating that something is definitely true or correct
conclusive *adj* - conclude *v* - conclusion *n* - conclusively *adv*

- **Her archival research has yielded conclusive proof as to the identity of the assassins of Sakamoto Ryoma.**
  彼女の文献研究は、坂本龍馬の暗殺者を特定する決定的証拠をもたらした。

- **Tests by an independent laboratory demonstrated conclusively that the toy could cause serious injuries to children.**
  メーカーと利害関係のない研究所が行った実験によって、その玩具は子供に深刻な危害をおよぼしうることがはっきりと示された。

「絶対そうだ」というニュアンス。類語に definitive や decisive など。何かが conclusively solved でなければ、まだ反論の余地があるということ。conclusive argument といえば、「反論の余地のない議論」。inconclusive(ly) は、まだまだ議論が続くというニュアンス。なお、上記の conclusive proof や conclusive evidence は「確証」とも訳せる。(🐸 第2章20. ultimate・🐸 第9章6. definite・第14章5. culmination)

Review 01 - 05

Supply the best word (or related form) from the list below.

breakthrough, capability, collaborate, comparison, conclusive

1. Scholars are rarely _____ of doing their best work in complete isolation; they usually need to _____ with others to some extent.

2. A _____ study of the two sets of fossils was _____: The paleontologists were unable to decide whether or not they came from the same species.

3. Polio was a serious problem until a _____ in research led to the development of the polio vaccine.

06 | conjecture /kəndʒɛ́ktʃər/ (OC 42-158)

conjécture ≈ an idea, opinion, or prediction that has not yet been proved to be true (*also verb*)
conjecture *n, v* - conjectural *adj*

○ **Despite centuries of effort by mathematicians, the conjecture that there are no odd perfect numbers is still unproved.**

数学者が幾世紀にもわたって努力を傾けてきたが、奇数の完全数は存在しないという予想はいまだに証明されていない。[完全数: それ自身を除く約数（1を含む）の和が、それ自身に等しい自然数のこと。たとえば、6（＝1＋2＋3）、28（＝1＋2＋4＋7＋14）。]

○ **The evidence for European settlement of North America before Columbus is largely conjectural.**

コロンブス以前に北米にヨーロッパ人が定住していたとする根拠は、大部分推測にもとづくものである。

conjectureは「証拠や情報が不十分」という含意が強調されることが多い。a matter of conjectureといえば「推測の域を出ないこと」であり、a mere conjectureといえば「単なる憶測」ということになる。（ 第4章17. surmise・第6章コラム・第9章1. actual・第9章20. virtual）

07 | develop /dɪvéləp/ (OC 148-24)

devélop ≈ to change over time, usually becoming more advanced
develop *v* - development *n* - developer *n* - developmental *adj*

○ **The theory of plate tectonics was developed during the 1960s.**

プレートテクトニクス理論は 1960 年代に形成されていった。

○ **The development of stronger, more versatile plastics has revolutionized the design and manufacture of consumer products.**

従来よりも強く、汎用に適したプラスチックが開発されたおかげで、消費者製品のデザインと製造に大変革が生じた。

develop には自然な時間の中で「成長する」という意味に加えて、人工的に「成長させる、発達させる」という意味があり、そこからさらに宅地や資源などを「開発する」という近代的な意味が出てくる。development of an industrial estate（工業団地の開発）、development of natural resources（天然資源の開発）などはおなじみの表現だが、今日では sustainable development（持続可能な開発）が話題となることが多い。

08 | dimension /dɪménʃən/ (OC 40-106)

diménsion ≈ a measurement of something in a certain direction; a feature or aspect of something
dimension *n* - dimensional *adj*

○ **The physical dimensions of the doorway made it impossible to bring the piano into the room.**

戸口の寸法が足りずに、ピアノを部屋に運び込めなかった。

○ **The novel's characters are two-dimensional, lacking the depth and uniqueness we find in great fiction.**

この小説の登場人物は平板だ。優れた作品に見られる深みを欠き、ありふれた人物にとどまっている。

○ **The study considered only the monetary cost of the proposed airport; other dimensions, such as its social impact, were ignored.**

その研究では、提案されている空港の財政的コストの面しか考えられておらず、社会的影響など、他の側面は無視されていた。

数学的に用いられる2次元、3次元などの「次元」に加えて「長さ、大きさ、嵩」、さらに「重要性、側面」などの意味でも用いられる。（😊 第10章 10. facet）

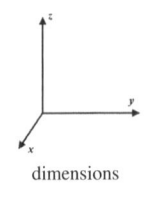

dimensions

09 | exhibit /ɪgzíbət/ (CW 138-135)

exhíbit ≈ (*verb*) to show something, especially in public; (*noun*) something that is shown
exhibit *v, n* - exhibition *n* - exhibitionism *n* - exhibitionist *n*

○ **After the dinosaur bones had been pieced together, they were exhibited in a museum.**
その恐竜の骨はつなぎ合わされたあと、博物館に展示された。

○ **One of the exhibits presented in the trial was a rope that had allegedly been used as the murder weapon.**
公判で提示された証拠物件の一つに、殺害の凶器に用いられたとされるロープがあった。

exhibit は「展示する」という意味の他に、法廷で証拠物件等を「提示〔提出〕する」という特殊な意味で用いられる。同じ形で名詞としても用いられ、「展示、陳列」（米語のみ）、「出品物」（英・米とも）などの他に、「証拠物件」という意味もある。派生語としては、exhibition「展示、展覧会、博覧会」、exhibitionism「自己顕示癖、露出症」などがある。なお、野球などの「オープン戦」は exhibition game という。

10 | general /ʤénrəl/ (CW 116-163)

géneral ≈ applicable as a whole; not specific
general *adj* - generally *adv* - generalize *v* - generalization *n* - generality *n* - generalist *n*

○ **Characterizations of ethnic groups might be true in general while not applying to every particular individual.**
民族的特徴といわれるものは、一般には該当したとしても、個々人について当てはまるとは限らない。

○ **Many scientists in the nineteenth century were generalists, but scientific research today usually requires a high degree of specialization.**
19世紀の科学者の多くは分野を限らなかったが、今日の科学研究では概して高度な専門化が必要とされる。

general は「全般的な、一般的な、概括的な」という意味で、反意語は particular (個々の、個別の、特定的な)。「一般的に」という意味で in general と generally、「特に」という意味で in particular と particularly がよく用いられる。科学の法則は、個別 (particular) の例や現象を generalize (一般化) することによって生まれる。また、sweeping generalization (十把一からげの一般化) は、あまりに乱暴な一般化を非難する場合に用いる。(🐱 第 1 章 16. specific・第 3 章 14. particularly・🐱 第 5 章 20. universal)

Review 06 - 10

Supply the best word (or related form) from the list below.

conjecture, develop, dimension, exhibit, general

1. The claim that all men are violent is an unacceptable _____.

2. The existence of life on other planets is still only a matter of _____.

3. String theory is a model of physics whose fundamental components are one-_____ objects called strings.

4. The International _____ of Modern Art held in New York in 1913—most commonly known as the Armory Show—allowed Americans to see the most recent _____ in avant-garde European art.

11 | insight /ínsàit/   (CW 122-31)

ínsight ≈ a clear understanding of something, often acquired suddenly
insight *n* - insightful *adj*

○ **Game theory offers insights into the dynamics of business transactions.**
ゲーム理論は、商取引の力学に関する洞察を与えてくれる。

○ **Her insightful remark about the structure of the molecule enabled the team to synthesize it.**
その構造に関する彼女の鋭い指摘のおかげで、チームはその分子を合成することができた。

insight というのは、ある込み入った問題に関する最終的な、完全な理解ではないが、そういった理解に至るためのヒントを与えてくれるような、深い、重要な識見のことを表す。

12 | intense /ɪnténs/ (OC 36-38)

inténse ≈ forceful and concentrated
intense *adj* - intensify *v* - intensity *n* - intensive *adj*

○ **The dam proposal encountered intense opposition from local residents.**
そのダムの計画は、地元住民から強い反対を受けた。

○ **In optics, brightness is defined as the perceived intensity of light.**
光学では、明るさは、光がどれくらい強いと知覚されるかを表す尺度として定義される。

> intense は、人間の活動や、光に関して用いられた場合は「強烈な」という意味になる。個人に関して用いられた場合は「熱情的な、真剣な、神経を張りつめた」という意味になる。同じく形容詞である intensive は、an intensive course in English vocabulary（英語語彙集中講座）のように、主に「集中的な」という意味を表す。（🐟 第 7 章 4. concentrate）

13 | margin /mάːrdʒən/ (OC 34-3)

márgin ≈ extra space or time, usually along an edge or between two things
margin *n* - marginal *adj* - marginalize *v* - marginally *adv*

○ **The margins of the book were filled with the author's handwritten notes and corrections.**
その本の余白部分は、著者が手書きしたメモや修正で埋め尽くされていた。

○ **Under the colonial regime, the indigenous peoples were marginalized and played little role in society or the economy.**
植民地体制の下で原住の諸民族は社会の周縁部に追いやられ、社会的にも経済的にも重要な役割をもたなかった。

○ **Their contribution was marginally useful but hardly essential.**
彼らの貢献は、一応有益ではあったが、不可欠と言えるようなものではなかった。

> 形容詞 marginal には「周縁的な」という意味の他に「重要でない」とか「最低限ぎりぎりの」といった意味がある。そこから派生する副詞 marginally も、同様に「少しだけ」とか「ぎりぎり」といった意味を表す。

margins of a page

14 | probability /prɑ̀bəbíləti/ (OC 44-172)

probabílity ≈ the chance that something will occur; likelihood
probability *n* - probably *adv* - probable *adj*

○ **The probability of an asteroid colliding with the Earth is small but not negligible.**
小惑星が地球に衝突する確率は、小さいとはいえ、無視できるようなものではない。

○ **The Pre-Raphaelites romanticized a medieval era that, in all probability, never existed.**
ラファエロ前派の芸術家たちは中世に関してロマンチックな空想を抱いていた。彼らが思い描いていたような「中世」は、まず間違いなく、実際には存在しなかった。

in all probability、in all likelihood は慣用句で、「まず間違いなく」という意味を表す。probably や there is a probability that ... といった言い方は、possibly や there is a possibility that ... よりも、推測が正しい可能性が高い場合に用いられる。

15 | reflect /rɪflékt/ (CW 168-24)

refléct ≈ 1. to bounce radiation off a surface. 2. to be a sign of something. 3. to think about.
reflect *v* - reflection *n* - reflective *adj* - reflector *n*

○ **In the Greek myth, Narcissus becomes fascinated by his own reflection in a pool.**
ギリシア神話の中で、ナルキッソスは水たまりに映った自分の姿に心を奪われる。

○ **The increase in funding for nursing education reflects concern about an impending shortage of trained nurses.**
看護師養成のための財源が増やされたことは、看護師の教育を受けた人材がまもなく不足することへの懸念を反映している。

○ **Newton used his year away from Cambridge to reflect on the various problems he had been studying and, as a result, to make several important breakthroughs.**
ニュートンは、ケンブリッジを離れた1年を使って、それまで研究してきたさまざまな問題について熟考し、その結果として幾つかの重要な発見をした。

「反射する」という意味の他に、「熟考する」という意味がある。同様に、形容詞 reflective は、「(光などを)反射する性質をもつ」という意味の他に、「思慮深い」という意味がある。be reflective of ... という形で使うと、他動詞の reflect と同様に、「…を反

映する」という意味になる。

Review 11 - 15

Supply the best word (or related form) from the list below.

insight, intense, margin, probability, reflect

1. Shusaku Endo's _____ interest in the history of Christianity in Japan is _____ in the large number of books he wrote about the subject.

2. Due to the measles epidemic, there is a growing _____ that the university will close for the rest of the semester.

3. The photographer Diane Arbus is known for her _____ portraits that seem to reveal the souls of unusual people living on the _____ of society.

16 | research /rɪsə́ːrtʃ/ or /ríːsə̀ːrtʃ/ (CW 2-10)

reséarch [résearch] ≈ in-depth investigation to discover new knowledge (*also verb*)
research *n, v* - researcher *n*

○ **Only after years of painstaking research was the human genome decoded completely.**
入念な研究調査が何年も続けられてようやく、ヒト・ゲノムは完全に解読された。

○ **Various researchers have been trying to determine the theoretical limit for the speed of quantum computers.**
さまざまな研究者たちが、量子コンピューターの速度に関する理論的限界値を確定しようとしている。

最初の例文でも research は冠詞のない単数形で使われているが、research は通常は不可算名詞で、three researches というような言い方はしない。代わりに a study や a piece of research などが用いられる。人文社会系の研究者は一般的には scholar で、researcher は理工系の研究者に使われることが多い。「研究する」という場合は、do research、conduct research などと言う。

17 | surmise /sərmáiz/ (OC 42-164)

surmíse ≈ to make a guess based on limited evidence; to infer (*also verb*)
surmise *v, n*

○ **Survivors' reports led us to surmise that the tsunami had probably been about two meters high.**
生存者の証言からすると、津波の高さはおそらく2メートルぐらいであったと思われる。

○ **His surmise about the origin of AIDS turned out to be incorrect.**
エイズの発祥に関する彼の推測は間違っていることが判明した。

surmise はある事柄についての考えや意見が推量の域にあることを示しているが、その推論は通常は一定の証拠にもとづいて論理的に導き出されたものであるので、単に imagine、suppose 以上の根拠がある。類語としては、conjecture、presume、speculate など。(第4章6. conjecture ・ 第13章5. assume)

18 | symmetrical /sɪmétrɪkəl/ (OC 40-100)

symmétrical ≈ having two halves with the same size and shape; having a balanced and repeated structure
symmetrical *adj* - symmetric *adj* - symmetry *n*

○ **The road to the tomb is lined with symmetrical rows of trees.**
霊廟に至る道には左右対称の並木が続いている。

○ **European music of the pre-Romantic period is characterized by a fundamental symmetry.**
ロマン派以前の西洋音楽は基本的な対称性を特徴とする。

一般的には美術や建築、数学などにおいて、ものの形に関して使われるが、近年では反意語である asymmetrical、asymmetric が国家間を含む社会的関係における地位の不平等に関して用いられることが多い。体操競技の段違い平行棒は asymmetric bars というが、段違いの兵力で戦われる戦争は asymmetric warfare という。カタカナ語としてシンメトリーが定着しているので、発音に注意。

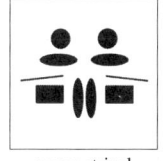

symmetrical pattern

19 | trait /tréit/ (OC 38-83)

trait ≈ a distinctive characteristic
trait *n*

○ **The traits shared by that family included ambition, seriousness of purpose, and an inability to accept criticism.**

あの一家に共通する特徴には、野心、強い目的意識、そして他人の批判を受け入れられないということがある。

○ **The gray fox possesses a unique trait that distinguishes it from other members of the dog family: It is anatomically adapted for climbing.**

ハイイロギツネは他のイヌ科の動物とは異なる独自の特性を備えており、高所によじ登ることに適した身体構造になっている。

trait は特性、習性を指し、より包括的な特徴を意味する characteristic に比べて、あるものの性質、性格、傾向などについて使われることが多い。やはり特徴という意味の idiosyncrasy は、性癖、特異体質など、特異性を強調するニュアンスが強い。(第 8 章 4. characterize)

20 | unify /júːnəfài/ (OC 170-156)

únify ≈ to bring together into one
unify *v* - unified *adj* - unification *n*

○ **Einstein's goal of a unified field theory—one that would explain both electromagnetism and the general theory of relativity—has yet to be achieved.**

アインシュタインが目指した統一場理論――電磁気と一般相対性理論の両方を説明するであろう理論――はまだ完成されていない。

○ **Perhaps nothing marked the end of the Cold War as clearly as the 1990 reunification of Germany.**

おそらくは1990年のドイツ統一ほど、冷戦の終わりを鮮烈に示した出来事はないだろう。

複数のものを一体化する、統一するという意味。ラテン語で数の1を表す *ūnus* を語源として uni または un で始まる関連語としては union、unit、uniform、unanimous、unity、unicorn、unilateral などがおなじみである。(第 5 章 20. universal・第 12 章 8. differentiate)

Review 16-20

Supply the best word (or related form) from the list below.

research, surmise, symmetrical, trait, unify

1. The _____ of the human body, as shown by our matched pairs of legs, arms, and eyes, is a _____ that is shared by nearly all vertebrates.

2. _____ who have been studying human migration have _____ that everyone living today might be descended from a common ancestor who lived about 60,000 years ago.

3. Although the anthology contains stories by over a hundred writers from 32 countries, a single theme—memory—serves to _____ the diverse narratives.

Unit Review

Write four new sentences, each of which uses at least two words, or their related forms, from the following list. An example is shown below.

> Most scientists have the **capability** to contribute to scientific progress even if they never make great **breakthroughs.**

breakthrough, capability, collaborate, comparison, conclusive, conjecture, develop, dimension, exhibit, general, insight, intense, margin, probability, reflect, research, surmise, symmetrical, trait, unify

能力に関する語彙
Capacity Unlimited
capability, ability, capacity, skill, aptitude, faculty, talent, gift, competence, qualification

　人の能力を表す英単語について考えてみよう。本章で説明したように、capability は、「何か（大抵は実用的なこと）をする人の能力」を指す。意味は ability とよく似ており、どちらを使っても同じ場合もあるが、潜在能力（実際にできるというより、やろうとすればできる）という意味では capability の方を多く用いる（また、capability の方が ability よりも、少々堅い言葉である）。次の (1) はまさにその例である。

(1) Compared with adults, a small child has a greater **capability** to acquire a second language without formal study.
　小さな子供には、きちんとした学習なしに外国語を習得する能力が大人よりもある。

(2) The newly hired cook soon demonstrated an **ability** to prepare even the most complicated dishes in a very short time.
　新しく雇ったコックは、どんなに面倒な料理でもたちどころに作ってしまう腕前をすぐに見せてくれた。

　capacity もまた ability と交換可能なことがあるが、量（容量）的なことを言う時に使うことがある。capacity もまた潜在的な能力を暗示する。

(3) The earning **capacity** of fruit pickers is limited by the amount of fruit they can pick in a day.
　果物の収穫労働者がどれくらい稼げるかは、1日に採集できる果物の量で限定される。

　可算名詞としての skill は、特別の訓練や知識によって得られる ability である。

(4) Doctors acquire their **skills** through classroom study, hospital observations, and internships.
　医者は、教室での勉強、病院での臨床の立ち会い、インターンシップ（研修）によって技術を身につける。

　skill は、具体的な技能ではなく、一般的な「腕前」を指すこともある。

(5) The film star handled the press with great **skill**.
　その映画スターは報道陣にみごとに対応した。

　aptitude は「素質」。生まれつきもっている才能であり、talent に近い。「適性」と訳されることもある。

(6) Her natural **aptitude** for swimming was not discovered until she moved to Hawaii.
   彼女はハワイに引っ越すまで、泳ぎが得意だとは分からなかった。

faculty は、論じたり、見たり聞いたりするというような、生まれつきの (精神的または肉体的) 能力。

(7) George Bernard Shaw retained his **faculties**, continuing to write until his death at age 94.
   ジョージ・バーナード・ショーは、94歳で亡くなるまで、衰えることなく執筆を続けた。

talent は、何かを上手にする ability であり、生まれつきであることが多い。aptitude の意味に近いが、talent の方が際立った才能を指す。音楽や芸術などの分野でよく用いられる。

(8) Yo-Yo Ma demonstrated a **talent** for the cello at an early age.
   ヨーヨーマは、幼い頃からチェロの才能を発揮していた。

gift は talent に近いが、当人は何の努力もせずに身につけている天賦の才をいう。

(9) She said that her ability to multiply large numbers in her head was a **gift** and not something she had studied or practiced.
   彼女は、自分が大きな数の掛け算が暗算でできるのは天性のものであって、勉強したり訓練したわけではないと言う。

competence は、あることを効果的に、満足のいくようにできる能力をいう。

(10) The new manager proved to be **incompetent** and was soon fired.
   新しい支配人は無能と分かり、すぐクビになった。

qualification は、特定の仕事をするのに必要な skill ないし ability のこと。とりわけ、試験、学位、資格などによって認められた skill を指す。

(11) Her **qualifications** for the job included a bachelor's degree in biology and three years' experience working in a laboratory.
   彼女がその仕事をする資格としては、生物の学士号と3年間の研究所勤務歴があった。

Five

authority circumstances consider crucial
debate deliberately designated establish hypothesis
incorporate inevitably negligible objective potential
propose radically realistic sample theoretical universal

01 | authority /ɔːθɔ́ːrəti/ (OC 48-55)

authórity ≈ the right to do or decide something; an expert
authority *n* - authorize *v* - authorization *n* - authoritative *adj* - authoritarian *adj, n*

○ **The guard insisted that he had no authority to open the gate if we could not show proper identification.**

守衛は、我々がちゃんとした身分証明書を見せない限り、自分には門を開ける権限がないのだと言い張った。

○ **Although she has not studied the subject formally, she is an acknowledged authority on Chinese ceramics.**

彼女は、その分野を正式に勉強したわけではないが、中国の陶磁器に関する権威として広く認められている。

authority は、抽象的な「権威」、または具体的な「権威者」を指す。the authorities という形では「当局、政府」という意味になる。形容詞の authoritative は「権威のある」、authoritarian は「権威主義的な、独裁政治の」の意。これらの語の元となっている名詞 author は、「著者」という意味の他に「創始者」という意味ももつ。a coauthor of the Big Bang theory といったフレーズにおいては後者の意味で用いられている。

02 | circumstances /sə́ːrkəmstænsəz/ (CW 98-71)

círcumstances ≈ the background situation to some event or thing
circumstances *n* - circumstantial *adj*

○ **In such unfavorable circumstances, an accident was bound to happen.**

そのような悪条件の下では、事故が発生しても不思議ではなかった。

○ **Dickens' family circumstances were of crucial importance for his development as a novelist.**

ディケンズの家庭の状況は、彼の小説家としての成長にとって、決定的に重要なものであった。

この語の前半 circum は、「周りに」の意味のラテン語の副詞・前置詞・接頭辞から来ている。同じく circum で始まる単語に、circumference（外周、円周）、circumscribe（周りを線で囲む、封じ込める）などがある。circumstantial evidence は「状況証拠」で、その反意語は direct evidence である。in the circumstances、under the circumstances のどちらも使えるが、個人の状況を指す場合は in が好まれる。たとえば、in their circumstances の方が、under を使った言い方よりも自然である。また、circumstance が関係節で修飾されている場合も、under より in の方が好まれる。たとえば、in those circumstances where ... の方が、under を使った言い方よりも自然である。
(🐥第2章4. condition・🐥第5章コラム)

03 | consider /kənsídər/ (CW 26-16)

consíder ≈ to think about
consider *v* - consideration *n* - reconsider *v* - considerate *adj*

○ **The International Monetary Fund has failed to consider the long-term implications of its lending policies for developing countries.**

国際通貨基金 (IMF) は、貸付に関する自らの方針が発展途上国に与える長期的な影響を考慮していなかった。

○ **Deeper consideration of the evidence suggests that *Homo floresiensis* was a genuinely distinct species.**

証拠資料をさらによく検討した結果、ホモ・フロレシエンシスは完全に別の種であったと考えられる。

名詞形の consideration には、抽象的な「考慮」という意味の他に、より具体性の高い、「考慮すべき事柄」という意味もあり、その意味の場合は可算名詞である。These three considerations imply that ... というふうに使うと、「これら三つの考慮すべき事柄は、…ということを示唆する」つまり「以上の3点から、…なのだろうということが分かる」という意味になる。過去分詞形の considered には形容詞としての用法があり、「よく考慮された」という意味を表す。It is my considered opinion that ... で「…というのが、考慮の結果、私がたどり着いた結論だ」という意味になる。(🐥第1章4. considerable)

04 | crucial /krúːʃəl/ (OC 50-62)

crúcial ≈ extremely important; essential
crucial *adj* - crucially *adv* - crux *n*

○ **The invention of the telescope was a crucial step in the evolution of our modern worldview.**

望遠鏡の発明は、近代的な世界観の発展にとって決定的に重要な一歩であった。

○ **The crux of the global warming problem is whether alternative sources of energy can be developed quickly enough.**

地球温暖化問題において最重要の課題は、代替エネルギー源の開発が間に合うかどうか、という点である。

crucial は、「決定的に重要な」という意味においては、critical とほぼ同義である。「決定的な重要性」と言いたい時は、critical importance ともいえるし crucial importance ということもできる。（🐱 第 3 章 9. indispensable・🐱 第 6 章 10. essential・第 8 章 9. critical）

alternative source of energy (wind power)

05 | debate /dɪbéɪt/ (OC 48-57)

debáte ≈ an argument, usually public and verbal, about a serious topic; controversy (*also verb*)
debate *n, v* - debatable *adj*

○ **There is no debate among mainstream biologists about the reality of evolution.**

進化が現に起こってきたということに関して、主流派の生物学者の間では、すでに意見が一致している。

○ **It remains debatable whether it was Leonardo or one of his apprentices who actually painted the picture.**

その絵を実際に描いたのがダ・ヴィンチなのか、彼の弟子の一人なのかということには、議論の余地がある。

正式な討論会での「ディベート」という意味だけでなく、一般に、「討議・議論」を表す語である。debate を動詞として使った場合は、「討議する」の他に「熟慮する」という意味も表す。（🐱 第 3 章 1. controversy）

Review 01-05

Supply the best word (or related form) from the list below.

authority, circumstances, consider, crucial, debate

1. Propaganda plays a _____ role in creating _____ in which the _____ of the government is accepted unquestioningly.

2. Politicians tend to dislike public _____ because they do not have enough time to properly _____ what they should say.

---

06 | deliberately /dɪlíbərətli/ (OC 46-22)

delíberately ≈ with conscious forethought or planning
deliberately *adv* - deliberate *adj, v* - deliberation *n*

○ **She chose Switzerland for her holiday quite deliberately, thinking that her next novel might be set there.**

彼女がスイスを休暇旅行先として選んだのは、意図があってのことだった。というのは、次の小説の舞台をそこにしようかと考えていたからだ。

○ **After much deliberation, the committee decided to award the prize to an African botanist who had discovered a new species of orchid.**

慎重審議の結果、委員会は蘭の新種を発見したアフリカの植物学者に賞を与える決定を下した。

「故意に」という意味では、intentionally、on purpose、consciously などが類語で、accidentally、inadvertently などが反意語。動詞形の deliberate は「熟考する」という意味で、じっくりと時間をかけて慎重に判断することを指し、委員会や陪審など集団の討議に関して使われることが多い。(第 2 章 5. conscious ・ 第 13 章 10. intended)

---

07 | designated /dézɪgnèɪtəd/ (OC 50-94)

désignated ≈ named; appointed to some role
designated *adj* - designate *v* - designation *n*

○ **The new element's scientific designation was decided in 1879.**

その新しい元素の学術名称は 1879 年に決まった。

○ **The Shirakami Mountains were designated a World Heritage Site in 1993.**

白神山地は 1993 年に世界遺産に登録された。

動詞の designate は、あるものを「命名する」、ある人物や団体を「指名する」、地域や建造物などを何かに「指定する」といった意味があり、いずれの場合も「具体的に明示する」というニュアンスが強い。後者については、たとえば、Smoking is allowed in designated areas only. (指定区域以外は禁煙) などはよく見かける掲示である。

08 | establish /ɪstǽblɪʃ/ (CW 122-50)

estáblish ≈ to give secure existence or recognition to; to prove
establish *v* - establishment *n*

○ **The company was established soon after the war.**

その会社は戦後まもなく設立された。

○ **Archaeologists have established that the Mayans had a very sophisticated calendar.**

考古学者たちはマヤ人がきわめて高度な暦をもっていたことを立証した。

組織を「創立する」、法律などを「制定する」、関係を「確立する」といった新しく何かを作り出す場合に使われる他、事実や理論を「確証する」という意味がある。形容詞で established という場合は、She is an established scholar. というように、地位や名声が不動のものであるという意味。establishment は「設立」という行為を表す他に、設立された対象としての「会社、店舗、世帯」などを示すこともある。

09 | hypothesis /haɪpɑ́θəsəs/ (OC 42-137)

hypóthesis ≈ a statement to be tested for truth
hypothesis *n* - hypothesize *v* - hypothetical *adj*

○ **Without a clear hypothesis to test, research is just random exploration.**

検証できる明確な仮説がなければ、研究は単に行き当たりばったりの模索にすぎない。

○ **Let's take a hypothetical case: Suppose demand for electricity had risen that afternoon instead of falling. What would have happened then?**

仮の状況を考えてみよう。その午後、電力の需要が下がったのではなく上がったのだとしたら、何が起こっただろうか。

ギリシア語の *hypothesis* は proposal、suggestion の意味。アカデミックな世界では、確立された学説や理論としての theory に対し、hypothesis はこれから検証されるべき

「仮説」であり、working hypothesis は研究や実験において暫定的に有効な手段として立てられる作業仮説のこと。しかし、theory は一般的な用法では理論の他に、仮説、推測、持論なども含む広範囲に使われる。hypothetical は、「仮定の、仮想の」という意味で、hypothetical case、hypothetical enemy などがよく使われる。（🐬第6章コラム・第10章コラム・第13章5. assume・第14章13. postulated）

10 | incorporate /ɪnkɔ́ːrpərèɪt/ (OC 112-60)

incórporate ≈ 1. to include. 2. to form a company.
incorporate *v* - incorporation *n* - corporation *n*

○ **The new edition incorporates all recent advances in scholarship.**
新版は最新の研究成果をすべて盛り込んだ内容である。

○ **By incorporating, investors can reduce their personal liability.**
法人化によって、投資家は個人の賠償責任を減らすことができる。

ラテン語で *corpus* は body を指し、incorporate は元々は集団・団体の中に入れるの意。組み込む、合併する、法人や株式会社にするという場合に使われる。企業名の最後によく見られる Inc. は Incorporated の略。「身体の、肉体の」という意味の形容詞 corporal を使った corporal punishment（体罰）は、学校などの管理体制についての議論によく出てくる。

Review 06-10

Supply the best word (or related form) from the list below.

deliberately, designated, establish, hypothesis, incorporate

1. The Office of Overseas Aid was _____ ten years ago, after long _____ about how to counteract the politicization of aid.

2. The change in the star's motion led astronomers to _____ that it was _____ a dark neighbor.

3. His _____ is only "visiting researcher," so he is not allowed in this part of the building.

11 | inevitably /ɪnévətəbli/ (OC 54-170)

inévitably ≈ necessarily; unavoidably
inevitably *adv* - inevitable *adj* - inevitability *n*

○ **The process of natural selection seems to lead inevitably to organisms which are more and more complex.**

自然淘汰が進んでますます複雑な有機体が生じてくるのは、必然のことと思われる。

○ **I suppose it was inevitable that Thompson and Simmons would disagree about politics, since they disagree about everything else.**

トンプソンとシモンズが、政治について意見が合わなかったのは当然だ。それ以外の事柄でも意見が合うことなどないのだから。

形容詞形 inevitable は、大別して、「論理的な必然として生じる、事実として必ず生じる」という意味の他に、「当然の」というような意味で判断を示す語としても用いられる。the inevitable result（必然の帰結）、Death is inevitable.（死は必ずおとずれる）は前者の例、inevitable retribution（当然の報い）は後者の例である。the inevitable は「必然の運命、当然の結論」といった意味の決まり文句。また、日常的な文脈では、「お決まりの」という意味で用いられることもある。たとえば映画監督の黒澤明はまるでトレードマークのようにいつもサングラスをかけていたので、Kurosawa's inevitable sunglasses などと言うことができる。（☞第2章 12. necessarily）

12 | negligible /néglɪdʒəbəl/ (OC 48-35)

négligible ≈ insignificant; so small that we can neglect (i.e., ignore) it
negligible *adj* - neglect *v, n* - negligent *adj* - negligence *n*

○ **In view of the high correlation which we have established, the possibility of significant error is negligible.**

我々が立証したように、ここにはきわめて高い相関があり、大きな誤差の可能性はほとんどない。

○ **The invasion plan unfortunately neglected to consider the onset of winter.**

その侵攻作戦はまずいことに、冬将軍の到来を計算に入れていなかった。

○ **The doctor's failure to ask about allergies was a clear case of professional negligence.**

医師がアレルギーのことを質問しなかったのは、明らかに職務怠慢である。

動詞形は neglect（無視する）、形容詞形は negligible（無視しうる、わずかな）、neglectful（怠慢な、不注意な）、名詞形としては neglect（無視、軽視）、negligence（怠慢）などがある。意味的に negligence に対応する形容詞は negligent であり、negligible ではない。（🐱 第2章 16. significance）

13 | objective /əbdʒéktɪv/ (CW 156-3)

objéctive ≈ 1. (*adjective*) not influenced by personal preference or opinion. 2. (*noun*) goal; aim.
objective *adj, n* - objectivity *n* - objectively *adv* - object *n*

○ **In judging the beauty of a painting, it is hardly possible to be fully objective.**

絵画の美を判断する際、完全に客観的であることはほぼ不可能だ。

○ **Many people began to doubt the objectivity of scientists who denied the dangers of tobacco.**

タバコの害を否定する科学者は客観性を欠いているのではないかと、多くの人が思い始めた。

○ **Napoleon's objective during this part of the campaign was to capture the strategic city of Acre.**

ナポレオンが進攻作戦のこの段階で目的としたのは、戦略的に重要な都市アッコの攻略であった。

「目的」という意味の objective は形式ばった表現で、計画書類などによく用いられる。類語には、やや堅い表現では object、aim、口語的な表現としては purpose、goal などがある。「客観的な」という意味の objective の反意語は、subjective（主観的な）である。object は「物体」や「対象」などを意味する。未確認飛行物体 UFO は un-identified flying object の略である。object of passion といえば「情熱の対象、熱烈に愛するもの」。（🐱 第6章 18. subjective）

Napoleon Bonaparte

14 | potential /pətén ʃəl/ (CW 86-94)

poténtial ≈ (*adjective*) possible; having the power to become something. (*noun*) possibility, usually seen as naturally present in something.
potential *adj, n* - potentiality *n* - potentially *adv* - potent *adj* - potency *n*

- **An early death prevented her great potential from being fully realized.**
  夭折したため、彼女の大きな才能は完全に開花しないままで終わった。
- **Their research is potentially revolutionary in its implications.**
  彼らの研究には、革命的な成果を生み出す可能性がある。

> potential は名詞でも形容詞でも用いられ、名詞形は「潜在している力や能力」、形容詞としては「潜在的な」という意味。名詞形としては potentiality という形もあり、「潜在的可能性、発展の可能性」などの意味で用いられる。たとえば、That new idea has great potential.（その新しい発想には、今後大きく育っていく可能性がある）。potential の反意語は actual（現実の、現に存在する）である。（🐱 第 4 章 2. capability・🐱 第 11 章 5. capacity）

15 | propose /prəpóuz/   (OC 42-160)

propóse ≈ to suggest; to put forward an idea, suggestion, etc.
propose *v* - proposal *n* - proposition *n*

- **In the 1860s, Mendeleyev proposed a radically new classification of the elements.**
  1860 年代にメンデレーエフは、元素の画期的な分類法を提唱した。
- **In this crisis, Athens suggested an alliance, but Sparta rejected the proposal.**
  その危機的状況において、アテネは同盟を提案したが、スパルタはそれを蹴った。

> 意見や問題を提案する場合に propose が用いられる。コンテクストとしては、会議など話し合いの場一般はもちろんのこと、学問の世界で新たな理論を発表する場合にも用いられる。名詞形としては proposal と proposition がある。proposal を含む表現の例としては、research proposal（研究計画書）、business proposal（事業企画書）など。これに対して、論理学で用いられる「命題」は proposition である。（🐱 第 7 章 19. suggest）

Review 11-15

Supply the best word (or related form) from the list below.

inevitably, negligible, objective, potential, propose

1. The _____ of the new drug has now been _____ confirmed by clinical trials.

2. Given the urgency of the situation, we cannot afford to _____ their generous _____ for even a day.

3. Over the summer months, relations between the two sides deteriorated, moving with a terrible _____ towards war.

16 | radically /rǽdɪkəli/ (CW 60-144)

rádically ≈ in a sweeping or fundamental way; completely
radically *adv* - radical *adj, n* - radicalize *v*

○ **Joyce's *Ulysses* radically transformed the possibilities of English prose.**

ジョイスの『ユリシーズ』は、英語の散文がもつ可能性を根本的に変えた。

○ **In his youth, he belonged to a radical communist group, but he later became very right wing.**

若い頃、彼は急進的な共産主義グループに属していたが、のちにひどく右寄りになった。

radish（大根）と同じくラテン語の *radix*（根＝ root）から派生した言葉で、形容詞形の radical は「根っこ〔根本〕からの」というのが原意で、「抜本的な」となる。政治的文脈で用いられると「急進的、過激な、過激派の」という意味になり、radical right は「極右」。動詞形 radicalize は「急進的にする〔なる〕」「急進主義に変える〔なる〕」という意味。(第 3 章 6. fundamental・ 第 9 章 8. eradicate)

17 | realistic /rìːəlístɪk/ (CW 80-217)

realístic ≈ corresponding with reality; true to life; believable
realistic *adj* - realistically *adv* - realism *n* - reality *n* - realist *n*

○ **The bank considered our restructuring plan very realistic and decided to lend us the necessary funds.**

銀行は我々の再建計画をかなり実現性のあるものと考え、必要な資金を貸し付けることにした。

○ **We cannot expect to see any dependable objective data—realistically speaking—for another six months.**

現実的に言って、これから先 6 か月は信頼できる客観的データが出てくるとは思えない。

「リアリズム（写実主義）の」という意味もあるが、日常会話では、「実現可能な、現実的な、実際的な」といったニュアンスが強い。結びつく言葉に応じて意味が決ま

る場合もある。たとえば、realistic novel は「写実的な（現実を詳細に映し出した）小説」だが、realistic policies は「現実に行うことのできる政策」。後者の意味に似ているのは practical（反意語は theoretical）。（🔍 第 5 章 19. theoretical・第 9 章 14. realize）

18 | sample /sǽmpəl/ (OC 52-124)

sámple ≈ (*noun*) a small group or amount believed to represent something larger; (*verb*) to take or examine such a group or amount (*also adjective*)
sample *n, v, adj* - sampling *adj, n*

○ **We believe that the results of this study are unreliable because the sample is too small.**
この研究の結果は、サンプルが少なすぎて、信頼できない。

○ **The first step in their investigation was to sample the river water at different points along its course.**
調査の第一段階は、その川のさまざまな地点で水のサンプルを採ることだった。

○ **We hope to send a sample chapter to the publisher next week.**
来週には出版社に宛てて見本の章を一つ送ろうと考えている。

example と語源は同じ。「見本、実例、標本」を意味するという点では specimen と同じで、見本刷りは sample page とも specimen page ともいえる。さらに、specimen は a disgusting specimen（人間の風上にも置けぬヤツ）のように人への悪口にも使える。

19 | theoretical /θìːərétɪkəl/ (OC 48-31)

theorétical ≈ having to do with theory, i.e., a systematic explanation of some topic
theoretical *adj* - theory *n* - theoretically *adv* - theorize *v*

○ **Even today, we have no generally agreed theory of space-time.**
今日でさえ、時空について誰もが同意している学説はない。

○ **Critics of Schoenberg often dismiss his music as overly theoretical.**
シェーンベルクに批判的な人たちは、その音楽を理論的すぎると切って捨てることがよくある。

theoretical は theory（理論、説）の形容詞形。「理論上は、理屈では」「仮定の、架空の」といった意味になる。その場合の反意語は practical や actual。一方、研究分野の区分

として、theoretical linguistics（理論言語学）に対する applied linguistics（応用言語学）のように、「理論を関連分野に適用した」という意味では applied が対義語として使われる。(🐸 第 2 章 2. analyze・第 5 章 17. realistic・🐸 第 12 章 1. apply)

20 | universal /jùːnəvéːrsəl/ (CW 54-51)

univérsal ≈ applying to all
universal *adj* - universally *adv* - universe *n*

○ **Machiavelli assumed that selfishness is more or less universal.**
マキャヴェリは、利己性というものは多かれ少なかれ普遍的なものだと見なした。

○ **In his early days, Gamal Nasser was universally loved and respected by his countrymen.**
ガマール・ナセルは当初はすべての国民から愛され尊敬されていた。

uni- は「一つの」を示す接頭辞。universe は一つにまとまった世界（宇宙）。universal は、その一つのまとまりの統一性や広がり（普遍性）を指す。universal gravity（万有引力）、universal truth（普遍的真理）といったように用いる。(🐸 第 1 章 16. specific・第 3 章 14. particularly・第 4 章 10. general・第 4 章 20. unify・第 10 章コラム)

Gamal Nasser

Review 16-20

Supply the best word (or related form) from the list below.

radically, realistic, sample, theoretical, universal

1. It would be optimistic to base our most general _____ of the _____ on the very small _____ provided by our own solar system or galaxy.

2. The saying "Politics is the art of the possible" suggests that politicians must strike a balance between _____ ideals and down-to-earth _____.

Unit Review

Without looking back at this unit, give one or two related forms for each headword.

authority _____ _____

circumstances _____ _____

consider _____ _____

crucial _____ _____

debate _____ _____

deliberately _____ _____

designated _____ _____

establish _____ _____

hypothesis _____ _____

incorporate _____ _____

inevitably _____ _____

negligible _____ _____

objective _____ _____

potential _____ _____

propose _____ _____

radically _____ _____

realistic _____ _____

sample _____ _____

theoretical _____ _____

universal _____ _____

英単語の起源
Ancient Origins

　現代英語には、いろいろな言語から借用されてきた要素が含まれている。日本語からは比較的新しい時代に tsunami、karaoke のような単語が参入しているだけであるが、ラテン語からは長い年月をかけて、おびただしい数の単語が流れ込んだばかりでなく、語根や接辞、つまり、単語を組み立てる材料となるものが入ってきている。

　ラテン語が英語におよぼした影響は、歴史的に、次の4段階に分けて捉えることができる。

(1) ヨーロッパ大陸北部に住んでいた、英語・ドイツ語などの祖先に当たる言語の話者たちは、古代ローマ帝国の時代にラテン語と接触し、若干の語を借用した。現代英語や現代ドイツ語などの元となったゲルマン系の言語にこの時期に入ってきた語には pound、wall などがある。それぞれ、ラテン語の *pondus* (重さ)、*vallum* (柵) から来ている。

(2) 5世紀以降、現在のイングランドに当たる地域でも、英語の祖先に当たるゲルマン系の古英語 (Old English) が話されるようになっていくが、イングランドがノルマン人 (フランスのノルマンディー地方に住むようになった、ヴァイキングの末裔) の支配下に入った1066年以降の約300年間は、支配階級の間ではフランス語が常用された。チョーサーなどが使用した、いわゆる中英語 (Middle English) は、言わばラテン語の子孫の一つであるフランス語と、それ以前からイングランドで話されていた言語との混合体である。この時期に英語にフランス語を経由して入ってきた単語には able、fashion、possess などがある。それぞれ、ラテン語の *habilis* (適している)、*factiō* (行為、党派)、*possidēre* (所有する) から来ている。

(3) 1000年頃から1700年頃まで、ラテン語はヨーロッパのほぼ全域において、学問的活動のための共通言語であった。また、宗教改革運動の結果として聖書がドイツ語・英語・フランス語などへ翻訳されるようになるまでは、ラテン語は西欧・中欧のキリスト教世界の共通言語でもあった。この時期に英語へ流れ込んだ語には information、majority、specific などがある。それぞれ、*informāre* (形を与える)、*māior* (より大きな)、*speciēs* (外見、種) から派生したラテン語の単語が元になっている。

(4) 1600年頃から現在に至るまで、英語の話者たちは、知識の爆発的拡大に対応して新たな単語を作り出す際に、ラテン語またはギリシア語を起源とする語根・接辞を利用してきた。このようにして作られた新しい単語の例としては、ギリシア語の *tēle*（遠く）とラテン語の *vidēre*（見る）にもとづいている television などがあるが、もう一つの良い例として scientist という語が挙げられる。science という語はラテン語の *scīre*（知る）から来ており、14世紀中葉以降、英語でも知識一般を指す語として使われた。後に、1830年代に自然界の研究が職業として認められるようになって、scientist という語が作り出されたのである。

　ラテン語・ギリシア語起源の語根・接辞は、使用頻度の高いものを知っていると、単語を理解し記憶しようとする上で役に立つ。たとえば、上で television に含まれている接辞 tele に触れたが、同じ接辞が telephone、telescope、telegram の中でも用いられている。同様に、metr という語根はギリシア語の *metron*（尺度）に由来することを知っていれば、telemetry（遠隔測定法）という、あまりなじみのない専門用語の意味も推測できるわけである。また、path という語根がギリシア語の *pathos*（受動、苦しみ、感情）から来ているということ、sympathy、pathetic、psychopath などに使われていることを知っていると、telepathy という語の意味も推測できる。

　第5章に出てきたラテン語・ギリシア語起源の語根を見てみよう。circumstance という語は、*circum*（周りに）と *stāre*（立つ）という二つのラテン語を元にしている単語である。これらの語根の意味を知っていると、circumstance という語は「（中心的なもの、または事態の）周りにあるもの」という意味であると理解することができる。*circum* という語根は、circumference（円周）、circumnavigate（…の周りを航行する）、circumlocution（まわりくどい言い方）などの語でも用いられている。*stāre* の方は、substance などにも使われている。

　本書では、折に触れて語源の説明をしているが、語源に関する研究を一般に etymology（語源学）と呼ぶ。この語は、ギリシア語の *etymos*（本当の）と *logos*（語、思考、理性）という2語を元に成立している。*etymos* の方はともかくとして、*logos* という語根を元にして作られている英単語は、logical、biology などをはじめ、数多く想起できるだろう。

Six

account adequate ambiguous apparent
consequence consistent demonstrate description
dynamics essential implication interpret physical remark
revise sense severe subjective substitute witness

01 | account /əkáunt/ (CW 100-137)

accóunt ≈ 1. a report or explanation of an event. 2. a financial record. (*also verb*)
account *n, v* - accountable *adj* - accountability *n* - accounting *n* - accountant *n*

○ **European explorers' accounts of their travels often differed markedly from the records kept by local people.**

ヨーロッパの探検家が自分たちの旅行について残した記述は、現地の人々が残した記録と著しく内容が異なっていることが多い。

○ **The true value of the transaction was difficult to determine because of accounting irregularities.**

不正常な会計処理のため、その取引の本当の金額を確定することは困難であった。

○ **Astronomers have been unable to account for the gradual change in the climate of Mars.**

天文学者たちは、火星の気候が徐々に変動していることの原因をまだ説明できていない。

account for の主語は人間または理論であり、後者の場合は、その理論が目的語が表すものの説明になっている、 という意味になる。There is no accounting for tastes. という、日本語の「蓼食う虫も好き好き」に対応する諺がある。成句 on account of ... は、because of などと同様に「…のゆえに」という意味を表す。最近日本語でもカタカナ語として使われることがある accountability は、「説明責任」 つまり「なぜ特定の行動を取ったのかに関して、求められれば説明しなければならない状態」を指すばかりでなく、responsibility とほぼ同義の語として使われる場合もある。

Mars

02 | adequate /ǽdɪkwət/ (OC 60-90)

ádequate ≈ good enough for some purpose; sufficient
adequate *adj* - adequately *adv* - adequacy *n*

○ **The company wasted several billion yen on a computer system that was barely adequate for its needs at the time and would be useless a few years later.**

その会社は、当時の要求水準をかろうじて満たす程度で、数年後には役に立たなくなるようなコンピューターシステムに、何十億円も浪費してしまった。

○ **No single psychological model can adequately explain the complexity of human behavior.**

人間行動の複雑さをそれだけで十分に説明できるような心理学的モデルは存在しない。

「ある目的には適っている」、または「特別にすばらしいわけではないにしても一応の水準には達している」という意味。不可算名詞の前で使われた場合は、「(質が) 一応の水準には達している」という意味だけでなく、「十分な量の」という意味も表す。inadequacy には「妥当でない状態」という抽象的な意味の他に、「欠点」という意味もあり、後者の場合は可算名詞となる。

03 | ambiguous /æmbíɡjuəs/ (CW 174-102)

ambíguous ≈ having two or more possible interpretations or meanings
ambiguous *adj* - ambiguity *n*

○ **The phrase "wild dogs and cats" is ambiguous, because it is not clear whether the adjective "wild" modifies both "dogs" and "cats" or only "dogs."**

wild dogs and cats というフレーズは二つの意味に取れる。なぜなら、wild という形容詞が dogs と cats の両方を修飾しているのか、dogs だけを修飾しているのか、はっきりしないからである。

○ **Part of the poem's appeal lies in the rich ambiguity of its language.**

その詩の魅力は、一つには、言葉の豊かな多義性にある。

専門用語としては、「複数の意味に解釈できる」という意味であるが、日常語としては、単に、「漠然としている、意味が取りづらい」という意味も表す。人間の考えや態度に関して用いる場合は、「内部に矛盾を抱えている」という意味になる。類語の equivocal は、「煮え切らない」というような否定的な含みのある語であるが、ambiguous には特に否定的な含みはない。語頭の ambi- は、「両側」という意味の、ラテン語由来の接頭辞であり、ambivalent（どっちともつかない状態）にも含まれている。

(🐱 第6章4. apparent・第7章10. explicit・第9章6. definite・第10章8. evident・第10章コラム・第12章3. certain・第12章13. obvious・第13章19. tacit)

---

04 | apparent /əpǽrənt/ (OC 64-167)

appárent ≈ 1. (*before noun*) seeming to be true or to exist but not confirmed.
2. (*after "be" verb*) clear; obvious.
apparent *adj* - apparently *adv* - appear *v* - appearance *n*

○ **The extent of government corruption became apparent after the ruling party was removed from power.**

政府の腐敗の深刻さが明らかになったのは、与党が政権を追われてからのことだった。

○ **During the trial, the judge was apparently satisfied with the prosecution's case, but she later ruled for the defense.**

裁判長は、公判中は検察側の主張に納得しているように見えたが、のちに無罪判決を言い渡した。

形容詞の apparent は be 動詞の後に続く場合は「明らかな」という意味を表すが、副詞の apparently には「明らかに」という意味はなく、「(実際のところは分からないが)見かけ上は」という意味しかないので注意。たとえば、It is apparent that he did it. と言えば「彼がそれをしたことは明らかだ」ということだが、He apparently did it. と言ったら「どうやら彼がそれをやったらしい」という意味になる。形容詞形も名詞を修飾する場合は「見かけ上の」という意味になり、たとえば He was stabbed during an apparent robbery. は「彼は、(本当に強盗事件だったのかどうかはわからないが)強盗事件のように見える状況において刺された」ということ。この意味の apparent の類語としては seeming がある。(🐱 第6章3. ambiguous・🐱 第7章10. explicit・第9章6. definite・第10章8. evident・第12章3. certain・第12章13. obvious・第13章19. tacit)

---

05 | consequence /kánsɪkwəns/ (CW 164-156)

cónsequence ≈ result; effect
consequence *n* - consequently *adv* - consequent *adj* - consequential *adj*

○ **The global economy changed significantly as a consequence of the oil crises of the 1970s.**

1970年代の石油危機の結果、世界経済は大きく様変わりした。

○ **The later study was based on a much larger sample and consequently provided more accurate results.**

あとから行われた研究は、ずっと多くのサンプルにもとづいており、したがって、より正確な結果をもたらした。

as a consequence (of ...) は as a result (of ...) とほぼ同義。in consequence、consequently も as a result とほぼ同義である。成句 of consequence は「重要性のある」という意味で、of no consequence は反対に「全く重要でない」を表す。(🐸 第 8 章 6. concomitant・第 8 章 19. subsequent・第 13 章 18. sequence)

Review 01-05

Supply the best word (or related form) from the list below.

account, adequate, ambiguous, apparent, consequence

1. Because of _____ in how the data could be interpreted, it was difficult to _____ for the unexpected results.

2. The danger was _____ and their equipment was _____, but the climbers continued to ascend the stormy mountain, without regard for the _____.

06 | consistent /kənsístənt/ (OC 166-78)

consístent ≈ 1. remaining the same; not changing or varying. 2. not containing or leading to a contradiction.
consistent *adj* - consistently *adv* - consistency *n*

○ **That country has consistently refused to discuss its nuclear weapons program.**

その国は、自国の核配備計画についての話し合いを一貫して拒否してきた。

○ **Kurt Gödel showed that it is impossible to prove the consistency of an axiomatic system that includes number theory.**

クルト・ゲーデルは、整数論を含む公理系の無矛盾性を証明することは不可能であることを示した。[ゲーデルの不完全性定理]

consistent は consist の派生語であるが、この consist は、ラテン語の *consistere* (con-「共に」+ *sistere*「立たせる」) が元になっている。consistent は「矛盾のない」というのが基本的な意味である。そこから日常的な文脈では「(主張・方針・発言などが) 首

尾一貫している、ぶれがない、不変である」の意味となり、厳密な数学や論理学の文脈では「(理論・系などが) 無矛盾の」という意味で用いられる。be consistent with ...(…と一致する、両立する) という形で用いられることもある。（🐦 第7章 5. consist of ... ・第10章コラム・第14章 20. variable）

07 | demonstrate /déməstrèit/ (CW 128-121)

démonstrate ≈ 1. to show; to prove. 2. to make a public protest.
demonstrate *v* - demonstration *n* - demonstrator *n* - demonstrative *adj* - demonstrable *adj*

○ **The New Zealand-born economist A. W. Phillips demonstrated a relationship between unemployment and inflation.**

ニュージーランド生まれの経済学者 A・W・フィリップスは、失業率とインフレの関係を証明した。

○ **Fifty-nine demonstrators were arrested after they tried to storm the parliament building.**

59人のデモ参加者が、国会議事堂に乱入しようとして逮捕された。

「証明する」という意味では、この demonstrate の他にも prove という語があり、ほぼ同じように用いられるが、prove は論理的な筋道が示されたという結果に焦点が当たっているのに対して、demonstrate では、むしろその過程が強く意識される場合が多く、その延長上に、「実演してみせる、実例によって示す」という意味がある。なお、demonstrate ほど厳密さを要求されない場合には show が用いられる。この他、demonstrate には「(感情・意見などを) 表す」という意味があり、そこから、いわゆる「デモ (示威運動) を行う」という用法が生じている。（🐦 第7章コラム）

demonstration for women's rights (New York, 1912)

08 | description /dɪskrípʃən/ (CW 108-18)

descríption ≈ a report or explanation of what something is or looks like
description *n* - describe *v* - descriptive *adj*

○ **According to the victim's description, the assailant was a young male of medium height and build.**

被害者の証言によれば、襲ったのは中肉中背の若い男性だった。

○ **The novel's descriptive passages paint a vivid picture of nineteenth-century India.**

その小説の情景描写には、19世紀のインドが生き生きと表現されている。

describe（描写する）の名詞形で、「描写、記述、説明」を意味する。派生した形容詞として indescribable（表現できないほどの）があり、これは beyond description と言い換えることができる。また description には「種類、等級」という意味もあり、hats of all descriptions（ありとあらゆる種類の帽子）のような形で用いる。

09 | dynamics /daɪnǽmɪks/ (CW 98-71)

dynámics ≈ the interaction of forces that produce movement, activity, or change; the study of such forces
dynamics *n* - dynamic *adj* - dynamically *adv* - dynamism *n*

○ **The dynamics of family relationships are difficult to study through interviews alone.**

家族内の人間関係に働く力学には、面接調査のみでは研究しきれないところがある。

○ **Martin Luther King was a dynamic speaker whose addresses inspired many people to support the Civil Rights Movement.**

マーティン・ルーサー・キングは力強い雄弁家であり、その演説を聴いて公民権運動の支持へと動かされた人も多い。

ギリシア語の *dynamis*（力、動力）を語源として、「力」の概念に関連する dynamo（発電機）、dynamite（ダイナマイト）、dynamism（力動説）など一連の語が群を成している中に、dynamic(s) がある。dynamic は形容詞として「動的な、動態の」という学術的な用法の他に、日常的な文脈で「力強い」という意味でも用いられる。さらに名詞としては、「力、原動力」という意味をもっている。dynamics は物理学の1分野である「力学」を意味する際には、単数として扱われる

Martin Luther King

のに対して、「(成長や変遷の)パターン・歴史」という意味で用いられる場合には、複数扱いとなる。また、後者ほど特殊化されず、一般に人間精神や文化の中で生じているさまざまな力や力関係を指して最初の例文のように dynamics が用いられることがあるが、それには「力学」「ダイナミクス」などの訳語が当てられる。

10 | essential /ɪsénʃəl/ (OC 168-121)

esséntial ≈ basic; fundamental; indispensable
essential *adj* - essentially *adv* - essence *n*

○ **Energy conservation is essentially a political issue, although technology also plays a major role.**

エネルギーの節約には技術の果たす役割も大きいが、その本質は政治問題である。

○ **The essence of good acting is the ability to convince the audience that one's character is genuine.**

優れた演技の真髄は、ある人物像に嘘いつわりのないことを、いかに観客に納得させうるかにある。

essential は大ざっぱな意味では「基本的な、本質的な」という日本語と意味、用法ともに対応しているといえるが、時には、厳密に essence の定義にさかのぼって理解すべき場合がある。essence は、物事の「さまざまな外見の下に不変のものとして存在する最も重要な要素」「それを取り除けば、もはや別のものになってしまうような要素」を意味する。したがって、essentially は「最も重要な面・要素としては」という意味である。なお、哲学者サルトルの有名な言葉に、Existence precedes essence.（実存は本質に先行する）がある。これは、人間にとって「人間性」という「本質」が不変のものとして存在するのではなく、最初に行為があるという、「実存主義」の高らかな宣言であった。(第 3 章 6. fundamental・第 3 章 9. indispensable・第 5 章 4. crucial・ 第 8 章 9. critical・第 14 章 7. elementary)

Review 06-10

Supply the best word (or related form) from the list below.

consistent, demonstrate, description, dynamics, essential

1. A written _____ of an invention is not enough to attract investors; a _____ that the invention actually works is required as well.

2. It might seem _____ to say that a place is both _____ and restful, but that contrast is the _____ appeal of New York's Central Park.

11 | implication /ímpləkéiʃən/ (OC 58-57)

implicátion ≈ what follows from some statement, event, or development (often plural)
implication *n* - imply *v* - implied *adj* - implicit *adj*

○ **The implications of robotics for medicine in the twenty-first century will be enormous.**

ロボット工学は、21 世紀の医学に大きな影響をおよぼすだろう。

○ **The agreement will apply to the two companies and, by implication, their subsidiaries.**

その契約は当該の 2 社を拘束し、それに伴い、それぞれの子会社も拘束する。

○ **When Wittgenstein said that meaning is determined by usage, he did not mean to imply that languages that are no longer used have no meaning.**

意味は用法で決まるとヴィトゲンシュタインが言った時、今や用いられなくなった言語に意味はないと言おうとしていたわけではなかった。

動詞 imply は「意味する、暗示する、含意する」といったニュアンス。形容詞の implicit（暗黙の）は explicit（明言された）の反意語であり、implied（言外の）は express（明示された）の反意語。implication は、「言外の意味、含意」などの意味があり、by implication は、2 番目の例文のように、論理的な筋道を辿ればこうなるという場合に使われる。3 番目の例文に出てくるヴィトゲンシュタインは、言語を言語ゲームと捉え、言葉はそれがどのように使用されているかによってその意味が決まると論じた。（🐦 第 6 章コラム・第 7 章 10. explicit・第 7 章 19. suggest・第 12 章 15. ramification・第 13 章 19. tacit）

12 | interpret /ɪntə́ːrprət/ (OC 58-62)

intérpret ≈ to understand or reveal the deeper meaning
interpret *v* - interpretation *n* - interpreter *n* - interpretative *adj* - interpretable *adj*

○ **Khrushchev's actions in relation to Cuba in 1962 were interpreted by Washington as a clear threat of war.**

1962 年のキューバに関連したフルシチョフの行動を、アメリカ政府は明らかな開戦の脅しだと解釈した。

○ **For many music lovers, the keyboard music of Bach has had no better interpreter than Glenn Gould.**

多くの音楽愛好家にとって、バッハの鍵盤音楽といえばグレン・グールドの解釈にまさるものはない。

「解釈する」という意味であり、interpretation なら「解釈」。「通訳者」（interpreter）と「翻訳者」（translator）は似て非なるものであり、一般に「通訳者」は会議などの場で話された言語を別の言語に言い換えて伝え、「翻訳者」は小説や報告書などを書き言葉で別の言語に訳す。（🐦 第 6 章コラム・第 8 章 7. construe）

13 | physical /fízɪkəl/ (CW 48-132)

phýsical ≈ related to real things that exist in the world around us; not mental or spiritual
physical *adj* - physically *adv* - physics *n* - physicality *n* - physique *n*

○ **There is nothing so rewarding for an architect as to see his or her designs take on physical form.**
自分の設計が具体的な形をとるのを見ることほど、建築家冥利につきるものはない。

○ **The greatest challenge for a novelist is to capture the intense physicality of the world in the two-dimensional black and white of print.**
小説家にとって最大の課題とは、この世がもつ強烈な物質性を、書き物という白黒の2次元で捉えることだ。

ギリシア語の *physis* は nature（本性、自然）の意味。英語の physics も元々は、特に metaphysics（形而上学）に対して、自然科学一般を指したが、近世以降の物理学の発展とともにその意味が狭まった。そのため、形容詞の physical も、metaphysical に対して「形がある、有形の」、そして mental に対して「肉体の」、さらには「自然の、地形の」などと幅広い意味をもつ。最初の例文で「具体的」と訳したが、concrete（具体的）↔ abstract（抽象的）という対比もある。

14 | remark /rɪmáːrk/ (OC 84-60)

remárk ≈ (*verb*) to comment on something noticed; (*noun*) the comment made
remark *v, n* - remarkable *adj* - remarkably *adv*

○ **One of Machiavelli's most famous remarks is that it is far better for a ruler to be feared than loved.**
マキャヴェリの最も有名な言葉の一つは、統治者は愛されるより恐れられた方がずっと良いというものだ。

○ **Recent advances in telescope design have provided many remarkable new images of distant stars.**
望遠鏡の設計が最近進歩したおかげで、遠い星のすばらしい画像の数々が新たに得られるようになった。

remark には「発言、所見」（可算名詞）や「注目、注意」（不可算名詞）の意味があり、make a remark や make remarks といったように可算名詞の場合と escape remark など不可算名詞の場合があるので注意。remarkable は「注目すべき、驚くべき、著しい」という意味。実際は remarkable talent、remarkable beauty など、impressive や wonderful といった肯定的なニュアンスで使われることが多いが、日本人には単に「目立

つ」という意味でこの言葉を多用する傾向が見られるので注意しよう。「顕著な」が価値判断を伴わない場合は、marked、pronounced などを使う。

15 | revise /rɪváiz/ (OC 60-87)

revíse ≈ to look over and (often) change or improve a text, plan, etc.
revise *v* - revision *n* - revisionism *n* - revisionist *n, adj*

○ **Given the new data we have received about ocean temperatures, we have had to revise our earlier estimates concerning melting of the ice cap.**

新しく入手した海水温度についてのデータを踏まえて、氷冠の溶解に関する以前の推定値を修正しなければならなくなった。

○ **The draft of the prime minister's speech went through several revisions before the final version was approved.**

首相の演説の草稿は、最終バージョンに OK が出るまで何度も書き直された。

「改定する、改訂する、校訂する」といった意味。イギリス英語では「(試験のために) 復習する」という意味もあり、本書の復習問題 Unit Review なども Unit Revision となりうる。通常は「改める」という意味で使われることが多く、たとえば revised version (改訂版) では旧版の誤植の訂正の他、書き替えなども含まれる。

revisions

Review 11-15

Supply the best word (or related form) from the list below.

implication, interpret, physical, remark, revise

1. The fall of the Berlin Wall caused a _____ re-_____ of political and even _____ geography.

2. Now that the _____ of the plan have become clear, we have been forced to _____ our initial estimate of its likely cost.

16 | sense /séns/ (CW 44-81)

sense ≈ 1. the ability to perceive through sight, hearing, touch, etc. 2. a feeling or understanding about something. 3. meaning. (*also verb*)

sense *n, v* - sensation *n* - sensitive *adj* - sensitize *v* - sensor *n* - sensory *adj* - sensibility *n* - sensual *adj* - sensuous *adj*

○ **Experiments have shown that the human sense of smell can be almost as acute as that of dogs.**

人間の嗅覚が犬のそれにほぼ匹敵するほど鋭い場合があることが、実験によって示されている。

○ **Critics said the government was not sufficiently sensitive to the plight of the poor.**

政府は貧困者の窮状に対する配慮が足りないと批判された。

sense には非常に多岐にわたる意味があり、ここでは主として「感覚や知覚」、「(何かに対する)意識や理解」といった意味を扱っている。後者の意味に関連してよく見られる言い方として、Your explanation makes sense.(あなたの説明はなるほどと思いました)、What is your sense of the situation?(この状況についてのご意見を聞かせてください)といった表現がある。sens- を内部に含む語も多く、たとえば、insensitive(無神経な)、desensitize to ...(…に対して鈍感にする)、extrasensory(五感以外の)など。日本語でも「…のセンスがない」という表現が使われるが、英語では服装などの場合は、have poor taste、論文などの場合は lack insight といった表現を用いる。(🐸 第 11 章 1. absurd)

17 | severe /sɪvíər/ (OC 58-31)

sevére ≈ very serious; harsh

severe *adj* - severely *adv* - severity *n*

○ **Manufacturers in many advanced economies are experiencing severe competition from developing nations.**

多くの先進国の製造業者は、発展途上国からの激しい追い上げを受けている。

○ **Ongoing battles have severely restricted the ability of the International Red Cross to bring relief to refugees.**

進行中の戦闘のせいで、避難民に救援物資を届けようとする国際赤十字の能力は大幅に制限されている。

日本語で「過酷な、容赦がない」という意味で「シビアな批評」「シビアな条件」といった場合は、英語の severe とほぼ同じ用法であるが、「厳格な」という意味での「厳

しい」には severe は普通は使わず、たとえば a strict teacher や rigorous training などを用いる。つまり、日本語の「厳しい」は対象とする範囲がきわめて広く、必ずしも severe と対応してはいない。（🐰第 11 章 20. strictly）

18 | subjective /səbdʒéktɪv/ (OC 56 - title)

subjéctive ≈ depending in some way on the observer
subjective *adj* - subject *n, adj* - subjectivity *n* - subjectively *adv*

○ **According to Galileo, many of the things we take to be real, such as heat and color, are in fact totally subjective.**

ガリレオによれば、熱さや色など、我々が現実に存在すると考えているものの多くは、実はまったく実体のないものである。

○ **James Joyce's *Ulysses* takes us deep into the subjectivity of the ordinary man.**

ジェイムズ・ジョイスの『ユリシーズ』は、平凡な人間の主観性の深みに私たちを導いてくれる。

最初の例文の subjective は「現実性のない」という意味。日常の一般的な用法では、subjective は、objective（客観的な）に対し、事実ではなく私見や感情にもとづいた「主観的な」という意味で使われることが多く、His criticisms are wholly subjective. などのように否定的なニュアンスを帯びる傾向がある。名詞形の subjectivity はそのような意味での「主観性」を指すこともあるが、2 番目の例文の subjectivity は哲学や認識論の世界に属し、個人的、実践的、身体的な自我の働きや意識が強調されている。（🐰第 5 章 13. objective）

19 | substitute /sʌ́bstət(j)ùːt/ (OC 58 - 70)

súbstitute ≈ to substitute *B* for *A* = to replace *A* with *B* (*also noun*, the thing or person substituted)
substitute *v, n* - substitution *n*

○ **In chemistry, many important compounds have been created by substituting one chemical group for another into an existing molecule.**

化学において、多くの重要な化合物が既存の分子の中の基を別の基と置換することによって作り出されている。

○ **In Otto Neurath's famous image, a completely new boat can be created on the open sea only by a process of gradual substitution of all its planks.**

オットー・ノイラートの有名なイメージによれば、海上で新しい舟を作るには、舟の板材を少しずつ取り換えていくしかない。

動詞形の substitute は自動詞の場合、たとえば I substituted for my sick father.（私は病気の父の代理をつとめた）のような使い方をする。数学では substitute 10 for *x* のように「代入」の意味に用いる。類語の一つに replace があるが、substitute に比べて暫定的でない正式な交代を意味することが多い。名詞形の substitute は「代用教師、代役、代用食品」を指すこともある。

$$CH_3Cl + HO^- \rightarrow CH_3OH + Cl^-$$

substitution reaction
(formation of methanol)

20 | witness /wítnəs/ (OC 42-157)

wítness ≈ (*verb*) to see or observe; (*noun*) someone who observes some important event

witness *v, n*

○ **We were privileged to witness the birth of the first panda born in captivity.**

飼育状態では初めてというパンダの誕生に立ち会う機会に私たちは恵まれた。

○ **The prosecution called as their first witness the dead man's wife.**

検察側は最初の証人として、死亡者の妻を喚んだ。

名詞形の witness は eyewitness や observer と同義の「目撃者」の他に、重要な出来事を直接体験した人を指すこともある。法律用語では、「証人、参考人」の意味。裁判などで bear witness to ... という場合は、「…の証人となる」という意味になる。（🐱 第 2 章 13. observe）

Review 16-20

Supply the best word (or related form) from the list below.

sense, severe, subjective, substitute, witness

1. One of Solzhenitsyn's aims was to bear _____ to the _____ of life under Soviet rule.

2. Some psychologists believe that in terms of _____ happiness, financial reward is no _____ for the _____ of belonging to a powerful group.

Unit Review

Translate each of the following Japanese sentences into English using one or two of the five words, or their related forms, in the list above them.

account, ambiguous, description, essential, severe

1. その本の説明はインターネットで読める。
   _____

2. その会社の説明はまともに受け入れない方がいい。
   _____

3. モナリザは曖昧に微笑んでいる。
   _____

4. 厳しい体罰（corporal punishment）は実質的に違法だと分かっていますか？
   _____

apparent, consistent, implication, remark, subjective

5. 彼の発言に政治的意味合いはなかった。
   _____

6. 彼は一貫してホームランを打っている。
   _____

7. システムに欠陥があることは明らかだ。
   _____

8. 主観的真実と客観的事実の違いを知っていますか？
   _____

adequate, consequence, demonstrate, sense, substitute

9. ちょっと実演してもらえますか？
   _____

10. 結果がどうであれ、それをやらなければならない。

___

11. マーガリンはバターの代わりに使われている。

___

12. 加齢による五感の衰えは、十分な栄養によって遅らせることができる。

___

dynamics, interpret, physical, revise, witness

13. 殺人事件の目撃者は見つかっていない。

___

14. ある種の肉体的接触はセクハラにとられることがある。

___

15. 彼女はグローバル経済の力学に関する論文を改訂しなければならなかった。

___

仮定・解釈に関する語彙
Guess What?

imply, infer, interpret, guess, speculate,
conjecture, assume, hypothesize, postulate, posit

　この章では、何らかの主張や内容を、暗示・推測・解釈・仮定する場合の表現を検討する。これらは、すでに存在するデータや命題にもとづいて、何らかの新たな主張を行うための表現である。大まかにいって、imply、infer、interpret は、はっきりした証拠があると感じられている場合に用いられる。guess、speculate、conjecture は証拠についてそれほどの確信がない場合、そして assume、hypothesize、postulate、posit は証拠がない場合に用いられるのが普通である。

　まずは imply（暗示する）、infer（推測する）、interpret（解釈する）の3語を取り上げよう。

(1) When he praised Smith's punctuality so lavishly, the chairman of the committee **implied** that other important qualities were lacking.

　委員長はスミスが時間に正確なことを褒めそやしたが、それによって、同氏にはそれ以外の重要な資質が欠けていると暗に言いたかったのである。

(2) We **inferred** from his lavish praise for Smith's punctuality that the chairman of the committee felt that other important qualities were lacking.

　委員長はスミスが時間に正確なことを褒めそやしたが、裏を返せば、それ以外の重要な資質には欠けるという思いの表明であろうと、我々は忖度した。

(3) We **interpreted** his lavish praise for Smith's punctuality to mean that the chairman of the committee felt that other important qualities were lacking.

　委員長はスミスが時間に正確なことを褒めそやしたが、裏を返せば、それ以外の重要な資質には欠けるという思いの表明であろうと、我々は受け取った。

なお、(1) の例では imply の代わりに suggest を用いても、意味はほとんど変わらない。

　次に「推測」を表す語の例として、guess、speculate、conjecture の3語を見てみよう。これらは上とは異なり、推測の根拠が明示されている必要はない。何らかの内容が表明される際に、強い確信を伴う場合には assert や claim で表現される（第1章コラム）のに対して、それほどの確信がない場合には guess や speculate が用いられるのである。

　たとえば、エルキュール・ポアロがヘイスティングズ大佐に向かって、"All the

evidence is there. Now, who do you think is the murderer?" と尋ね、これに対してヘイスティングズ大佐が、"Sid James, perhaps?" と答えたとする。この状況を第三者が見ていたとすれば、

(4) Captain Hastings **guessed** [**speculated**] that Sid James was the murderer.
　　ヘイスティングズ大佐は、シッド・ジェイムズが殺人犯だと推測した。

と述べるであろう。これに対して、スコットランドヤードのジャップ警部が、"No! It's Hattie! Hattie Jacques!" と叫んだとすれば、その状況は、

(4′) Inspector Japp **asserted** [**claimed**] that it was Hattie Jacques.
　　ジャップ警部はハティ・ジェイクスだと言い張った。

と表現されることになる。
　speculate は guess とほとんど同じ意味に用いられる。

(5) Astronomers have **speculated** that life might have existed on Titan in the distant past.
　　天文学者は、遠い過去にタイタンに生命が存在したのではなかろうかと考えてきた。

　このような基本的な用法に加えて、guess と speculate には、表明されている内容について、「話者」の不信が表明される場合がある。日本語では「想像する」「空想する」などと訳せるだろう。

(6) The naturalist was merely **guessing** when she said that ten thousand bears lived in the forest; she had no evidence to support that claim.
　　森には熊が1万頭いるとその自然研究者は述べたが、これはただの憶測にすぎない。この主張を支える証拠があったわけではない。

　conjecture も「推測、憶測」といった一般的な意味で用いられるが、特に数学の分野では、想像されているだけで、いまだ証明がなされていない定理のことを意味する。「予想」という訳語が当てられることが多い。Taniyama-Shimura Conjecture「谷山・志村予想」(ただし、現在では「定理」になっている) はその一例。

(7) Francis Guthrie was the first to **conjecture** that four colors are sufficient to color any map.
　　どんな地図でも4色あれば塗り分けられると予想したのは、フランシス・ガスリーが最初である。[いわゆる「4色問題」]

　最後に、これに関連して、hypothesize、theorize、postulate、posit など、学術的な文章でよく用いられる語を幾つか眺めておこう。「仮定する」という意味で最も普通に用いられるのは assume である。

(8) In order to simplify the calculations, let's **assume** that the gravitational pull of the outer planets is zero.

計算を単純にするために、外惑星の重力はゼロであると仮定しよう。

assume の「証拠には関心がない」という側面が強調されれば、「盲信する」という意味になる。

(9) It can be very dangerous for a doctor to simply **assume** that the information provided by a patient is completely accurate.

医者が患者の言ったことがすべて正確だと盲信するのは、きわめて危険だ。

アカデミックな文脈では、「仮定する」という意味で hypothesize、postulate、posit もよく用いられる。hypothesize は「仮説をたてる」という訳語で分かるように、厳密にアカデミックな意味では、実験や研究によって検証されることを前提として提出される仮定である。（第 5 章 9. hypothesis）

(10) Semmelweis' first **hypothesis** was that the high mortality rate in one particular maternity ward was caused psychologically, by seeing the priest on his way to bless the dead.

ゼンメルワイスの第一の仮説は、ある特定の産科病室での死亡率が高いのは、死者のために祈りにいく司祭の姿が見えるせいで心理的に生じている、というものだった。

postulate は、証明はできないが、内容が真であることにある程度の自信がある場合に用いられる。

(11) Euclid's parallel **postulate** was fundamental to his geometry and was accepted for many centuries, even though Euclid himself was troubled by the difficulty of proving it.

平行線公準は、ユークリッド幾何学にとって基本的な仮定であり、ユークリッド自身それが証明できないことを気にかけていたが、何世紀にもわたって真であると考えられてきた。

「基本的な仮定」は数学や論理学では「定理」や「公理」と呼ばれるが、そのようなものとして仮定するのが posit である。すなわち、それをもとにして、その上にさまざまな考察が積み重ねられるもの、という意味である。

(12) Modern economics **posits** an economic agent who is driven entirely by the profit motive.

現代の経済学では、純粋に利潤動機によって動く経済的主体を仮定している。

このように、同じ「仮定する」という意味でも、英語では多様な語が使い分けられているので、注意が必要である。

Seven

access alternative base ... on ... concentrate consist of ... construct determine encapsulate exclusively explicit focus functional gradual interaction objection projection respective subside suggest symbol

01 | access /ǽksès/ (CW 28-58)

áccess ≈ permission or ability to enter a place or to use, see, or understand something (*also verb*)
access *n, v* - accessible *adj* - accessibility *n*

○ **The purpose of the library is to ensure that future generations will have full access to these historic documents.**

この図書館の目的は、将来の世代がこれらの歴史的資料を十分に利用できる可能性を確保することだ。

○ **The composer's explanation of her symphony's structure is accessible only to those who have studied music theory.**

その交響曲の構造に関する作曲家自身の解説は、音楽理論を勉強した者でないと理解できない。

access はカタカナ語で定着しているが、日本語では情報データを知ったり、読み込んだりすること、交通手段に関連して使われることが多い。英語の access は「対象に近づく、接触する、それを自分のものとして入手する、理解する」といった広い意味に使われ、2番目の例文もそれに当たる。近づきがたいという意の inaccessible は、辺鄙な山奥の村やガードが堅い人物、難解な文体などについても用いられる。

handicapped-accessible logo

02 | alternative /ɔːltə́ːrnətɪv/ (OC 94-220)

altérnative ≈ used or considered instead of something else (*also noun*)
alternative *adj, n* - alternate *adj, n, v* - alternatively *adv*

○ **The unexpectedly long recession led to an alternative theory of economic cycles.**

予想以上に長期化した不況の結果、これまでとは異なる景気循環理論が生み出された。

○ **Geological studies of the area have revealed that periods of warmth have alternated with ice ages.**

その地域の地質学的研究により、温暖な時期と氷河期とが交互におとずれたことが分かった。

「他の、もう一つの」という意味のラテン語 alter から派生した語。alternative には「二者択一の、あれかこれかの」の他に「他の、代わりの、今あるものに取って代わる」という意味もある。そのまま名詞形としても使われ、Now that she has failed the final examination, she has no alternative but to repeat the class next year. (期末試験に不合格となったので、彼女には来年度も同じ科目をとるという選択しか残されていない) というように用いられる。2つ目の例文にある alternate には「交互に起こる、互い違いになる、交替する」という意味がある。alternate in ...ing で「…を交替でする」の意味になる。動詞の場合は ɔ́:ltərnèit、形容詞 / 名詞形では ɔ́:ltərnət と発音する。名詞には「代役」「補欠」の意味もある。

03 | base ... on ... /béis ən/ (CW 68-10)

base ... on ... ≈ to use a particular idea to support or develop an idea or project
base ... on ... *v* - basis *n* - basic *adj* - basics *n* - basically *adv*

○ **Promotions at the company were based not on merit but on personal connections.**

その会社での昇進は、能力ではなく個人的な人脈にもとづいていた。

○ **The basis of success in war is knowledge—of the enemy and of oneself.**

戦争で勝敗を決するのは知である。すなわち、敵を知り己を知ることに他ならない。

「何かの考えや行動の原理としてある事柄を使う」という意で、判断基準についての文章によく出てくる。同様の意味で on the basis of ... という言い方もされる。一方、何かが特定の地理的場所にあるという場合も、base はよく使われ、The company is based outside Delhi. (本社はデリー郊外にある) や、She's a Japan-based scholar of American literature. (彼女は日本を本拠とするアメリカ文学研究者だ) などが典型的な用法である。basis の複数形 bases は base の複数と綴りは同じだが、発音は béisì:z。(🐾第13章 1. according to)

04 | concentrate /kánsəntrèit/ (OC 52-138)

cóncentrate ≈ 1. gather something together in one place. 2. think hard; focus one's attention. (*also verb*)
concentrate *v, n* - concentration *n* - concentrated *adj*

○ **Rising sea levels could result in a concentration of population on higher ground.**
海面の上昇によって、より海抜の高い土地に人口が集中する可能性がある。

○ **Despite two years of concentrated effort, the negotiators were unable to reach an agreement.**
2年にわたり全力を傾注したにもかかわらず、交渉担当者は合意に達することができなかった。

ラテン語の「一緒に」という意の接頭辞 con- と centrum（中心）から合成された語。何かを物理的に集結させる場合も、精神や努力などの面で専念する場合にも使われる。物質を濃縮する場合には、concentrated acid、orange juice concentrate などと表現される。concentration camp は強制収容所の意。文脈によるが、動詞の類語として、focus、converge、accumulate、devote などがあり、反意語は diffuse、scatter、dilute など。(🐸 第1章1. accumulate・第4章12. intense・ 🐸 第7章11. focus)

05 | consist of ... /kənsíst əv/ (CW 126-111)

consíst of ... ≈ be formed from ...; be made of ...
consist of ... v

○ **Graphite consists of carbon atoms bonded together in flat sheets.**
石墨は炭素原子が板状に結合したものである。

○ **The literary canon consists of works that are widely considered important and worthy of study.**
文学の正典（キャノン）は、重要性と研究価値があると広く見なされる作品から成る。

consist of ... は「…から構成される」という意味で広く使われる表現で、be composed of、be made up of などと同義。他方、consist in ... は、「主として…に存する」という意味で、The power of her personality consists in her utter ruthlessness.（彼女という人間のすごさはその冷酷無情さにある）というように使われる。Happiness consists in ... は人間の永遠の課題であるが、あなたはどんな答を出すだろうか。(🐸 第6章6. consistent)

Review 01 - 05

Supply the best word (or related form) from the list below.

access, alternative, base, concentrate, consist

1. We have to accept that our initial strategy has failed. The important thing now is to _____ on finding a suitable _____ plan.

2. The _____ of a(n) _____ writing style are accurate word choice and straightforward sentence construction.

3. The nucleus of an atom _____ of protons and neutrons.

---

06 | construct *v:* /kənstrʌ́kt/, *n:* /kɑ́nstrʌkt/ (CW 174-92)

constrúct ≈ to build; to create; to put together
construct *v, n* - construction *n* - constructive *adj*

○ **A family tree has been constructed for the inhabitants of the island using DNA analysis.**
DNA 分析を用いて、その島の住民の家系図が作成された。

○ **It was fortunate that both sides approached the meeting in a constructive spirit.**
双方が建設的な精神で会議に臨んだのは、良いことであった。

動詞の場合、「組み立てる」「建てる」という意味で、反意語は destroy。同じ形で名詞があり、アクセントは con- にある。「構造物」「構成」という意味だが、心理学用語で「構成概念」という意味もある。under construction（工事中）はおなじみの標識。日本語と同様、constructive（建設的）は、「積極的」の意味。constructive criticism とは、プラスの方向を導き出すような批判のこと。脱構築（deconstruction）は 20 世紀末に一世を風靡した批評理論の一つ。

---

07 | determine /dɪtə́:rmən/ (CW 70-43)

detérmine ≈ 1. to control or decide the result of some process. 2. to come to know through examination or consideration.
determine *v* - determination *n* - determined *adj* - determinism *n* - deterministic *adj* - determinate *adj* - determinant *n*

- **Election results are sometimes determined by the weather on election day.**

  選挙結果は、投票日の天気に左右されることがある。

- **The expert determined from the shadow angles that the photograph had been taken in the late morning.**

  影の角度から、その写真は昼前に撮られたと専門家は判断した。

上記の定義のうち、1は、問題、論争、あるいは予定をたてなければならない状態などに決着をつけたり、確定するということ。2の用法は、一定の調査や思考を経て、結論を出すこと。この2の用法では determined that ... というように that 節をとることが多い。自動詞も他動詞も両方あるので、I am determined that も、I have determined that も両方とも可能。ただし、前者は状態を表し、後者は行為を表す。固く決心している〔した〕ことを表す。determination は、強い決意や決定を意味する。ラテン語の *terminus*（境界、終わり）が元になっており、その点で、ラテン語の *finis*（終わり、境界）が元になっている define と類似している。

08 | encapsulate /ɪnkǽpsəlèit/ (OC 74-100)

encápsulate ≈ (*literally*) to place inside a capsule; (*metaphorically*) to express complicated information in a compact way

encapsulate *v* - encapsulation *n* - capsule *n*

- **The book reviewer managed to encapsulate the novel's complex story in a few vivid sentences.**

  その書評者は、小説の複雑な筋を生き生きとした短い文章でまとめあげた。

- **Hamlet's distress is encapsulated in his famous phrase, "To be, or not to be."**

  ハムレットの苦悩は、「生きるべきか、死ぬべきか」という有名な台詞に凝縮される。

en- は「…の中に入れる」というフランス語起源の接頭辞。-ate は、「にする」という動詞を作る接尾辞。カプセル（capsule）の中に入れる、というところから「包み込む、含む」「要約する」の意。capsule にも名詞の他に、「カプセルに入れる」「要約する」という意味の動詞用法がある。

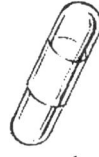

capsule

09 | exclusively /ɪksklúːsɪvli/ (OC 74-127)

exclúsively ≈ limited to only one case or situation

exclusively *adv* - exclusive *adj* - exclude *v* - exclusion *n* - exclusivity *n*

○ **Libertarians tend to focus exclusively on the rights of individuals and to ignore the common good.**

リバタリアンは、個人の権利にばかり注目して、公共の利益を無視しがちだ。

○ **Exclusion of nonviolent deaths from the statistics distorted the true impact of the war.**

その戦争の真の影響は、直接的な暴力による以外の死亡者の数を統計からはずすことで、ゆがめられた。

ex-(外へ)と in-(内へ)の接頭辞が変わることで、排他的(exclusive)、包括的(inclusive)と意味が逆になる。exclusively は、「他のものを除いて」、「もっぱら…のみ」という意味。形容詞形では、for his exclusive use（彼専用）などのように「限られた」「専らの」という意味になる他、「会員限定の」という意味から発展して単に high-status を指す場合もある。たとえば an exclusive hotel といえば高級ホテルである。（🐦第 9 章 12. mutually)

10 | explicit /ɪksplísət/

(CW 58-105)

explícit ≈ expressed clearly and directly
explicit *adj* - explicitly *adv* - explicitness *n*

○ **In his historic inaugural address, President Obama made explicit reference to the spirit of the Founding Fathers.**

歴史的な就任演説の中で、オバマ大統領は建国の父祖の精神に直接触れた。

Barack Obama
(photo by
Pete Souza)

○ **The Hague Convention of 1899 explicitly prohibits the use of a flag of truce for improper purposes.**

1899 年のハーグ協定は、休戦の旗を不当に用いることをはっきりと禁じている。

これもまた、ex-(外へ)を im-(in- と同じ、内へ)と接頭辞を変えることで、反意語の implicit（暗に意味された）となる。「明確な」「はっきりとした」「あからさまな」という意味から、「露骨な、きわどい」といった意味もある。explicit instructions といえば「明確な指示」だが、explicit photo は「あからさまな写真」となる。（🐦第 6 章 3. ambiguous・第 6 章 4. apparent・第 6 章 11. implication・🐦第 7 章 19. suggest・第 9 章 6. definite・第 10 章 8. evident・第 12 章 3. certain・第 12 章 13. obvious・第 13 章 19. tacit)

Review 06-10

Supply the best word (or related form) from the list below.

construct, determine, encapsulate, exclusively, explicit

1. Thanks to its close ties to government, the Fabrix company was able to secure _____ _____ rights to develop the area.

2. Kepler's laws _____ the forces which _____ the movements of the planets in a particularly clear and _____ way.

11 | focus /fóukəs/ (CW 154-181)

fócus ≈ (*literally*) concentration of light at a point; (*metaphorically*) a central or main idea (*also verb*)
focus *n, v* - focused *adj*

○ **His essay on the history of piracy contains many interesting anecdotes but lacks a clear focus.**

海賊の歴史についての彼のエッセイは、面白い逸話は豊富だが、何が言いたいのか良く分からない。

○ **The debate focused on the role of consumers in encouraging corporate responsibility.**

議論の中心は、企業に責任感をもたせるために消費者がどのような役割を果たしうるかということであった。

focus は光の焦点という文字通りの意味の他に、比喩的に用いられて、注意や注目が集中する対象をも意味する。これと連動して、come into focus（焦点が合う）、bring into focus（焦点を合わせる）などのフレーズも、物理的な意味、比喩的な意味のどちらにも用いられる。この他に in focus といえば「焦点が合っている」を意味し、その反意語は out of focus、これを一語で言い換えれば blurred ということになる。（第7章 4. concentrate）

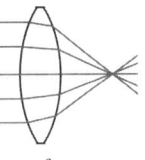

focus

12 | functional /fʌ́ŋkʃənəl/ (OC 76-148)

fúnctional ≈ serving a practical purpose
functional *adj* - function *n, v* - functionality *n* - functionalism *n*

○ **The new office building succeeds from a functional standpoint, but its design is dull and uninspiring.**
その新しいオフィスビルは機能面は優れているが、デザイン的には単調でつまらない。

○ **The essential function of school inspections is to ensure that centrally devised policies are being properly implemented.**
学校視察の基本的な役割は、中央で作成された方針の適正な実施を徹底させるところにある。

functional は、「機能、役割」という意味の function の形容詞形で、主として「機能面についての」という意味と、「実用に役に立つ、実用性を重視した」という意味などがある。後者の場合には、decorative、aesthetic、artistic、beautiful などと対を成して用いられる。なお、名詞形 function には「関数」という意味があるが、*A* is a function of *B*. という文では「*A* は *B* によって決まる、*A* は *B* に応じて変化する」という意味である。

13 | gradual /grǽdʒuəl/ (OC 72-62)

grádual ≈ occurring slowly or step by step
gradual *adj* - gradually *adv* - gradualism *n* - grade *n, v* - gradation *n* - graduated *adj*

○ **Some anthropologists have suggested that Yayoi culture was introduced to Japan through a gradual process that took several thousand years.**
弥生文化は数千年かけて、徐々に日本に伝えられたのだと主張する人類学者もいる。

○ **The hypothesis of evolutionary gradualism states that living things adapt smoothly to changing conditions and form new species only gradually.**
進化についての漸進仮説が述べているのは、生物は段階的なプロセスによってのみ、環境の変化にうまく適応し新たな種を形成するということだ。

gradual は、ラテン語で「歩み、階」を意味する *gradus* を語源とする。「漸進的な、徐々の」という意味。slow がただ単に遅い動作を意味するのに対して、gradual は「一歩一歩段階を経て」というニュアンスがある。関連語としては「段階、等級」を意味する grade、「卒業する〔させる〕、等級〔段階〕をつける」という意味の graduate、「徐々に変化すること、ぼかし、等級付け」などを意味する gradation などがある。

14 | interaction /ɪ̀ntərǽkʃən/ (OC 10-152)

interáction ≈ a two-way or multiway exchange of information or influence
interaction *n* - interactive *adj* - interact *v*

○ **Human personality forms through a complex interaction among social and genetic factors.**
人間の性格は、社会的要因と遺伝的要因が互いに複雑に作用しあった結果として形成される。

○ **Online role-playing games are more interactive than conventional video games.**
オンラインのロールプレイングゲームは、従来のテレビゲームと比べて双方向性が高い。

「相互作用」という意味の interaction は、近年、きわめてよく用いられる。この語の意味は、「…の間の、相互的な」という意味の接頭語 inter- が、action「行動、行為」と結びついているという、語形そのままである。前置詞つきの形としては interaction of A with B、interaction between A and B、interaction among ... などがある。

15 | objection /əbdʒékʃən/ (OC 72-74)

objéction ≈ a point which is problematic for some plan or theory; disagreement; opposition
objection *n* - objéct *v* - objectionable *adj* - objector *n*

○ **Several countries raised objections to the admission of the territory into the United Nations.**
その地域を国連に参加させることに異議を唱える国が幾つかあった。

○ **The company hosting the blogs reserves the right to remove any objectionable content.**
その会社は、ブログサービスを提供するに際して、適正を欠く内容を削除する権利を保有している。

「異議を唱える」という意味の object から、objection「異議」という名詞、objectionable「不快な、いかがわしい」という形容詞が発生している。objectionable の類語としては、offensive、unacceptable、undesirable などがある。なお、宗教的、あるいは道徳的理由などを理由に兵役を拒否する者のことを、conscientious objector（良心的兵役忌避者）という。

Review 11 - 15

Supply the best word (or related form) from the list below.

focus, functional, gradual, interaction, objection

1. As we discussed the matter, her real _____ to the idea _____ became clear.

2. One traditional teaching method concentrates on top-down instruction; another _____ on _____ between teachers and learners. On the latter view, the teacher's _____ is to guide, rather than inform.

---

16 | projection /prədʒékʃən/ (OC 136-14)

projéction ≈ the act of throwing forward, such as an image onto a screen, a prediction onto the future, or one's speech or personality onto an audience
projection *n* - project *v* - projector *n* - projectile *n*

○ **Live images of the speaker were projected onto the screen behind her.**
  講演者の姿が背後のスクリーンに生で映し出されていた。

○ **Projections of global warming over the next century vary widely depending on the model.**
  次世紀の地球温暖化に関する予測の内容は、モデルによって相当に異なっている。

最初の例文では動詞 project が「投影する」という意味で、2番目の例文では projection が「予測」の意味で用いられている。これらの語には、prō-(前に)、jacere(投げる)という、2つのラテン語系の要素が含まれている。prō- は produce (prō + dūcere (率いる))などでも使われており、jacere の方も、eject (追い出す)、trajectory (軌跡) などで用いられている。(🐦第12章20. trajectory)

---

17 | respective /rɪspéktɪv/ (OC 74-112)

respéctive ≈ associated with particular individuals, often in the order mentioned
respective *adj* - respectively *adv*

○ **After the conference ended, the participants returned to their respective countries.**
会議が終わったあと、参加者たちはそれぞれ自分の国に帰っていった。

○ **Malaria and AIDS are caused by protozoan parasites and a virus, respectively.**
マラリアとエイズを引き起こす原因は、それぞれ、寄生原生動物とウイルスである。

respectively という副詞は、二つまたはそれ以上の、ある順序をもっている並びを、お互いに関係づける役割を果たす。日本語における対応語「それぞれ」は、「花子と太郎は、それぞれ、別の学校に通っていた」というふうに、単に「めいめい、別々に」という意味を表す場合があるが、respectively にはそのような用法はない。したがって、The president and the vice-president went to Rome and Paris. という文の末尾に respectively を付け加えることは可能だが、The president and the vice-president went to different cities. という文の末尾に respectively を付け加えることはできない。

18 | subside /səbsáid/ (OC 72-65)

subsíde ≈ to become weaker or lower
subside *v* - subsidence *n*

○ **Protests against the trade agreement subsided after the largest labor union came out in support of it.**
その貿易協定に対する反対運動は、最大の労働組合が協定支持の立場を表明したことで収まった。

○ **The subsidence resulting from the extraction of groundwater caused structural damage to houses.**
地下水のくみ上げによって起こった地盤沈下のため、家屋の構造にまで被害がおよんだ。

動詞の subside も名詞の subsidence も、「静まる、弱くなる（こと）」という意味と「（地盤や水位が）低くなる（こと）」という意味の両方をもつが、動詞の方は前者の意味で用いられることの方が多く、名詞の方は後者の意味で用いられることの方が多い。また、動詞形は第2音節が最も強く発音されるのに対して、名詞形 subsidence は、イギリス英語でもアメリカ英語でも、第1音節を最も強く読む人と第2音節を最も強く読む人の両方がいる。

19 | suggest /sədʒést/ (OC 168-120)

suggést ≈ 1. to propose. 2. to indicate that something might be true. 3. to bring to one's mind.
suggest *v* - suggestion *n* - suggestive *adj*

○ **The arbitrator suggested, but did not insist, that both sides bring their attorneys to the hearing.**

仲裁人は、双方が審理の席に弁護士を連れてくるとよいだろうとは言ったが、そうしなければならないとまでは言わなかった。

○ **The general's diary suggested that he had never believed that the war could be won.**

将軍の日記は、その戦争に勝てると彼が考えたことは一度もなかったことを示唆していた。

○ **The brushstrokes along the edges of the painting are suggestive of ocean waves.**

その絵のふちの辺りの筆づかいは、海の波を思わせる。

「(どちらかと言えば控え目に)提案する」という意味の時は、主語は必ず人間またはそれに類するもので、後に that 節が続く場合は、その中心部を成す動詞は、助動詞 should に後続するか、最初の例文の場合のように仮定法現在形になるか、どちらかである。一方、「示唆する」という意味の時は、主語は、人間でもよいが、2番目の例文が示すように物でもよく、that 節が後続する場合はその中心部を成す動詞は直説法の形をとる。形容詞形の suggestive は、「(explicit にではなく)何かをほのめかすような」という意味で、そこから転じて「いかがわしい」という意味になることもある。(🐸 第1章コラム・第5章15. propose・第6章11. implication・第7章10. explicit・🐸 第7章コラム・第11章11. indicate・第11章コラム・第14章2. advocate)

20 | symbol /símbəl/ (OC 74-116)

sỳmbol ≈ a thing or idea that represents something else
symbol *n* - symbolic *adj* - symbolize *v* - symbolization *n* - symbolism *n*

○ **Archaeologists disagree about whether the marks on the bones are merely the result of scraping or are symbols of some sort.**

その骨に付いている印のようなものが、単にこすったあとなのか、それとも何らかの記号であるのか、考古学者の間では意見が分かれている。

○ **In that culture, the moon symbolizes the cyclic nature of time.**

その文化においては、月は、時間の周期的な性質を象徴している。

類語としては sign があり、どちらも一般的な「記号」の意味を表しうるが、「象徴」の意味は symbol にしかなく、「身振り、ジェスチャー」の意味は sign にしかない。動詞形はそれぞれ symbolize と signify で、どちらも「表す」という意味になるが、that 節を従えることができるのは後者だけである。symbolic に対応するような形容詞形は sign にはない。(🐸第2章 16. significance・🐸第10章 15. represent)

symbol of peace

Review 16-20

Supply the best word (or related form) from the list below.

projection, respective, subside, suggest, symbol

1. Economic ＿＿＿＿＿＿＿＿ for the three countries ＿＿＿＿＿＿＿＿ that their ＿＿＿＿＿＿＿＿ rates of development will be very different.

2. In several of his films, the passing of the seasons is subtly ＿＿＿＿＿＿＿＿ of the way human passions rise and ＿＿＿＿＿＿＿＿.

Unit Review

Write four new sentences, each of which uses at least two words, or their related forms, from the following list. An example is shown below.

As evaporation proceeds, the solution **gradually** becomes more **concentrated**.

access, alternative, base/based on, concentrate, consist/consist of, construct, determine, encapsulate, exclusively, explicit, focus, functional, gradual, interaction, objection, projection, respective, subside, suggest, symbol

主語と動詞の相性
Compatible Subjects

　第1章のコラムでは claim、maintain、allege、suggest、argue、assert、conclude、insist、announce、accept、admit など、何らかの主張をする際に使われる動詞を取り上げて、主張の強弱や内容の真偽に焦点を当てた。この章では、さらに indicate、show、prove、demonstrate を加えて、主語と動詞の組み合わせについて検討したい（後者の動詞群については、証拠にどの程度の確実性がある場合に用いるかを第11章のコラムで解説する）。

　以上に挙げた動詞の主語となりうるものについて、3つのカテゴリーを設定してみる。第一は人、第二は著作・理論・告知などの情報伝達物、第三は現実世界の物や出来事である。一般的に言って、第1章に登場した上記の動詞の主語は人や情報伝達物である。ここで紹介する suggest、indicate、show、prove、demonstrate などの動詞はこれらに加えて、物が主語の場合にも使えることが特徴である。

　たとえば、動詞の claim と prove を比較してみよう。Darwin claimed that … と Darwin's theory claims that … は両方とも英語として正しい表現であり、Darwin proved that … や Darwin's theory proves that … も正しい。ところが、Differences in beak shape claimed that … は主語と動詞の組み合わせとして使えないが、Differences in beak shape proved that … は正しい組み合わせである。これを表にまとめると、次のようになる。〇は主語として使用可、×は使用不可、△は使用が限定的であることを示す。

動詞	主語		
	人	情報伝達物	物
claim, maintain, allege, argue*, assert, conclude, accept, admit	〇	〇	×
insist**, announce**	〇	△	×
suggest, show, prove, demonstrate	〇	〇	〇
indicate***	△	△	〇

* fact、evidence などの物が主語の場合は、下の suggest、show などと同様の使い方をする。
** 情報伝達物が主語の場合は、比喩的表現として使われる。
*** 人や情報伝達物が主語の場合、その意味は mention、communicate、claim に近いが、物が主語の場合は、主張につながる証拠が存在することを意味する。

さて、ここで第 1 章で学んだ動詞も含めた上の動詞群の使い方をより具体的に理解するために、練習問題に挑戦してみよう。次の文章の下線部分に入れるべき動詞として、何が適切だろうか。ここには地球がいつ誕生したかをめぐる三つの議論が紹介されているが、主語の性質、想像される主張の強弱によって選択可能な動詞は絞られてくる。

　In 1654, James Ussher ＿＿＿＿＿＿＿＿ that the world was created in 4004 BC. Even today, Young Earth Creationism ＿＿＿＿＿＿＿＿ that the earth was created quite recently. The fossil record strongly ＿＿＿＿＿＿＿＿ that the earth is much older than this.

　三つの議論と可能な動詞について、細かく検討してみよう。

a) In 1654, James Ussher ＿＿＿＿＿＿＿＿ that the world was created in 4004 BC.

　主語は明らかに人であり、最初に頭に浮かぶ動詞はおそらく claimed だろう。suggested も可能だが、世界が紀元前 4004 年に誕生したと論じたアイルランドの神学者アッシャーの主張が控え目であったことを暗に示すことになる。insisted を使った場合は、以前にこの事柄についての論争があって決着がついていないか、アッシャーが激しい論調で主張したことを表している。他の動詞（argued、alleged など）も可能だが、claimed を使うことで、アッシャーの意見に対する読者の反発をこの文の筆者が予想していることが示されている。

b) Even today, Young Earth Creationism ＿＿＿＿＿＿＿＿ that the earth was created quite recently.

　主語は、地球の創造は比較的新しいと現在も主張している Young Earth Creationism（若い地球の創造論、YEC）という名の言説（上記の分類では情報伝達物）である。その主張を表す動詞としては、おそらく maintains が最も一般的な選択だろう。suggests も可能だが、聖書に沿って地球の年齢は 1 万年以下だとする YEC がいかにも自信のない主張をしているという誤解を招く。claims と alleges は筆者が YEC の解釈を疑問視しているというニュアンスを伝えるためには妥当な選択である。argues とした場合は、YEC の主張に根拠があることを筆者が認めている、やや歩み寄りの姿勢を示す。concludes を選んだ場合は、YEC が議論の一定の経過を経て結論を下していることを表し、accepts の場合は、YEC がアッシャーなど他の論者の意見に同意していることを示している。insists は以前からの論争の存在、あるいは主張の激しさを表し、announces はこの主張が問答無用の一方的な態度でなされている状況を示す。admits は、YEC 側が自らは別の意見だが、この説を渋々認めたことを暗示しているので、現実問題としてまずはありえない選択である。

c) The fossil record strongly _____ that the earth is much older than this.

　妥当な動詞は suggests、indicates である。主語が化石という物であるために、人や情報を主語とする第 1 章のコラムで扱った動詞は suggest を除いては使えない (argues も一般的とは言えないが、許容範囲内だろう)。show、prove、demonstrate も使用可能であるが一方に肩入れした強い表現であり、suggests や indicates はより中立的な表現である。特に suggests は I think so, but I may be wrong. という立場を示し、筆者がこの件が論争になっていることを十分に認識し、b) の YEC など少数意見を必ずしも全面否定していないことを表明するには最もふさわしい動詞だといえる。これらの動詞の主張の確かさの問題については、第 11 章でより詳しく解説する。

　どの言語においても、主語と動詞の組み合わせには独自の使われ方があって、以上の例が示唆するように、英語特有の主語と動詞の相性がある。アカデミックな文章を解釈したり執筆する場合は、このことに特に注意する必要があるが、基本的なルールや慣例を学ぶだけでなく、多くの文章に接することが何よりも大切である。

Eight

accept affiliate array characterize chronic concomitant construe counterpart critical disproportionate ideology inherent network parameter reductionist regulate selective stress subsequent unwarranted

01 | accept /ıksépt/ (CW 94-7)

accépt ≈ to receive; to agree that something is true or reasonable
accept *v* - acceptable *adj* - accepted *adj* - acceptance *n*

○ **The experiments of Semmelweis and Lister eventually forced the medical establishment to accept the importance of sterile conditions.**

ゼンメルワイスやリスターの実験ゆえに、やがて医学界は殺菌の重要性を受け入れざるを得なくなった。

○ **The country's president declared that any incursion into its territory would be unacceptable.**

その国の大統領は、自国領土へのどのような侵入も容認できないと言明した。

「受け入れる、受諾する」という意味だが、受け入れる対象となるのは、概念、理論、主張といったものが多い。accept の語源はラテン語の *accip-ere*（受動態完了分詞 *accept-us*）で、*accipere* は *ad-*（接近を表す）＋*capere*（取る）という構造。同様に *-cipere/-ceptus* に由来する語には、他に intercept（横取りする）、except（…を除いて）、concept（概念）などがある。反意語は reject。（🐸第1章コラム・第7章コラム）

02 | affiliate *v:* /əfílièit/, *n:* /əfíliət/ (OC 90-145)

affíliate ≈ to form a connection with some institution (*also noun*)
affiliate *v, n* - affiliation *n* - affiliated *adj*

○ **A number of local environmental groups decided to affiliate in order to increase their impact.**

幾つかの地元の環境保護団体が提携して、影響力の拡大を図ることにした。

○ **When you introduce yourself, could you please state your affiliation, that is, the name of the university that you attend?**

自己紹介する際に、所属機関、つまり通っている大学の名前を言ってもらえますか。

be affiliated with ...（…と提携して、…に所属して）のように前置詞は with を用いる。

affiliate は名詞としては「加入者、会員、関連団体」を表し、affiliation は「所属、提携」。たとえば幾つかの college を有する大学に留学すると、Which college are you affiliated with? などと聞かれることがある。

03 | array /əréi/ (OC 90-135)

arráy ≈ a number (often large) of things, sometimes arranged in a regular structure (also verb)
array *n, v* - arrayed *adj*

○ The scholar discovered a vast array of documents that detailed the daily lives of ordinary people in the eighteenth century.
その学者は、18 世紀の庶民の日常生活の詳細が記された大量の文書を発見した。

○ The radiotelescopes are arrayed in a Y-shaped configuration.
その電波望遠鏡はY字形に配列されている。

配列（する、させる）という意味の他、an array of ... という形で「ずらりと並んだ…」といった意味でも用いる。陳列されていたり、整然と組織されたりしているものを普通意味する。

4	2	17
8	15	9
5	1	11

array of numbers

04 | characterize /kǽrəktəràiz/ (OC 162-14)

cháracterize ≈ to describe the features of something in a particular way
characterize *v* - character *n* - characterization *n* - characteristic *adj*

○ The team leader characterized their discovery as one of the most important of the last century.
チームリーダーは、自分たちの発見をこの 100 年間における最も重要な発見の一つだと位置づけた。

○ The study's coauthor objected to the characterization of his contribution as "negligible."
その研究論文の共同執筆者は、自分の貢献を「ないも同然」と言われたことに異議を唱えた。

○ **The very characteristic call of the kookaburra appears in many jungle movies, though in reality it can be heard only in Australia and New Guinea.**
ワライカワセミのきわめて独特な鳴き声は多くのジャングル映画に出てくる。実際はオーストラリアとニューギニアでしか聞かれないものなのだが。

「…を特徴づける、…の特性を述べる〔描写する〕」の意。characteristic は「独特な、特徴的な」の意。文学・演劇では characterization（人物造型）と言えば、登場人物がどのような特性をもっているかということ。ドン・ジョヴァンニは「セックス依存症のわがまま男」として characterize されたとか、「愛に生きる女」というマクベス夫人の characterization といったように用いる。（ 第 4 章 19. trait）

05 | chronic /kránɪk/ (OC 88-106)

chrónic ≈ long-term (only used for something bad)
chronic *adj*

○ **Robert Louis Stevenson's chronic lung problems forced him to travel to warmer climates.**
ロバート・ルイス・スティーヴンソンは、慢性的な肺の病いのために、気候のより温暖な地へ旅しなければならなかった。

○ **The safety problems in the British railway system are the inevitable result of chronic underinvestment.**
イギリスの鉄道システムにおける安全性問題は、長期にわたる投資不足の必然的な結果である。

慢性疾患 (chronic illness) や慢性気管支炎 (chronic bronchitis) のように病気に用いることが多い。反意語は、acute (急性の)。悪い習慣や状況について「常習的な、長期にわたる」(inveterate、persistent) という意味でも用いる。（ 第 11 章 7. chronology）

Review 01 - 05

Supply the best word (or related form) from the list below.

accept, affiliate, array, characterize, chronic

1. A striking _____ of the political system is the fact that almost all individual politicians are _____ with factions.

2. There is a whole _____ of _____ problems in the economy which have been _____ for too long as inevitable.

---

06 | concomitant /kənkάmətənt/ (OC 88-82)

concómitant ≈ a consequence; an accompanying fact (*also adjective*)
concomitant *n, adj*

○ **The plan has several good points, but one negative concomitant of focusing our efforts on marketing will be a reduction in research and development.**

その計画には幾つかの長所があるが、マーケティングに努力を集中することに付随するひとつのマイナス面は、研究開発の低下だろう。

○ **A significant increase in sea levels will mean a concomitant decrease in total land area.**

海面の大幅な上昇は、それに伴って地表総面積が減少することを意味する。

あることと同時に付随して起こるものという意で、接頭辞 con- は「共に」を表し、comit- は companion を意味するラテン語 *comes* から来る。学術論文などに使われる堅い表現で、上の定義にある an accompanying fact の方が平易な言い方である。2番目の例文は、A significant increase in sea levels is concomitant with a decrease in total land area. と言い換えることもできる。（🐸第6章 5. consequence）

---

07 | construe /kənstrúː/ (OC 92-200)

constrúe ≈ to understand in a certain way; to interpret *A* as *B*
construe *v* - construal *n* - reconstrue *v*

○ **The interesting point about such figures as the duck-rabbit is that we can construe them in very different ways, without any change in the image.**

アヒル-ウサギのような図柄について興味深い点は、図像をまったく変えずにそれを非常に異なるものとして解釈できるということだ。

duck-rabbit illusion

○ **Although it was first described as an act of pre-emptive self-defense, or as a humanitarian intervention, the Iraq War was later reconstrued by many people as an act of imperial aggression.**

イラク戦争は当初は先制的自衛行為あるいは人道的介入とされたが、のちに多くの人はこれを帝国主義的侵略と見なすようになった。

あることを解釈する、何々の意味にとるということでは understand、interpret と同義であるが、construe はよりフォーマルな表現である。construal は名詞形。(🐟 第6章 12. interpret)

08 | counterpart /káuntərpà:rt/ (CW 174-91)

cóunterpart ≈ a thing or person with a corresponding role in a different context
counterpart *n*

○ **Negotiations were begun between the Ethiopian foreign minister and his counterparts in Somalia and Egypt in an attempt to resolve the problem.**

エチオピアの外相とソマリア、エジプトの外相が、問題解決のための交渉を開始した。

○ **The eighteenth-century idea of phlogiston as a "heat substance" has no counterpart in our modern understanding of combustion.**

フロギストンが「燃素」であるという18世紀の考え方に相当するようなものは、現代の我々の燃焼に関する理解には見当たらない。

あるものに相当・対応するものや人の意。日本語でぴったりした訳語が見つからないせいか、最近では企業や役所などで「カウンターパート」とカタカナ語でよく使われている。その場合は、最初の例文のように、一方の交渉担当者と他方の交渉相手がそれぞれの組織で同レベルで類似した内容の職責を有していることを示す。類語に equivalent がある。法律用語では、文書の正副2通のうちの1通、あるいは副本を指す。

09 | critical /krítɪkəl/ (OC 166-85)

crítical ≈ 1. having to do with (possibly negative) judgment. 2. decisively important.
critical *adj* - critic *n* - criticize *v* - criticism *n* - critically *adv* - crisis *n*

○ **The very negative critical reception of his first symphony threw Rachmaninov into a severe depression.**

最初の交響曲が批評家に酷評されたことで、ラフマニノフはひどいうつ病に陥った。

○ **Some members of the audience were critical of our results, saying that we had used too small a sample.**

我々が出した結果に対し、聴衆からはサンプル数が少なすぎるという批判的な声もあった。

○ **The notion of a "critical period" is derived from certain illnesses such as scarlet fever, which involves a crisis after which the patient either recovers or seriously deteriorates.**

「臨界期」という概念は、猩紅熱などの疾患から来ており、それを境に患者が回復するか深刻な悪化の方向に進むかの危機に関して生じた考え方である。

最初と2番目の例文は「批判的な」という意味で critical が用いられている。一般的な用法では否定的な評価を示すことが多いが、アカデミックな世界では critical reading、literary criticism の場合のように、厳密で分析的なアプローチを指す。「決定的に重要な」という意の critical は crucial、pivotal などと同義。dangerous の意味で使われることも多く、関連語としての crisis が3番目の例文で用いられている。（🐾第3章 9. indispensable・第5章 4. crucial・第6章 10. essential）

10 | disproportionate /dìsprəpɔ́:rʃənət/ (OC 94-204)

dispropórtionate ≈ out of proportion; unexpectedly or unusually large, small, numerous, etc.
disproportionate *adj* - disproportionately *adv*

○ **A general who spends a disproportionate amount of time on planning is liable to miss opportunities to strike a decisive blow.**

作戦の計画に時間をかけすぎる将軍は、決定的な攻撃を加えるチャンスを逃す可能性が高い。

○ **Creatures which spend their lives in dark environments tend to have disproportionately large eyes, or else no eyes at all.**

暗い環境に棲息する生物には、体に不釣合いなほど大きな眼を有するか、そうでなければまったく眼をもたないという傾向が見られる。

形容詞 proportionate の反意語で、「不釣合いな」という意味。ただし、「不釣合いな結婚」といった場合には使えず、主として数量やサイズなどの割合において均衡が欠けている状態に対して用いられる。unequal、out of proportion、unbalanced などと同義。（🐾第11章 3. balance）

disproportionately large ears, eyes, and tongue

Review 06-10

Supply the best word (or related form) from the list below.

concomitant, construe, counterpart, critical, disproportionate

1. An unfortunate _____ of climate change is the _____ amount of time now spent on repairing storm damage.

2. Literary _____ can be _____ as the _____ of peer reviewers in the sciences.

11 | ideology /àidiάlədʒi/ (OC 84-32)

ideólogy ≈ a system of beliefs, usually political
ideology *n* - ideological *adj* - ideologically *adv* - ideologue *n*

○ **The fundamental problem for ideologies such as Marxism is that, in normal times, only a small percentage of the population will find them inspiring.**

マルクス主義のようなイデオロギーにとってきわめて深刻な問題は、そうしたイデオロギーに魅力を感じるのは、平穏な時代においては限られた層の人々だけだという点にある。

○ **Most historians believe that Robespierre was ideologically motivated, and that his worst fault was a tendency to fanaticism.**

歴史家のほとんどは、ロベスピエールの行動は思想信条に動機づけられていたもので、狂信的な傾向が彼の最大の欠点であったと考えている。

行動の規範となる考え方のことで、通常は政治的な考え方に関して用いられる語である。科学的・学問的でない、観念的な思い込み、という悪い意味で用いられることもある。日本語で言う「イデオロギー」は、ドイツ語から来ており、英語の発音とは異なる。

12 | inherent /ɪnhírənt/ (OC 84-51)

inhérent ≈ essentially part of
inherent *adj* - inherently *adv* - inhere *v*

○ **According to natural rights theory, all human beings have certain inherent rights which no one can take away.**

自然権理論によると、人は皆、何人も奪うことのできない幾つかの生得的な権利を有している。

○ **The outsourcing of lower-paying jobs seems to be an inherent part of the process of globalization.**

低賃金の仕事の外部委託は、グローバル化に伴って必然的に生じることであるようだ。

inherent in ... で、「…に始めから必然的に備わっているような」「…から切り離すことができないような」という意味になる。inherent to ... という言い方もできる。同じ意味を、動詞の inhere を使って inhering in ... と表すこともできる。元となっているラテン語 *inhaerēre* の後半の *haerēre* の部分は「くっつく」という意味で、adhere（付着する）、cohere（一致する）などの語の後半部分も語源は同じである。（🔖 第 2 章 8. innate）

13 | network /nétwə̀:rk/ (OC 68-9)

nétwork ≈ a structure of connected items (*also verb*)
network *n, v*

○ **The Internet is a network of individual servers that provide many routes for the flow of information.**
インターネットとは、情報の流れるルートを多数供給する個々のサーバーから成るネットワークである。

○ **Seminars and conferences have a social function, too, in that they give participants an opportunity to get to know each other and network.**
セミナーや学会は、参加者が互いに知り合いになり、人脈をつくるための機会を提供するという意味では、社会的機能も有している。

2番目の例文では、「人間関係のネットワークを築きあげて情報交換する」という意味の動詞として用いられている。単に友人になるというのではなく、実際的な目的をもって人間関係を構築することを指す。old-boy（old-boys'）network という表現があり、イギリス英語では、同じエリート校の卒業生同士によって形成される排他的人間関係を指し、アメリカ英語では、より広く、カントリークラブなどを基盤とする仲間組織のことも指す。

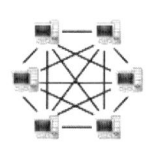

computer network

14 | parameter /pəræmətər/ (OC 88-100)

parámeter ≈ a constant or variable in a mathematical formula; a factor or limit that affects what can happen in a situation
parameter *n* - parametric *adj*

○ **Good decision-making depends on a balanced awareness of all the relevant parameters.**
良い意思決定をするためには、関連する全ての条件を偏りなく認識していなければならない。

○ **The government accepted that it had to act within the parameters of international law.**

政府は、国際法の枠内で行動する義務を認めた。

元来は数学用語で、「媒介変数」などの意味で今でも使われるが、意味が拡張され、「数量化できるような物事の一側面」一般を表すようになり、ひいては、「限界」という意味ももつようになった。最初の例文では第2の意味、2番目の例文では第3の意味で用いられている。カタカナ語では「パラメーター」と表記されることが多いが、英語では第2音節に強勢が来るので、むしろ「パラミター」に近い。（🔊 第14章 20. variable）

15 | reductionist /rɪdˈʌkʃənɪst/ (OC 94-211)

redúctionist ≈ describing something as being based on an excessively small set of factors (*also noun*)
reductionist *adj, n* - reduce *v* - reductive *adj* - reductionism *n* - reduction *n*

○ **Approaches to works of art which explain them entirely as products of their historical context are often criticized as reductionist.**

芸術作品を歴史的背景の産物としてのみ捉える見方は、しばしば、還元主義的であるとして批判される。

○ **A reductive theory of human behavior based only on external stimuli cannot account for the varieties of human personality.**

人間の行動を外部からの刺激のみにもとづくとする還元主義的な理論では、ヒトの性格の多様性を説明することができない。

reductionist も reductive も、ある現象は、その現象を構成する各部分を的確に理解しさえすれば全体として理解できたことになるという考え方を指す。たとえば、人間社会のことはすべて生物学的に説明でき、生物学の問題はすべて化学的に説明でき、化学の問題はすべて素粒子理論で説明できる、といった見方を指す。reductionism の反意語は holism（全体論）などである。

Review 11-15

Supply the best word (or related form) from the list below.

ideology, inherent, network, parameter, reductionist

1. Many _____ approaches to history, such as Marxism, are _____ _____.

2. To a sociologist studying the _____ of social interactions within a group, the location where these interactions take place is an important _____.

---

16 | regulate /régjəlèit/ (OC 92-167)

régulate ≈ to control (possibly by rules)
regulate *v* - regulation *n* - regulator *n* - regulatory *adj*

○ **The Sports Commission exists to regulate professional sport for the benefit of all concerned.**
スポーツ委員会の存在意義は、皆のためにプロスポーツを統制することにある。

○ **Flood waters are regulated by a complicated system of dams and irrigation channels.**
大水が出ても、複雑に組み合わされたダムと灌漑水路のおかげで氾濫しないようになっている。

「規則的な」という意味の regular に対応する動詞形で、「規則正しく、秩序だった形にする」というのが基本的な意味である。「規制する、統制する」の他に、regulate the temperature of a room「部屋の温度を調整する」という例のように、「調整する」という意味もある。派生語として、regulation（規則、調整）、regulator（調整者、調整器）などがある。類義語として、adjust、control、order などがある。名詞 regulation は、規制、調整という抽象的な意味の時は不可算名詞であるが、一つ一つの規則のことを指す場合は可算名詞である。「規制緩和」は deregulation という。

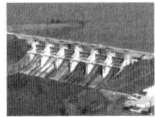

dam for regulating flood waters

---

17 | selective /səléktɪv/ (OC 90-145)

seléctive ≈ choosing some as opposed to others
selective *adj* - select *v, adj* - selection *n* - selectively *adv* - selector *n*

○ **Selective schools accept a limited group of students with special academic qualifications, whereas comprehensive schools accept all students living in a certain area.**
選抜式の学校は、特別な学力を有する一部の生徒のみを受け入れるのに対して、総合（中等）学校は、一定区域内に住むすべての生徒を受け入れる。

- **Darwin's insight was to realize that the breeding of better dogs and horses by humans, which he called artificial selection, has a natural counterpart.**

  ダーウィンの慧眼は、人間が犬や馬の品種を改良すること（彼はこれを「人為選択」と呼んでいる）の自然版が存在すると見抜いた点である。

selective は「選ぶ」という意味の select の形容詞形であることから、「選択的」、すなわち「複数の中から幾つかのものを選ぶ」という意味が基本にある。名詞形は selection。特に natural selection（自然選択〔淘汰〕）は、ダーウィンの進化論で中心的概念となっている。また selective には、「良いものを選ぶ目がある」というニュアンスをもつことがある。selective shoppers というと「品質などにうるさい買い物客」を意味する。この意味の類語としては、particular、discerning、demanding など。（🐾 第3章 14. particularly）

18 | stress /strés/ (OC 16-101)

stréss ≈ emphasis; strain (*also verb*)
stress *n, v* - stressful *adj*

- **It is now widely accepted that many illnesses can be caused by stress.**

  ストレスが多くの病気を引き起こすことが、今日では一般に認められている。

- **During this stage of the testing process, the wing is placed under stresses greater than those it will experience in actual flight.**

  テストのこの段階で、翼には実際の飛行でかかる以上の負荷がかけられる。

- **We cannot stress too much the importance of thinking for yourself.**

  自分の頭で考えることの重要性は、いくら強調してもしすぎることはない。

「ストレスが大きい」などと言うときの「ストレス」は、英語の stress をそのまま用いたものであるが、日本で日常語として用いられる「ストレス」がもっぱら心理的な圧迫や緊張を意味するのに対して、英語の stress はこのような人間の精神にかかる圧力の他に、物質にかかる物理的な圧力も意味として含んでいる（2番目の例文）。また動詞として用いられた場合には、「強調する」という意味になり、emphasize と同じである。put (lay, place, etc.) stress on ...（…を強調する）、under the stress of ...（…の圧力を受けて、…に駆られて）などの熟語がよく用いられる。

19 | subsequent /sʌ́bsɪkwənt/ (CW 34-164)

súbsequent ≈ later; following
subsequent *adj* - subsequently *adv*

○ **Subsequent events proved that her prediction had been all too accurate.**
残念ながら彼女の予言が正しかったことが、後の出来事によって証明されてしまった。

○ **The new regulations apply only to students who entered subsequent to the university's curriculum reform.**
新たな規則が当てはまるのは、大学のカリキュラム改革以降に入学した学生のみである。

subsequent は「…に続いて起きる、…より時間的にあとで起きる」という意味で、subsequent to ...（…に続く、…のあとの）の形でよく用いられる。これに対して、「…より前に」は prior to ... によって表現される。二つの出来事が単に時間的に前後するだけなら、subsequently と表現され、因果関係があれば、consequently となる。（🐸第6章 5. consequence・🐸第8章コラム）

20 | unwarranted /ʌ̀nwɔ́ːrəntɪd/ (OC 94-212)

unwárranted ≈ without justification
unwarranted *adj* - warrant *v, n* - warranty *n*

○ **The politician rejected the accusations as totally unwarranted.**
その政治家は、まったくの事実無根であるとして非難を退けた。

○ **The new data, though interesting, do not warrant a complete change of theory.**
新しいデータは興味深いものではあれ、学説の全面的修正の正当な根拠とはならない。

warrant は guarantee と語源を同じくする言葉で、unwarranted は unguaranteed、もしくは unauthorized、すなわち「しかるべき権限の裏づけを欠いている」という意味である。warrant が法にもとづく逮捕や差し押さえのための「令状」を意味することからも、そのことは類推できるだろう。しかしアカデミックな文脈では、これが比喩的に転化して、「根拠のない、正当性を欠く」というような意味で用いられることが多い。また、warranty は上記 warrant と同じく「令状」の意味の他に、商品の保証や保証書を指すこともあり、under warranty は「保証期間内」の意味。

Review 16-20

Supply the best word (or related form) from the list below.

regulate, selective, stress, subsequent, unwarranted

1. The experimental subjects remained relaxed during the first test, but they reported that the _____ tests were more _____ for them.

2. The university was established to educate people from all backgrounds, so it rejects the criticism that its admissions are insufficiently _____ as being _____.

3. The old books are protected by the library's careful _____ of temperature and humidity.

Unit Review

Write a short phrase which will help you to remember the words that you have studied in Unit 8. For example, you might write "accept or reject" or "an unacceptable risk" for "accept," you might write "a stress-related illness" or "I would like to stress that …" for "stress," and so on. (You can use a phrase from the sentences in the unit if you think it will better stick in your mind.)

accept _____

affiliate _____

array _____

characterize _____

chronic _____

concomitant _____

construe _____

counterpart _____

critical

disproportionate

ideology

inherent

network

parameter

reductionist

regulate

selective

stress

subsequent

unwarranted

時に関する語彙
A Matter of Time

　Once upon a time ... で始まり、... and they lived happily ever after. で終わるお伽話は時の永遠性を暗示して私たちを癒してくれるが、in the nick of time、hang by a hair（危機一髪）、a last-minute escape（ギリギリの脱出）、an eleventh-hour decision（土壇場の決定）などの表現は緊迫した時間を感じさせる。時に関連した語彙として、この章には 6. concomitant、19. subsequent という形容詞が出てきたが、他の表現も検討してみよう。

　頻度に関する表現としては、高い順に次のような副詞がある。

always, invariably, without exception
almost always
usually, regularly
often, frequently, repeatedly, in many instances
sometimes, occasionally, at times, now and then, from time to time
rarely, on rare occasions, seldom, infrequently
almost never, hardly ever
never, at no time, not once, on no occasion

　日本の大学生が「あの授業ではほとんど（いつも）寝ている」という場合に、I almost fall asleep in that class. と言うことが多いが、これは I almost always fall asleep in that class. が正しい。頻度の問題ではなく、「あの授業ではほとんど（もう少しで）寝そうになった」であれば、I almost fell asleep in that class. でよい。

　また、regularly には次の例文のように、「いつも」と「定期的な」の違った使い方があり、後者の類似表現として、periodically, at regular intervals, cyclically などがある。

　He attends his classes **regularly**.
　　彼は授業にほぼ休まず出席する。
　I have a medical checkup **regularly**.
　　私は定期的に健康診断を受けている。

物事の継続性という観点からは、次のような表現が挙げられる。

constantly, continuously, continually（継続的に）
sporadically（散発的に）, intermittently（断続的に）
temporarily, provisionally, tentatively, for the time being（一時的に、当分の間）
alternately（交互に）

>The professor is **alternately** compassionate and cruel.
>その教授は仏になったり、鬼になったり、態度を豹変させる。

時の前後関係に関する表現として、幾つかの種類に分けて検討してみよう。
・過去に　in the past, in years gone by
・最初に、初期段階で　initially, originally, at the beginning
・以前に、前もって　formerly, previously, prior to …, ahead of time, in advance
・直前に　on the eve of …, immediately before

>The new weapon was still in the initial stage of development **on the eve of** World War II.
>その新兵器は第二次大戦前夜においては、まだ開発の初期段階にあった。

・同時に　simultaneously, at the same time, concurrently
・引き続いて、連続して　consecutively, successively

>At the lecture, **simultaneous** interpretation was used, instead of **consecutive** interpretation, to save time.
>講演会では時間を節約するために、逐次通訳ではなく同時通訳が使われた。

・以後に、そのあとで　subsequently, in the wake of …, later on, afterwards, eventually

>**In the wake of** the war, people had to live with the legacy of genocide, famine, and hatred.
>戦後、人々は大量虐殺、飢饉、憎悪の後遺症とともに生きていかねばならなかった。

・最終的に　finally, ultimately, in the end, eventually, at long last
・将来に　in (the) future, down the road, in the near future, in the distant future

日本語でも「時代が下って」など、時間と空間的な方向とを重ねた表現があるが、down the road も「（だいぶ先の）将来」を意味する。

>The effect of this new medicine will become clear 10 years **down the road**.
>この新薬の影響は10年後に明らかになるだろう。

　時間に関する前置詞で日本人が混同しやすいのは、by と until の使い分けである。期限について、You must turn in your report until Monday. などは誤りで、by Monday が正しい。確認しておくと、次の例のように、by はある時点までに動作や状態が完了していることを表し、until はある時点まで継続していることを表す。

The visiting professor will be here **by** October this year.
その客員教授は今年の 10 月までに到着する。

The visiting professor will be here **until** October this year.
その客員教授は今年の 10 月まで滞在する。

その他、時について time と life を使った例文を幾つか挙げておこう。

Rachel Carson was a scientist **ahead of her time**.
科学者レイチェル・カーソンは時代に先んじていた。

Millions regret that John F. Kennedy died **before his time**.
ジョン・F・ケネディの早すぎた死を悼む声は無数におよぶ。

The government kept having all these committee meetings just to **buy time**.
政府は時間稼ぎのためだけに、あれこれの委員会の会議を続行した。

We can tackle the problems of the city only **one at a time**.
市が抱える問題には、一つ一つ取り組むしかない。

Long time no see.
おや、お久しぶり。[It's been a long time. などが正しい言い方だが、親しい間柄ではこのようなややおどけた言い方もされる。]

You may continue this project, but only **on (in) your own time**.
君はこのプロジェクトを続けても構わないが、勤務時間以外で無報酬という条件だ。

If you study this book, you will pass the test eventually. It's just **a matter of time**.
この本をよく勉強すれば、君はいずれ試験に合格するだろう。時間の問題だよ。

She had **the time of her life** in her internship at the elementary school.
その小学校での研修は、彼女にとってこの上もなく楽しい経験だった。

The defendant was given **a life sentence** at the Supreme Court.
被告人は最高裁で終身刑の宣告を受けた。

You only **live once**.
英語の諺で、「人生は一度だけ」だから、悔いのないように生きよという戒め。犯罪映画 *You Only Live Once* (1937 年、邦題『暗黒街の弾痕』) は往年の名画だが、この諺をもじったスパイ映画 *You Only Live Twice* (1967 年、邦題『007 は二度死ぬ』) は英国の諜報員ジェームズ・ボンドが日本を舞台に核戦争を食い止める話だった。

Cats have nine lives.
英語の諺で、「猫は九生」と言えるほど身のこなしが柔軟で高所から落ちても無傷だ、不死身だという意味で、アメリカのキャットフードには Nine Lives というブランドも

ある。一方、日本の諺「猫を殺せば七代祟る」は猫の執念深さを表しているが、いずれもこの生き物に人間が感じた不思議なパワーを表現しているといえよう。

Nine

actual capital collapse commodity contamination definite dominant eradicate furthermore global impose mutually nature realize register revolution ritual tenuous undermine virtual

---

01 | actual /ǽktʃuəl/ (CW 100-121)

áctual ≈ real
actual *adj* - actually *adv* - actuality *n* - actualize *v* - actuate *v*

○ **Contrary to the claims of some psychologists, there may be no actual connection between creativity and humor.**

一部の心理学者の主張とは裏腹に、創造力とユーモアの間には実際にはまったく関係がないかもしれない。

○ **The Spanish Civil War was actually much more complex than the simplistic "fascism vs. communism" framework suggests.**

スペイン内乱は、「ファシズム対共産主義」という単純な枠組みから想像されるより、実ははるかに複雑なものだった。

「現実に存在している」というのが、actualの基本的な意味である。そのことから、副詞形のactuallyは「実は、実際には、本当は」などの意味となり、in reality、あるいはin actual factなどの表現に置き換えることができる。またこの関連で、actualizeは「現実に存在せしめる」、すなわち「具体化する、実現する」という意味となる。またactuallyは、実際の会話の場では、相手の発言を訂正するための、一種の婉曲表現として頻用される。No, that's not right! や、No! You are mistaken! などの言い方は直接的すぎて、相手が気を悪くするかもしれない。そこで、相手の発言をことさらに否定することなく、Actually ... という形で、「正しい」と思う自分の意見を婉曲的に述べるのである（in factも同じように用いられることがある）。日本の若者言葉では、「ってゆうか…」などと言うが、actuallyはそれに相当すると考えてもよい。（🐸 第4章6. conjecture・第5章17. realistic・🐱 第9章14. realize・第9章20. virtual）

---

02 | capital /kǽpətəl/ (OC 100-78)

cápital ≈ 1. the main location for a country's government. 2. in economics, money available for investment. (*also adjective*)
capital *n, adj* - capitalist *adj, n* - capitalism *n* - capitalistic *adj* - capitalize *v*

○ **The political capital of Brazil is Brasilia, but many consider its cultural heart to be Rio de Janeiro.**
ブラジルの行政上の首都はブラジリアだが、多くの人が文化的な中心はリオデジャネイロだと思っている。

○ **According to Marx, capital inevitably tends to accumulate in the hands of the rich.**
マルクスによれば、資本が富裕層のもとに蓄積するのは必然の流れである。

○ **Newton capitalized on his enforced isolation during the Plague Years of 1665–66 to produce several revolutionary theories.**
ニュートンは 1665〜66 年のペスト流行の際に疎開を余儀なくされたが、禍を転じて福となし、その間に革命的な理論を幾つも生み出した。

元々はラテン語で「頭」を意味する *caput* の形容詞形。「首都」という意味の capital はおなじみだが、他に「元金、資本」という意味もある。マルクスの資本論は、原語のドイツ語で *Das Kapital*。capital には形容詞として、「主要な、中心の、大文字の」という意味があり、capital punishment は「死刑」を意味する。また、シャーロック・ホームズのシリーズなど昔の英語の小説を読んでいると、"Capital!" などという台詞に出会うがこれは、今だったら "Wonderful!" というところである。なお、熟語の capitalize on は、「利用する、好機に乗じる、付け込む」という意味。

03 | collapse /kəlǽps/ (OC 64 - 166)

collápse ≈ to fall, perhaps suddenly and/or violently (*also noun*)
collapse *v, n* - collapsible *adj*

○ **According to standard theory, an average-sized star will eventually swell into a red giant and then collapse into a white dwarf.**
標準理論によれば、平均的な大きさの恒星はやがては膨張して赤色巨星となり、その後崩壊して白色矮星となる。

○ **Following the collapse of the Soviet Union around 1990, America emerged as the world's sole superpower.**
1990 年頃に起きたソヴィエト連邦の瓦解のあとは、アメリカが世界で唯一の超大国となった。

collapse は「ぐしゃっと潰れて、ぺしゃんこになる」という語感があるが、物理的な実体のあるものの他、国家、会社などの組織、商品や株の価格などにも用いられる。また、人が「頽(くず)れる」、すなわち力を失ってへなへなと倒れたり、座り込んだりすることを意味する場合もある。類似表現としては break down がある。

04 | commodity /kəmádəti/ (OC 102-114)

commódity ≈ something that can be bought and sold
commodity *n* - commodify *v* - commodification *n*

○ **It is competition and the profit motive which create the wide range of commodities available in advanced economies.**

先進国で出回る種々さまざまな商品を作り出しているのは、競争と利潤動機である。

○ **The greatest jazz musicians have been able to transcend attempts to turn them into a commodity.**

最も偉大なジャズミュージシャンは、彼らを商品化しようとするくらみを超越できてきた。

「商品」すなわち、売り買いできるものが commodity である。commodity price は「物価」、commodity market は「商品市場」である。現代社会に生きる我々は、代価を払うことにより、有形の commodity と無形の service を手に入れながら生きている。ただし代価を払っても手に入らないものがある。それは真心である。

05 | contamination /kəntæmənéiʃən/ (OC 98-50)

contaminátion ≈ the process of mixing something bad into something good; also, the bad substance (or idea) which is added
contamination *n* - contaminate *v* - contaminated *adj* - contaminant *n*

○ **During the production of pharmaceuticals, great care must be taken to avoid even the slightest contamination.**

医薬品を製造する際には、細心の注意を払って、ごくわずかの不純物の混入も防止しなければならない。

○ **Extreme religious groups often feel that true believers must avoid being contaminated by rival ideas.**

過激な宗教集団は、真の信者はライバルの思想に汚染されることを避けなければならない、と思っていることが多い。

「汚染」、すなわち不純物や価値的に低いものが混じることを contamination という。化学汚染は、chemical contamination である。反意語は purification、類語としては、pollution、corruption などを挙げることができる。動詞形の contaminate には、「汚染する」に加えて、「悪影響を与える、堕落させる」という意味もある。

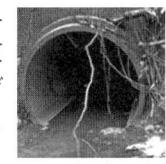

contamination of water

Review 01-05

Supply the best word (or related form) from the list below.

actual, capital, collapse, commodity, contamination

1. The sudden _____ in the price of _____ such as cheese and meat was due to the fear of chemical _____ from fertilizers.

2. One possible consequence of e-mail communication is the realization that _____ letters are not _____ necessary at all.

---

06 | definite /défənət/ (OC 150-42)

définite ≈ clearly understood; explicitly seen or stated
definite *adj* - definitely *adv* - definition *n* - definitive *adj*

○ **The piano has a number of definite advantages over its predecessors, the harpsichord and clavichord.**

ピアノは、その前身であるハープシコードやクラヴィコードよりも、はっきりと優れている点が幾つもある。

○ **The witness said that she definitely saw three people leaving the building, not two.**

証人は、二人ではなく三人が建物を出て行ったのを間違いなく見たと言った。

> 動詞 define（定義する、明確に定める）の形容詞形であり、「明確な、確かな、はっきりと限定された」といった意味がある。definite article は「定冠詞」、indefinite article は「不定冠詞」の意。副詞形 definitely は「明確に」という意味がある他、「絶対、まったく」といった強調のために用いられる。（　　第4章 5. conclusive・第6章 3. ambiguous・第6章 4. apparent・第7章 10. explicit・　　第9章コラム・第10章 8. evident・第12章 3. certain・第12章 13. obvious・第13章 19. tacit）

---

07 | dominant /dámənənt/ (OC 28-98)

dóminant ≈ having a stronger or superior position or role (*also noun*)
dominant *adj, n* - dominate *v* - domination *n* - dominance *n* - domineering *adj* - dominion *n*

○ **For most people who are called bilingual, one language or the other is in fact dominant.**
バイリンガルと呼ばれる人でも、ほとんどの場合、実はどちらか一方が主たる言語なのだ。

○ **In Singapore, political decision-making tends to be dominated by the ethnic Chinese community.**
シンガポールでは、政治的決定権は中国系社会が握る傾向がある。

dominate（支配する、優位を占める）の形容詞形であり、「支配的な、優勢な」の意味。dominant hand で「利き手」、dominant party で「第一政党」。domination は dominate していること（支配、優性）、dominance は「優性、優位」、domineering は「（支配したがるという意味で）横暴な、傲慢な」という形容詞で、人の性格についてよく用いられる。dominion は「支配、領地」。それぞれ文脈に応じて意味が異なるので注意が必要。（🐸 第 10 章 14. predominantly・第 12 章 19. subordination）

08 | eradicate /ɪrǽdəkèit/ (OC 104-128)

erádicate ≈ to destroy completely
eradicate *v* - eradication *n*

○ **The mosquito may indeed spread a number of serious diseases, but we would have to think carefully about the ecological consequences before we attempted to eradicate it.**
確かに幾つもの深刻な病気が蚊によって伝染するかもしれないが、蚊を絶滅させようとする前に、そうすると生態学的にどうなってしまうか注意深く考えるべきだろう。

○ **Throughout his life in America, Rachmaninov retained an ineradicable sense of his Russian heritage.**
アメリカ生活の間ずっと、ラフマニノフは自分にはロシア人の血が流れているのだという根強い感覚をもちつづけていた。

原意は「根こそぎにする」。「外へ」を表す e- と、「根」を表す radic- に、動詞形にする -ate がついている。「元から絶つ、すっかりなくしてしまう」（root out）という意味になる。eradication は「根絶」、ineradicable は「根絶できない、根深い」の意味。（🐸 第 5 章 16. radically）

roots

09 | furthermore /fˈəːrðərmɔ̀ːr/ (CW 78-176)

fúrthermore ≈ and; in addition
furthermore *adv*

○ **The ambassador condemned the UN resolution as a misguided, and furthermore illegal, act of interference in her country's affairs.**
大使は、国連決議は間違っているばかりか違法な行為であり、彼女の国に対する内政干渉であると非難した。

○ **In this paper, we describe the cloning of a human gene. Furthermore, we discuss the expression of the gene.**
この論文では、ヒトの遺伝子のクローン培養を説明する。さらにその遺伝子の形質発現について論じる。

nevertheless（しかしながら）と同様、論文に限らず、改まった文章では普通に用いられる語。類語に、moreover、also、in addition、additionally、further などがあるが、furthermore の方が語気が強く、強調する感じがある。

10 | global /glóubəl/ (OC 46-18)

glóbal ≈ worldwide
global *adj* - globe *n* - globalization *n* - globular *adj* - globule *n*

○ **Most skeptics have accepted that global warming exists, but they still question whether it is caused by human actions.**
懐疑派でもほとんどの人は地球温暖化が現実にあることは受け入れるようになったが、それが人間のせいで起きたのかどうかについては、まだ疑問視している。

○ **One consequence of economic globalization is the so-called "hollowing out" of the manufacturing sector in the world's most advanced economies.**
経済的グローバル化の一つの結果は、世界の最も進んだ経済圏にある製造業界をいわゆる「空洞化」してしまうことだ。

globe は元々は「球体、球状のもの」の意であり、そこから「地球」や「地球儀」の意味も出てきた。シェイクスピアの劇場「グローブ座」（the Globe）は「地球座」と訳されることがあるが、ヘラクレスが天球（globe）を担ぐ図が掲げられていたとされる。これはギリシア神話で、ヘラクレスがアトラスに代わって天球を担いでいる間に、アトラスが西の国から黄金の林檎をとってきたという逸話にもとづく。したがって、この場合の globe は地球ではなく、天球。globular は「球状の」、globule は「小球体」の意味。

Review 06-10

Supply the best word (or related form) from the list below.

definite, dominant, eradicate, furthermore, global

As photography became able to produce sharper, higher-_____ images, it began to _____ the field of representational art. In response, first Impressionism and then Cubism swept the _____ art market. Realistic art was not completely _____, however. _____, photography itself gradually became a mass market medium of record, rather than an "art product."

---

11 | impose /ɪmpóuz/ (OC 4-50)

impóse ≈ to force someone to accept something
impose *v* - imposition *n*

○ **Attempts to impose an alien culture on a foreign country by military means have usually ended in failure.**

外国に軍事的手段で異文化を押しつけようとする試みは、概して失敗に終わっている。

○ **During the flooding, many residents were forced to impose on the hospitality of their neighbors.**

洪水の間、多くの住民は隣人の親切に甘えるしかなかった。

「他人に何かを強要する」という意味だが、2番目の例文のように自動詞として用いられる場合、「…の親切に図々しくもつけこむ」といった意味でも使われ、take advantage of で言い換えることができる。名詞形の imposition は、課税、不当な要求などの意味があり、それを受ける側には多大な負担感が伴う。日常的な会話では、"I'm sorry to impose on you while you are so busy, but I really need your advice."「お忙しいところご迷惑をおかけして恐縮ですが、是非ともご忠告をいただきたいのです」というような言い方をよくする。

---

12 | mutually /mjúːʧuəli/ (OC 98-60)

mútually ≈ a word used when two agents, factors, or ideas act similarly toward each other
mutually *adv* - mutual *adj* - mutuality *n*

- **The president invited the Muslim world to "seek a new way forward, based on mutual interest and mutual respect."**
  大統領はイスラム教世界に対して、「共通の利益と相互の敬意にもとづき、新たな道を求めて前進しよう」と呼びかけた。
- **It has often been thought that scientific thinking and religious faith are mutually exclusive.**
  科学的思考と宗教的信仰は互いに相容れないものであると、しばしば考えられてきた。

「互いに、相互に」という意味で、形容詞形の mutual は、mutual understanding（相互理解）、mutual friends（共通の友人）、mutual aid（相互扶助）といった名詞との組み合わせで使われることが多い。ユーモアのある表現として、mutual admiration society という熟語があるが、これは互いにべた褒めし合う関係を揶揄している。（🐦第7章 9. exclusively・🐦第10章 4. communal）

13 | nature /néitʃər/　　(OC 6-80)

náture ≈ 1. what exists, as distinct from what human beings create. 2. the essence of something.
nature *n* - natural *adj* - supernatural *adj* - naturally *adv* - naturalistic *adj* - naturalism *n*

- **Respect for all of nature is a central concept of animistic religions.**
  自然のすべてに対する敬意がアニミズム信仰の中心概念である。
- **Though we cannot yet claim to have discovered the true nature of gravity, research on that fundamental topic continues.**
  まだ重力の本質を理解したとはいえないが、この基本的な問題の研究は続けられている。

第2章 8. innate と同様に、ラテン語で「生まれる」という意味の *nasci, natus sum* から派生した語。自然にあるものに対して、人間がつくり出したものを区別する際に nature vs. nurture という言い回しが用いられる。たとえば、人の性質・行動が先天的な要素から来るものか、しつけや教育といった後天的な影響から来るものかといった議論によく出てくる表現である。自然の意味の nature は無冠詞で使われ、"to be surrounded by the nature" などは日本人が犯しやすい誤りなので、注意。動詞形の naturalize には、「外国人を帰化させる」という意味があり、naturalized citizen は「帰化によって国籍／市民権を取得した人」を指す。（🐦第2章 8. innate・🐦第13章 4. artificial）

14 | realize [realise] /ríːəlàiz/ (OC 72-79)

réalize ≈ 1. to come to know or understand. 2. to make real.
realize *v* - realization *n*

- **Politicians at the time of the Treaty of Versailles failed to realize how profound the effect of its one-sided provisions would be.**

  ヴェルサイユ条約締結時の政治家たちは、その一方的な諸条項がどれほど甚大な影響をおよぼすことになるか、分かっていなかった。

- **The eccentric genius Nikola Tesla died before realizing his dream of free electrical power for all.**

  一風変わった天才であるニコラ・テスラは、万人に電力を無料配給するという自分の夢を実現できずに亡くなった。

英語のrealizeと日本語の「実現する」には多少のニュアンスの違いがある。2番目の例文のように、realizeの対象となるのは、まだ実際には存在しない目標や夢であることが多い。Sooner or later we will realize our grand plan to send ordinary people to the Moon as tourists. (早晩、一般の人々を観光目的で月に送るという私たちの大計画は実現するだろう) などもその典型的な例である。一方で、日本語ではすでに成就した事柄についても「実現した」という言い方をする。「私たちは画期的な新製品を実現させた」と言う場合、We have created [developed, launched] a revolutionary new product. などの方が自然な英語である。(第5章17. realistic・第9章1. actual)

15 | register /rédʒəstər/ (CW 36-190)

régister ≈ 1. to have a clear effect on. 2. to put one's name or information into an official record. (*also noun*)
register *v, n* - registration *n* - registrar *n*

- **Early research on magnetism was hampered because subtle magnetic effects failed to register on the crude instruments of the time.**

  初期の磁気研究は、当時の粗末な機器では微妙な磁気の働きが捉えられなかったために進展しなかった。

- **Due to repeated scandals, a special register was created in which legislators were required to state their business interests.**

  度重なる不祥事によって、議員にそれぞれの商業的利害関係の記載を義務づける特別な登録簿が作成された。

「示す、理解する」という意味では、I heard his lecture, but it did not register. (確かに彼の講義を聴いてはいたが、頭に入らなかった) というように、register は心や頭にはっきりと刻まれる状態を表す。register には、氏名を役所や選挙事務所などの公的な機関に登録するという意味もあり、日本の外国人登録証は certificate of alien registration と呼ばれる。大学などの履修登録は class registration で、「授業に登録する」は register for a class という。（🐣 第 13 章コラム）

Review 11 - 15

Supply the best word (or related form) from the list below.

impose, mutually, nature, realize, register

1. Since _____ agreeable terms could not be found, the divorce court decided to _____ a settlement, even though lawyers for the husband _____ a formal protest.

2. When Robinson Crusoe saw the footprints in the sand, he knew that they could not have been produced by a _____ process. He therefore _____ that another person must be on "his" island.

16 | revolution /rèvəlúːʃən/ (OC 42-135)

revolútion ≈ 1. a radical change. 2. a complete cycle or turn.
revolution *n* - revolve *v* - revolt *n, v* - revolutionary *adj, n* - revolutionize *v* - revolver *n*

○ **Warned about the disturbances in Paris in early July 1789, Louis XVI exclaimed that there was a revolt, to which the Duke de la Rochefoucauld famously replied, "No, Sire, it is a revolution."**

1789 年の 7 月上旬に、パリで起きている騒動について知らされたルイ 16 世は、暴動だ、と叫んだが、それに対して、ラ・ロシュフコー公爵は、よく知られている話であるが、「いいえ、陛下、革命でございます」と答えた。

○ **The invention of an accurate sea-going clock in the mid-eighteenth century revolutionized naval trade, exploration, and warfare.**

精度の高い航海用時計が 18 世紀中頃に発明されたことにより、船舶による交易、探検、戦争のあり方が一変した。

- **Modern lubricants and precision manufacturing make it possible for ordinary cars to tolerate engine revs of several thousand rpm.**

  近年の潤滑剤および精巧な製造法のおかげで、普通の車でも毎分数千のエンジン回転が可能だ。

「革命」または「回転」という意味で、天体に関して用いられる場合は「公転」を指す。自転のことは rotation という（ただし日常語としては、自転のことも revolution と呼ぶ場合がある）。3番目の例文の中の rev は revolution の短縮形で、ここではその複数形が用いられている。同じ例文の中の rpm は revolutions per minute の略で、毎分何回転するかを表す単位である。

17 | ritual /rítʃuəl/ (CW 110-34)

rítual ≈ a repeated series of actions, usually with some special cultural or symbolic significance (*also adjective*)
ritual *n, adj* - ritualize *v* - ritualistic *adj* - rite *n*

- **Many societies have developed special rituals to mark a child's arrival at adulthood.**

  多くの社会が、子供が成人したことを示すための特別な儀式をつくり出してきた。

- **Sufferers from obsessive-compulsive disorder often attach almost ritual significance to everyday tasks, demanding that they are performed in exactly the same way every time.**

  強迫神経症を病む人は、しばしば、日常的な行動に儀式的といってよいほどの意味をもたせており、それらの行動を毎回完全に同じように実行しないと気が済まない。

決まった形式で何度も繰り返される所作のことを広く指す言葉であり、特に宗教的な意味合いや公的な格式のある「儀式・儀礼」でなくても ritual と呼ぶことができる。一方、rite というのは通例宗教的な意味合いのある儀礼を指し、rite of passage は「通過儀礼」のこと。また、ceremony は、普通、公的な格式のある儀式を指す。

Shinto ritual

18 | tenuous /ténjuəs/ (OC 98-40)

ténuous ≈ weak; unclear
tenuous *adj* - tenuously *adv* - attenuate *v* - attenuation *n*

- **The blood-type theory of personality is popular in some parts of East Asia, but evidence for it is tenuous.**

  血液型によって性格が決まるという理論は東アジアの一部で人気があるが、その理論が正しいという証拠はほとんどない。

○ **Romanticism in music or literature and the rise of nationalism are only tenuously linked.**
音楽や文学におけるロマン主義と、ナショナリズムの高まりとの関係は、あったとしても弱いものだ。

関係、根拠などが非常に薄い、または非常に弱いという意味。類語は weak、反意語は strong、convincing、substantial などである。動詞の attenuate は、「薄める」または「弱める」という意味。(🐸 第 2 章 18. substance)

---

19 | undermine /ʌ̀ndərmáin/ (OC 106-164)

undermíne ≈ to weaken, question, or destroy the basis for something
undermine *v*

○ **During the early thirties, the emerging Nazi party did everything in its power to undermine the authority of the national parliament.**
1930 年代初頭、新興勢力であったナチ党は、国会の権威を突き崩すためにできることは、なりふりかまわず何でもやってのけた。

○ **DNA evidence has undermined many of the conventional classifications of biology, which have traditionally been based on shape, coloring, and morphology.**
伝統的に形状、色、形態にもとづいていた従来の生物学的分類の多くを、DNA 鑑定による証拠が切り崩した。

長期間かけて築きあげられてきたものの基盤を徐々に突き崩す、という意味を表す。語の後半 mine は、元々、地面を掘るという意味の動詞で、特に、戦争において、城壁を壊すために付近の地面を掘り進む行為を指すのに使われていたが、現在では、主に、鉱物を掘り出す、という意味に使われる。名詞の mine は「地雷」を表すこともある。(🐸 第 1 章 17. strategy)

---

20 | virtual /və́ːrtʃuəl/ (CW 68-9)

vírtual ≈ seeming; almost
virtual *adj* - virtually *adv* - virtualize *v*

○ **Virtual reality is a computer-generated state that seems extremely lifelike to users.**
バーチャル・リアリティ（仮想現実）とは、コンピューターによって生成された、ユーザーにとっては非常に現実感のある状況のことである。

○ **The advantage of digital over analog information storage is that images, sound files, and texts can be reproduced again and again, virtually without limit.**

アナログ的な情報の保存法に比べてデジタル的な保存法が優れている点は、画像、音声ファイル、テキストなどを、何度でも、ほとんど際限なく複製できることである。

「仮想の」、または「実質上の」ということ。最初の例文では前者の意味で用いられており、2番目の例文では、副詞形が後者の意味合いで用いられている。本当に際限がないわけではないが、実質上、際限がないといってもよい、ということ。ラテン語の *virtūs* (力強さ、徳) を源とする語である。(🐰 第1章 9. literally・第4章 6. conjecture・第9章 1. actual)

digital information

Review 16-20

Supply the best word (or related form) from the list below.

revolution, ritual, tenuous, undermine, virtual

1. We can be _____ certain that _____ changes to the structure of a society will be accompanied by the disappearance of many _____ typical of traditional culture.

2. The plausibility of the theory was seriously _____ when people realized just how _____ its experimental basis actually was.

Unit Review

Without looking back at this unit, write down at least one related form for 10 of the following words:

actual _____

capital _____

commodity _____

contamination _____

definite _____

dominant

eradicate

global

impose

mutually

nature

realize

register

revolution

ritual

tenuous

virtual

定冠詞のザ・規則
The Definite Article

　definite という語を耳にしたときに言語学者や英語教師がまず思い浮かべるものの一つが、definite article（定冠詞）と呼ばれる単語 the である。この the という語は英語の中で最も頻繁に用いられるものであるが、同時に、英語学習者にとって、最も用法を習得しがたい単語の一つでもある。難しいのは、ある場面でこの語が使えるかどうかは、後続の名詞的表現がもつ固有の性質によって必ずしも決まるわけではなく、書き手が、後続の名詞的表現の指すものに関して読み手が何を知っていると仮定しているかに応じて決まる、という点である。通則は、次のように述べることができる。

(1)　「the X」という表現が用いられるのは、どの X のことを言っているのか、読み手にも分かるはずだ、ということを書き手が前提としている場合に限られる。

　先行文脈ですでに言及されたもののことをもう一度言う際に the を用いる、というのがおそらく一番よくあるパターンだろう。

(2)　An unusual artifact was discovered in a tomb on Crete. According to carbon-14 dating, the artifact was older than the tomb itself by several thousand years.

　　クレタ島の墓の中で、珍しい遺物が発見された。炭素 14 法による年代測定によると、その出土品は墓自体よりも数千年古い時代のものだったのである。

(2) の場合、最初の文で遺物・墓の話が出てくるので、2 番目の文においては、書き手は、どの遺物・墓のことを言っているのか、読み手にも分かるはずだと考えて the を使っているのである。

　「the X」の X の部分が指しうるものが一つしか存在しない、ということを前提としうる場合は、どの X のことを言っているのか、という問題がそもそも生じないので、先行文脈に X の話が出てきていなくても the を使うことができる。次の 2 つの文を比較してみよう。

(3)　I have found a solution to the problem posed by Tang.
　　タンによって提起された問題を解決する一つの方法を私は見出した。

(4)　I have found the solution to the problem posed by Tang.
　　タンによって提起された問題を解決するための唯一の方法を私は見出した。

solution to the problem posed by Tang というものが先行文脈で言及されていない場合でも、(4) のように the を使うことが可能である。solution to the problem posed by Tang と呼べるものは複数存在しうるということを書き手が前提としている場合には、(3) のように the を使わない言い方になり、そういうものは一つしか存在しないということを前提としている場合に、(4) のように言う。日本語で、「ザ・何とか」という言い回しをすることがあって、中には意味不明なものも多いが、たとえば「ザ・バーゲン」という表現で、これこそ本当のバーゲンであって、他のものはバーゲンとは言えないのだ、という意味を表すならば、(4) の the と同じ用法で使われていることになる。

あるものが先行文脈で言及されているわけではなく、世界に一つしか存在しないものであるわけでもない場合でも、the を使えることがある。次の例は、パリに関する文章の冒頭部分である。

(5) In central Paris, the streets are lined with trees and a café can be found on every corner.

パリの中心部では、街路に沿って木が植えてあり、曲がり角ごとにカフェがある。

文章の冒頭であるから、streets、trees、café、corner といった表現は、先行文脈に出てきているわけではない。それにもかかわらず streets の前に the が用いられているのは、どの街路のことを言っているのか、聞き手には分かる、ということを書き手が前提としているからである。書き手は、パリ中心部というのは市街地であり、したがってそこには街路がある、ということを読み手も常識として知っている、ということを仮定しているのである。この場合、the streets という表現は、パリ中心部の街路、その全体のことを指す（街路樹のない道が一本もないというわけでは必ずしもないが、ほとんどの道には街路樹がある、ということである）。

(5) の中の every corner という表現であるが、ここでは、パリ中心部の曲がり角全般のことを言っているのだ、ということが聞き手にも分かるはずだ、ということが前提とされている。the と同じように、every も、ある意味で定冠詞のような働きをしているのである。もう一つ例を挙げるならば、every book という表現が使えるのは、どの書籍群のことを言っているのか（たとえば、ある図書館の所蔵書すべて、あるいは、ある著者の書いた本すべて、というふうに）、読み手にも分かる、ということを前提として構わない時だけである。一方、all books という表現は、特定の書籍群のことではなく、本一般という意味を表す。

every と同様に定冠詞のような働きをするものに、所有表現がある。たとえば、Patel's symphony という言い方ができるのは、パテルの交響曲のうち、どの曲のことを言っているのか、読み手にも分かるということを前提としてよい場合、つまり、先行文脈でパテルの特定の交響曲のことが語られている場合や、パテルが一つしか交響

曲を書いていない場合に限られる。

　英語における定冠詞の使用法は複雑で、(1)の規則では捉えきれない用法もある。英語のネイティブ・スピーカーは、おおむね無意識のうちに定冠詞を使うべきかどうかを判断しているが、特定の場合になぜ定冠詞を使うべきなのか、あるいは使うべきではないのか、その理由をつねに筋道立てて説明できるわけではない。しかし、「the X」という表現が使われるのは、どのXのことをいっているのか、読み手にも分かるということが前提とされている場合なのだ、ということを念頭に置いておくならば、徐々に、文章の内容を正確に理解する力が養われ、冠詞類を正しく使うことができるようになるだろう。

Ten

assimilate boundless common communal component distinction diversity evident extraordinary facet generation juxtapose modern predominantly represent stereotype strive trace undoubtedly utilize

01 | assimilate /əsíməlèit/ (OC 110-49)

assímilate ≈ to take something into, or to become part of, a larger whole (often by being made similar)
assimilate *v* - assimilation *n* - assimilative *adj*

- **The experimental drug performed poorly because it could not be adequately assimilated into the body.**

  治験薬は体内に十分吸収されなかったため、効果があまり認められなかった。

- **The success of the Roman Empire depended on the policy of assimilation it adopted for conquered tribes.**

  ローマ帝国の成功は、征服した部族の同化政策にかかっていた。

「食物を消化したり知識などを理解して徐々に吸収する」という意味と、「同化・融合する」という意味がある。類語は、digest、learn、absorb、adapt、incorporate など。歴史学や文化人類学では、2番目の例文のように、多民族が存在する状況下で、民族・文化・言語を主流社会のそれに同化するといった文脈でよく使われる。（ 第5章 10. incorporate）

02 | boundless /báundləs/ (OC 116-143)

bóundless ≈ without end; unlimited (= unbounded)
boundless *adj* - bound *n* - boundary *n*

- **Mahatma Gandhi was a man of boundless energy and enthusiasm.**

  マハトマ・ガンディーは無尽蔵のエネルギーと情熱の持ち主だった。

- **The government has declared some controversial forms of genetic research out of bounds.**

  政府は、問題視されている幾つかのタイプの遺伝子研究に対して、容認できないとの立場を言明した。

名詞の bound は、「境界」や「限界」の意味で、普通は複数形の bounds が使われる。2番目の例文に出てくる out of bounds は比喩的に用いられているが、バスケットボー

ルやバレーボール、ゴルフなど、スポーツのルールにおいては、ボールが物理的な境界線を越えることを指す。boundless の類語として、unlimited、endless、unending、inexhaustible などがあり、成句として、"The sky is the limit."（天井知らず、上限なし）という表現もある。（ 🐦 第 14 章 8. finite）

Mahatma Gandhi

03 | common /kámən/ (CW 52-13)

cómmon ≈ widespread; shared (*also noun*)
common *adj, n* - commonality *n* - commoner *n* ⇔ aristocrat *n*

○ **Once the most common bird in North America, the passenger pigeon is now extinct.**

かつては北米で最も広く棲息したリョコウバトは、現在では絶滅している。

○ **Different types of tea look and taste very different, but a common characteristic is the presence of caffeine.**

種類が異なる茶は見かけも味も非常に違うが、カフェインを含有しているという点は共通している。

「共通の、共有の」という意味の形容詞の名詞形としての common は「共有地」を指し、たとえば Boston Common はボストン市中心の市民が自由に集える公共空間として 17 世紀前半に確保され、のちにアメリカ最初の公園（public park）となった。common の「広く一般的な、ありふれた」という意味の延長として、「並の、平民の、庶民の」の意味でも使われる。The House of Commons は英国やカナダ議会の下院のこと。さらに common には、refined に対して「品のない、野卑な」という意もある。（ 🐦 第 1 章 20. unique・ 🐦 第 13 章 15. refinement）

passenger pigeon

04 | communal /kəmjúːnəl/ (OC 120-195)

commúnal ≈ belonging to the same group
communal *adj* - commune *v, n* - communion *n* - community *n*

○ **Tigers tend to live a rather solitary life, whereas lions are much more communal.**

虎は群居を嫌う傾向が強いが、それに比してライオンはずっと共同生活を好む。

○ **In many religions there is a mystical tradition which focuses on an intense personal communion with the divine.**

神聖なるものとの個人的で強い霊的交感を重んじる神秘主義的な伝統は、多くの宗教に見られる。

communal は一般的には「同一の共同社会の」という意味で使われるが、インドにおいては、たとえば communal violence between religious groups（宗教集団間の暴力）のように、「人種や宗教を異にする共同体相互の間の」という、ethnic に近い意味で広く用いられている。communal の反意語に、individual、private、exclusive などがある。（ 🐢 第1章7. individual・第7章9. exclusively）

05 | component /kəmpóunənt/ (OC 156-157)

compónent ≈ part of some larger structure (*also adjective*)
component *n, adj*

○ **Before the introduction of the integrated circuit, transistors could be used only as discrete components of a circuit.**
IC（集積回路）の導入以前は、トランジスタは電子回路の中の独立した部品としてしか使えなかった。

○ **A typical scientific paper has the following component parts: An introduction, a section on experimental methods and materials, a presentation of experimental results, and a concluding discussion of their significance.**
典型的な科学論文は以下から構成される。序論、実験方法と素材に関する部分、実験結果の提示、そしてその意義を論じた結論部分である。

component は「機械、自動車などの部品」の意味で使われることが多いが、日本語では特にステレオを構成するデッキ、チューナー、スピーカーなど単独の機器を指し、コンポの略称が使われている。数学ではベクトルの成分、電子工学では素子 (element) を指す。類語として、part、unit、ingredient などがある。

Review 01-05

Supply the best word (or related form) from the list below.

assimilate, boundless, common, communal, component

1. According to one model, the fundamental aim of immigration policy should be _____ into the _____ life of the receiving state.

2. Though cells seem almost _____ varied in their structure and organization, a _____ _____ of all the cells we know of is a more or less enduring boundary or wall.

06 | distinction /dɪstíŋkʃən/ (OC 116-132)

distínction ≈ difference; high status
distinction *n* - distinct *adj* - distinguish *v* - distinguished *adj*

○ **The main distinction between fascism and democracy can be found in the area of cultural ethos, not political structure.**

ファシズムと民主主義とを隔てる主な違いは、政治組織ではなく文化的精神（エトス）の領域に見られる。

○ **In many fields, the Nobel Prize is regarded as the ultimate mark of distinction.**

多くの分野で、ノーベル賞は卓越性を示す究極の証と見なされている。

「違い」というのが元来の意味であるが、2番目の例文の場合にそうであるように、「並みの物・人と違って特別に優れている状態」も指す。This tower has the distinction of being the tallest in Japan. は「このタワーは、日本で一番高いという栄誉に浴している」というような意味になる。同様に、distinguished という形容詞は「他の物・人と同レベルではなく、卓越している」という意味に使われる。Ladies and gentlemen, distinguished guests ... はスピーチの冒頭の決まり文句である。（🐱 第14章 15. prominent）

07 | diversity /dəvə́:rsəti/ (OC 8-114)

divérsity ≈ variety; a wide range of differences
diversity *n* - diverse *adj* - diversify *v* - diversification *n* - diverge *v* - diversion *n* - divergence *n* - divergent *adj*

○ **As globalization continues, cultural diversity will be an increasing feature of many societies.**

グローバル化が進行するにつれて、多くの社会で文化的な多様性がますます顕著になるだろう。

○ **Though the company was originally associated with household appliances, in the 1980s they began to diversify into consumer electronics and furniture.**

その会社は当初は家電製品メーカーとして知られていたが、1980年代に多角化を始め、一般用電子機器や家具も扱うようになった。

「多様性」という意味の時は不可算名詞であるが、a diversity of ... という形で、「いろいろな…」という意味を表すこともある。意味・用法の上では variety という語に似ている。綴りが似ている divergence は「ずれ、逸脱」の意、diversion は「別の方向へと

そらせること、気晴らし」の意である。動詞の diversify が自動詞の場合は、主に経営を多角化することを指すのに使われる。(🐸第12章10. heterogeneity)

08 | evident /évədənt/ (OC 120 - 192)

évident ≈ clear; obvious
evident *adj* - evidence *n* - evidently *adj* - evidential *adj*

○ **It is evident from the latest survey that lifestyle is a major factor in heart disease.**

最新の調査を見れば、生活習慣が心臓病の大きな要因であることは明らかだ。

○ **Srinivasa Ramanujan was evidently one of the most naturally gifted mathematicians of all time.**

スリニヴァサ・ラマヌジャンは、明らかに〔どうやら〕、歴史上最も天与の才能に恵まれた数学者の一人であった〔あったようだ〕。

形容詞 evident は「明らかである」という意味であるが、副詞の evidently は、「明らかに、間違いなく」という意味の他に、「確証はないが、どうやら」という意味ももつ。したがって、2番目の例文は文脈次第で2つの意味に解釈できることに注意。self-evident は、「自明である」ということで、証明するまでもなく明らかなという意味。(🐸第6章3. ambiguous・第6章4. apparent・第7章10. explicit・第9章6. definite・🐸第12章3. certain・第12章13. obvious・第13章19. tacit・第14章12. manifestation)

Srinivasa Ramanujan

09 | extraordinary /ɪkstrɔ́ːrdənèri/ (OC 42 - 139)

extraórdinary ≈ very unusual
extraordinary *adj* - extraordinarily *adv*

○ **The country's constitution permits the government to impose martial law, but only in extraordinary circumstances.**

その国の憲法では政府に戒厳令を敷く権限が認められているが、異常事態に限られてのことである。

○ **It is extraordinarily difficult to combine silicon and carbon, and the resulting compound, silicon carbide, is very rare in nature.**

ケイ素と炭素を結合させることはきわめて困難であり、そうして作られた化合物である炭化ケイ素は自然界にはほとんど存在しない。

extraordinary に含まれる 2 つの a のうち、最初のものは、発音してもしなくてもよいが、発音しない方が普通である。ordinary の反意語であり、冒頭の extra- は、ラテン語の前置詞 *extrā* (…の外で、…を越えて) から来ている。副詞の extraordinarily は、形容詞の場合と同様に o の箇所を一番強く発音してもよいし、2 番目の a の箇所を一番強く発音してもよい。(第 1 章 11. original・第 1 章 20. unique・ 第 14 章 19. unparalleled)

10 facet /fǽsət/ (CW 52-26)

fácet ≈ a side or aspect of something
facet *n* - multifaceted *adj*

○ **In the process of cutting diamonds, it is essential that the facets of the finished diamond correspond to the natural structure of the diamond crystal.**
ダイヤモンドをカットする際、完成品のダイヤモンドの面と原石の結晶の構造とが一致しているように切ることが重要である。

○ **As a personality, Dostoevsky was multifaceted and unpredictable.**
個人としては、ドストエフスキーは多面的な、予測しがたい人物であった。

宝石の面というのが原義で、比喩的に物事の一側面という意味をもつようになった語である。宝石に限らず、一般的に多面体の面を指す語としては、face、side がある (side には多角形の「辺」という意味もある)。物事の一側面を指す語としては、aspect などがある。(第 4 章 8. dimension)

facets of a diamond

Review 06-10

Supply the best word (or related form) from the list below.

distinction, diversity, evident, extraordinary, facet

1. Another _____ of the problem of understanding genetic transmission is the _____ _____ of gene mechanisms involved.

2. It is often important to _____ between two kinds of scientific _____, one deriving directly from observation and the other depending on theoretical reasoning.

11 | generation /dʒènəréiʃən/ (OC 74 - 109)

generátion ≈ 1. the group of people born at roughly the same time. 2. the act or process of making.
generation *n* - generate *v* - generator *n* - generative *adj*

○ **Amidst this depression, there is a nagging fear that the next generation will have to lower its expectations.**

この不況の中で、次世代は将来に対する期待を下げなければならないという不安がつきまとっている。

○ **Her book on the medical beliefs of Shakespeare's time has generated considerable interest among scholars of the period.**

シェイクスピアの時代の医学常識をテーマにした彼女の本は、その時代を研究する学者の間でかなりの関心を呼んだ。

generation には「世代」という意味の他に、「作る、生み出す」という意味の generate という語の名詞形としての用法もある。「世代」という意味では、「代々引き続いて」という意味の熟語の from generation to generation や、generation after generation などがある。また、generation gap「世代間のずれ、世代ギャップ」もよく用いられる。なお、one generation といえば約 30 年のことである。「生成」という意味では、generator「発電機」、generative「生成的な」などの派生語がある。generate の目的語としては、たとえば、enthusiasm、outrage、controversy などが含まれる。

12 | juxtapose /dʒʌ́kstəpòuz/ (OC 120 - 229)

júxtapose ≈ to place (often dissimilar) things side by side
juxtapose *v* - juxtaposition *n*

○ **The exhibition was particularly stimulating because of the way it juxtaposed everyday objects from Leonardo's time with his famous drawings.**

その展示が特に刺激的だったのは、ダ・ヴィンチの有名なデッサンが当時の日常生活品と隣り合わせに並べられていたからである。

○ **The crisis was caused by the juxtaposition of structural economic weakness and inept political leadership.**

その危機は、経済の構造的弱さに政治指導層の無能が加わって生じたものだ。

フランス語の *juxtaposer* から輸入され、そのフランス語は、「並行して」という意味のラテン語 *juxtā* に「置く」という意味の *poser* が合成された語である。対照のきわだつ二つのものが近接している、並置されている場合に、よく用いられる。

13 | modern /mádərn/ (OC 24-61)

módern ≈ up-to-date; contemporary
modern *adj* - modernize *v* - modernization *n* - modernity *n* - premodern *adj* - postmodern *adj*

○ **Their way of life lacks many of the modern conveniences we take for granted, but to some observers, it has a kind of authenticity which we have lost.**

彼らの生活は我々にとっては当然のものである現代の利器の多くを欠いている。しかし、そのような彼らの生活こそ、我々が失ってしまった本当の暮らしだとする考え方もある。

○ **If the modern period was marked by the systematic expansion of knowledge, the essence of postmodernism is our sense that we have lost control over the information bombarding us from every direction.**

知識の体系的拡張が、近代すなわちモダンの特徴であったとするなら、ポストモダンの本質は、四方八方から押し寄せてくる情報をコントロールしきれなくなったという我々の感覚にある。

> modernには「現代の、近頃の」という意味と、「(歴史上の時代区分としての)近世・近代の」という意味がある。前者の意味の類語としてはcontemporary、up-to-dateなどがあり、反意語としては、old-fashioned、obsoleteなどが挙げられる。後者の意味のmodernは大きな区分としては、ancient—medieval—modernという時代区分の中に位置づけられるが、場合によっては、17世紀の科学革命から現代までの時代、もしくは19世紀と20世紀前半など、特定の時代を意味することもある。現代がmodernの後の時代という意味でpostmodernと呼ばれることもある。なお、日本語でも「モダンな」というと「新しくてすばらしい」というニュアンスがあるが、英語のmodernにも同じようなニュアンスがある。しかし、現在ではcutting-edge、state-of-the-artなどの方がup-to-dateである。

14 | predominantly /prɪdámənəntli/ (OC 110-47)

predóminantly ≈ mainly
predominantly *adv* - predominant *adj* - predominate *v*

○ **Other factors were of course involved, but we can say that the causes of the conflict were predominantly religious.**

他の要因ももちろんなくはないが、紛争の原因としては宗教が大きかったといえるだろう。

○ **Darwin hypothesized that animals possessing a useful adaptation would gradually come to predominate.**
ダーウィンは、有用な適応形態を備えた動物がしだいに支配的になるという仮説をたてた。

「主として、大部分は」という意味の副詞で、形容詞は predominant (優越している、支配的な)、動詞は predominate (優位を占める、支配する)。predominant の類語としては、dominant、ruling、supreme、prevailing などが挙げられる。形の似ている preeminent と比較すると、preeminent は能力などが優秀で他に抜きん出ている場合に用いられるのに対して、predominant は数や力、権力などにおいて他を圧しているような場合によく用いられる。(第9章 7. dominant)

---

15 | represent /rèprɪzént/ (OC 26-72)

represént ≈ to be an expression or symbol of; to speak or act officially for other people
represent *v* - representation *n* - representative *adj*, *n* - representational *adj*

○ **In this map, different shades of blue are used to represent the depth of the seabed.**
この地図では、青の濃淡で海底の深さが表されている。

○ **Program music, such as Debussy's *La Mer*, can of course be heard as a representation of the sea, but it can also be understood and enjoyed as pure music in the abstract sense.**
ドビュッシーの「海」のような標題音楽は、海の表象として聞くことができることは言うまでもないが、抽象的な意味での純粋な音楽として理解し、楽しむことも可能である。

represent は、(1) 記号、単語、象徴などが、何か別のものを「表す」というのが基本的な意味である。そこから、(2) 人などが、他の人の代理をつとめたり、団体、会社、国などの代表となったり、議員として地域を代表したりといった意味が派生している。representative は形容詞として「代議員の、代議制の」、名詞として「代理人、代議士」を意味する。representation は (1) の系統から、「表現、描写、表象」に加えて、「絵画、彫像、肖像画」など芸術作品そのものを意味することもある。また、(2) の意味を受けて「代表派遣、代議制」も意味する。(第7章 20. symbol)

representative government (Japanese Diet, 1947)

Review 11-15

Supply the best word (or related form) from the list below.

generation, juxtapose, modern, predominantly, represent

1. When we _____ someone like Galileo, who _____ the _____ outlook, against his opponents of the period, the importance of the experimental mind-set becomes very clear.

2. Fans of hip-hop are found _____ among the younger _____.

16 | stereotype /stériətàip/ (OC 112-88)

stéreotype ≈ (*noun*) a simplified (perhaps prejudiced) representation; (*verb*) to make or impose such a representation
stereotype *n*, *v* - stereotypical *adj*

○ **Stereotypes of racial or other minorities are very often inaccurate, reductive, and cruel.**
人種その他のマイノリティ集団に対する固定観念というものは、大抵不正確で単純化されたものであり、残酷だ。

○ **James Bond may be accepted as the stereotypical secret agent, but in real life, intelligence work is often unglamorous and dull.**
ジェームズ・ボンドは諜報員の典型と思われているかもしれないが、現実世界では諜報の仕事は地味でつまらないことが多い。

「いかにもそれっぽい」と皆が思ってしまうような紋切り型のイメージを日本語でも「ステレオタイプ」という。たとえば一昔前まで欧米人が抱いていた日本人のステレオタイプは、背が低く、つり目で眼鏡をかけ、カメラを首からぶらさげているというものだった。そのことからも分かるように、ステレオタイプは simplified and perhaps prejudiced である。なお、stereo は活字のステロ版のことであって音響の「ステレオ」とは関係ない。

17 | strive /stráiv/ (OC 118-183)

strive ≈ to try or attempt (perhaps implying long-term or large-scale difficulties)
strive *v* - strife *n*

○ **All government agencies must strive to promote equality of opportunity, regardless of race, creed, or gender.**
全官庁は、民族・信条・性別にかかわらず、機会均等を促進すべく努めるべきである。

懸命に努力するという意味での類語は try hard、attempt、endeavor、struggle などがあるが、strive は少々古めかしく形式的な言葉。元々は「口げんかをする、張り合う」という意味であり、そこから「奮闘努力する」という意味が出てきた。シェイクスピアの傑作喜劇『十二夜』の最後の言葉 And we'll strive to please you every day.（そして毎日皆様を楽しませるべく努めましょう）では、現代英語と同じ「努力する」の意味で用いられている。名詞形 strife は普通「努力」ではなく「闘争、争い」の意味で用いる。wife（妻）のことを、trouble and strife と韻を踏んで表現するロンドン下町特有の Cockney rhyming slang もある。

18 | trace /tréis/　　　　　　　　　(OC 134-151)

trace ≈ (*noun*) a small remaining sign of something; (*verb*) to detect something by such signs
trace *n, v* - traceable *adj*

○ **It is a fundamental assumption of forensic science that anyone who stays in a room for even a short period of time will leave traces of their presence behind.**
科学捜査においては、ある部屋にたとえ短時間でもいた人は、何らかの痕跡を残すものだと想定するのが原則である。

○ **Dickens experts can trace in his earlier work the developing themes which were to dominate the great novels of his maturity.**
ディケンズの専門家には、円熟期の偉大な小説で核を成すことになる主題が彼の初期作品で芽吹いているのが分かる。

トレーシングペーパーはトレースする（敷き写す）時に用いるが、この trace とは、元々「道・足跡などを辿る」という意味。名詞では、「何かが通った跡、痕跡、名残」という意味になり、a trace of ...（ほんのわずかの…）という使い方もする。vanish without a trace は「跡形もなく消える」の意。（🐦 第14章 6. detect）

19 | undoubtedly /ʌndáutɪdli/ (OC 166-82)

undóubtedly ≈ certainly
undoubtedly *adv* - undoubted *adj* - doubt *n, v*

○ **There has undoubtedly been a very significant improvement in public health over the last century, but much remains to be done.**

この百年間、公衆衛生面に関して非常に意義深い進歩があったことは疑いないが、まだ改善の余地が多々ある。

○ **Her undoubted contribution to the discovery was not fully recognized at the time.**

その発見に彼女が貢献していたことは間違いないが、当時は十分に認識されていなかった。

文字通り「疑いなく、明らかに、確かに」の意味。類語は多数あるが、certainly、absolutely、definitely などの口語的な表現よりも堅い。without (a) doubt、unquestionably、undeniably と同じくらい改まった感じのする表現だが、indisputably、incontrovertibly などよりは平易な表現である。

20 | utilize [utilise] /júːtəlàɪz/ (OC 20-153)

útilize ≈ to use (often for a specific practical purpose)
utilize *v* - utilization *n* - utility *n*

○ **The concept of total war meant a form of war in which combatant nations would utilize all the resources—both military and civilian—at their disposal.**

総力戦なるものは、交戦国が、軍部・民間の別なく、使える限りのあらゆる人材・資源を動員する戦争形態を意味した。

○ **The utilization factor of a power grid is the ratio of the maximum demand on the grid to the grid's capacity.**

電力網の利用率とは、電力網の最大出力に対する最大需要の割合である。

「使う」（use）に対して「利用する」（utilize）といった感じの堅い語感があり、形式ばった文脈で用いる。utility の原意は「役に立つこと」で、たとえば電気・ガス・水道などの公益事業は public utilities という。utilization は「役に立たせること」。したがって、ただ単に「使う」のではなく、何か特別な目的があってその役に立たせるという意味。

Review 16-20

Supply the best word (or related form) from the list below.

stereotype, strive, trace, undoubtedly, utilize

1. There were _____ _____ of other elements in the samples which early chemists _____ in their experiments.

2. Given the natural human tendency to _____ the unfamiliar, it is all the more important for us to _____ for clear and accurate thinking.

Unit Review

Translate each of the following Japanese sentences into English using one of the five words, or their related forms, in the list above them.

assimilate, component, extraordinary, modern, strive

1. 私は近代史を専攻している。

2. エンジンには一つの基本的な部品が欠けていた。

3. 政治家は国民の健康状態の改善に励むべきだ。

4. 彼はその並外れた才能を無駄にした。

5. 移民を社会に同化させることは容易ではない。

boundless, distinction, facet, predominantly, trace

6. 彼の報告は事件の別の側面を示している。

7. 彼女は自分の家族の歴史を辿りたいと考えている。

8. 愛は無限だ。

9. この大学院では女性が大半を占める。

10. ヨーグルトとチーズの違いは何か。

common, diversity, generation, represent, undoubtedly

11. この大学は学生の多様性で知られている。

12. 彼女は間違いなく目的を達するだろう。

13. 私たちは共通の関心をもっている。

14. 政府は次世代の教育を無視している。

15. この詩は新しい潮流を表している。

communal, evident, juxtapose, stereotype, utilize

16. その会社は農産物を燃料に利用する技術を有している。

17. 彼らの実験が成功したことは明らかだ。

18. 「日本人は数学に強い」というのは固定観念である。

19. ローマ人は公共浴場を楽しんだ。

20. 彼は高層建築と低層住宅を隣り合わせに配置する計画だ。

接頭辞入門
A Prelude to Prefixes

「ギャーテー、ギャーテー、ハーラーギャーテー、ハラソーギャーテー」という般若心経の終わりの部分はご存じだと思う。漢字で「羯諦羯諦波羅羯諦波羅僧羯諦」と書くが、もちろんこれはサンスクリット語からの音写で、原文では गते गते पारगते पारसंगते (*gate gate pāragate pārasaṃgate*) である。英訳を見ると、"Gone, gone, gone beyond, gone altogether beyond." となっている。*gate* の前に *pāra-* が付いて「向うへ」(彼岸へ) という意味を表し、さらに *saṃ-* が入って「完全に」という意味を加えている。

このように単語の語幹の前に付いて新たな意味を加える要素を「接頭辞」prefix という。インドのサンスクリット語からヨーロッパの最果てで成立した英語に至るまで、印欧語 (インド・ヨーロッパ語) では新しい単語をつくるのにこの接頭辞が非常によく用いられる。

英語の接頭辞のうち元々のゲルマン系のもの (🐱 第5章コラム) は比較的少ないが、第9章で出てきた undermine (元の意味は…の下を掘る) の under- をはじめ、output の out-、overheat の over- などがある。見てわかるとおり、接頭辞の多くは独立した形では副詞あるいは前置詞となる言葉である。

現代の英語で用いられる接頭辞の多くはラテン語起源だが、原理は同じである。「接頭辞」prefix に付いている pre- (ラテン語形 *prae-*) は独立した形では「…の前に」(before, in front of) という意味の前置詞である。この章に出てくる predominantly の元となる動詞 *praedomināre* は古典ラテン語ではなく中世の造語だが、*domināre* (支配する) に *prae-* を付すことによって「他より前に出て、抜きん出て」というニュアンスを加えている。

この章ではこの他にもラテン語起源の接頭辞が付いた単語が多く出てくる。represent (< *repraesentāre* 再び＋現存させる) の re- や、component (< *compōnere* 一緒に＋置く) の com-(con-) などは英語でも頻用されるので皆さんもご存じだろう。evident の e- あたりになるとあまり接頭辞として意識されていないかもしれないが、これも ex- と同じ「外に」という意味の接頭辞で、evident のもとのラテン語 *ēvidens* は「外から見える」という意味から転じて「明らかな」を意味するようになった形容詞である。ここでこの e- の意味を覚えておくと、「中に」を意味する接頭辞である in- (im-) と対比して、同じ「移住」でも emigrate と immigrate がどう違うのかがとっさに分か

るようになる。つまり、前者は他国への移住、後者は他国からの移住というように、視点の違いが語に含まれている。

　接頭辞で多少やっかいなのは、続く語幹の冒頭によって形が変わる場合があることである。たとえば、「接頭辞」prefix の反対の「接尾辞」は suffix だが、この suffix の接頭辞の本来の姿は sub- である。したがって、本来は sub-fix となるべきだが、「ブ」と「フ」を続けて発音しにくいので、文字の上では b が f に「同化」し、発音の上では b が消える。この章に出てくる assimilate も本来は ad-similate となるところが、d が s に同化している。この ad- は接頭辞の中でも一番の曲者で、続く子音によって ad-、ab-、ac-、af-、ag-、al-、ap-、ar-、as-、at-、a- などと形を変える。同じ接頭辞でもゲルマン系のものはこのように変化しない。それゆえ、ラテン語起源の接頭辞で否定を表す in- は p や b や m の前で im- となって、impossible、immediate（中間がない → 直接の → 即時の）となるが、同じ否定の接頭辞でもゲルマン系の un- は変化せずに、unproductive、unbelievable、unmatched などとなる。同じ「不均衡」の意味でも imbalance は -m-、unbalance は -n- となるのはこのためである。

　ラテン語の接頭辞の多くは 1 音節だが、もう少し長いものもある。この章に出てくる extraordinary の extra- がその一つである。該当箇所の解説にもあるとおり、extra- は「…の外で、外に」という意味なので、extraordinary は「通常」の範疇の外にあるものを指す。同じように、学校の正規カリキュラムの外で行う活動は extracurricular activities といい、1980 年代の人気ハリウッド映画『E.T.』の原題には、The Extra-Terrestrial（地球外生物）の副題がついている。もう一つこの章で出てくる juxta- は「…の隣に、脇に」という意味をもつ。あるいは、ultraviolet rays は「紫」より「向う」にある光線であり、もう少しマニアックな例を挙げるなら、ultramontanism はヨーロッパの北半分から見て「山」すなわちアルプスの「向う」にいるローマ教皇に従う「教皇至上主義」であったりする。

　いかなる言語でも、語彙をマスターするには単語をつくる際に用いられるさまざまな構成要素を押さえておくのが近道である。英語をはじめとする印欧語の場合には接頭辞を把握するのが一つの大きなポイントとなる。接頭辞を押さえておけば、知らない単語の意味を推測するのにも役立つし、単語の本来の意味に気づいて単語とその背後にある文化を知ることにもつながる。

　英語や英語の文化的背景をきちんと学び、理解するためには本来はラテン語やギリシア語を学ぶ必要がある（日本語や日本文化をきちんと理解するのに漢文の素養が求められるのと同じである）。残念ながら、読者の皆さんの多くはそのような余裕はなかろうかと思う。それでも、ここで述べたような接頭辞などの単語の構成部分に目を向ける習慣（辞書を引くときには必ず語源を確認する習慣）を身につけると、語彙の習得にも役立つし、英語やその背景に広がる文化の理解も深まっていくはずである。

Eleven

absurd aware balance barely capacity cease chronology cite collate currently indicate normative occurrence rigid skewed spiral stabilize standardize stem strictly

01 | absurd /əbsə́:rd/ (OC 130-99)

absúrd ≈ nonsensical; unbelievable; laughable
absurd *adj* - absurdly *adv* - absurdity *n* - absurdism *n* - absurdist *n, adj*

○ **For some physicists, the idea of cold fusion is not just improbable—it's absurd.**

一部の物理学者にとって、常温核融合という発想は、単に現実味に乏しいだけのことではなく、愚にもつかないものだ。

○ **The best examples of the theatre of the absurd are the plays of Ionesco and Beckett.**

不条理演劇の最良の例は、イヨネスコとベケットの戯曲である。

「意味を成さない、問題外、馬鹿馬鹿しい」ということ。反意語は sensible、reasonable など。不条理演劇とは、人間存在はあらかじめ意味・目的を与えられているわけではないもの、不条理なものであるという、実存主義的な (existentialist) 思想が反映されている演劇のことを指す。(🐾 第 6 章 16. sense)

02 | aware /əwéər/ (OC 96-15)

awáre ≈ conscious
aware *adj* - awareness *n* - wary *adj* - warily *adv* - wariness *n*

○ **The planners of the Three Gorges Dam were very much aware of the project's potential problems.**

三峡ダムの立案者たちは、この計画がはらんでいる諸問題にはっきりと気づいていた。

○ **Ants certainly respond to their immediate environment, but it is hard to believe that they have any real awareness of their surroundings.**

アリは確かに自分のすぐ周りの状態に対して反応するが、自分を取り巻く状況を本当に意識的に把握しているとは考えにくい。

「気づいている」ということで、be aware of ... の他に、be aware that ... という構文でも使える。「はっきりと気づいている」という意味は、fully aware、very much aware、 very aware、well aware などと表せる。wary は「警戒している、注意深い」という意味の形容詞で、aware の後半部と語源を同じくする。(🐸 第 2 章 5. conscious)

03 | balance /bǽləns/ (CW 8 - 92)

bálance ≈ (*noun*) a stable condition of opposing forces; (*verb*) to produce such a condition
balance *n, v* - (well-)balanced *adj*

○ **Policymakers are concerned that disturbing the delicate balance of power in the region would result in havoc.**
政策立案者たちは、その地域の微妙な力の均衡を乱すと大混乱が生じると懸念している。

○ **It takes time for historians to arrive at a balanced judgment on the great events of the day.**
同時代の重要事件について、つり合いの取れた判断を歴史家たちが下せるまでには、時間がかかる。

元来は「天秤」、つまり、棒の両端に皿が付いている形の、重さを計量するための道具を指す言葉であった。現在でもその意味は残っているが、最初の例文では「つり合い」という抽象的な意味で用いられている。他に、具体的な物体のバランス（平衡）という意味や、（銀行口座などでの）残高、収支という意味などがある。(🐸 第 8 章 10. disproportionate・🐸 第 14 章 17. ratio)

balance scale

04 | barely /béərli/ (OC 134 - 141)

bárely ≈ hardly; almost not
barely *adv* - bare *adj, v*

○ **Eddington was barely able to detect gravitational lensing during the eclipse of 1919, but it can easily be observed with today's instruments.**
1919 年の日食の際に、エディントンは重力レンズの効果を探知することにかろうじて成功したが、現代の機器を用いれば観測は容易である。

○ **A subsistence society produces the bare minimum required to survive.**
（換金作物などに依存しない）自給社会は、生存に必要最小限のものしか生産しない。

最初の例文の barely は、「かろうじて、ぎりぎりのところで」ということ。2 番目の例文の中の形容詞 bare を他の形容詞で置き換えるとすれば、absolute などを使うことになる。ディズニー映画 The Jungle Book で熊が "the bare necessities" と歌うのは、bare と bear をかけているが、上の 2 番目の例と同じ用法である。

05 | capacity /kəpǽsəti/ (CW 52-5)

capácity ≈ ability (especially to contain something)
capacity n - capable adj - capability n - capacious adj

○ **During the early years of life, children have an extraordinary capacity to acquire and retain new vocabulary.**

生まれて何年かの間、子供は新たな語彙を獲得し保持する途方もない能力を備えている。

○ **The skull capacity of the average modern human is around 1350 cubic centimeters.**

平均的な現人類の頭蓋の容量は、約 1350 立方センチメートルである。

ラテン語 capax から来ており、「何かを受け入れる力、器の大きさ」というのが根本的な意味合いである。最初の例文では「(具体的な技能ではなく) 潜在的な能力」という意味、2 番目の例文では「容量」という意味で、他に、「(講堂・車両などの) 収容人数」という意味もある。また、「資格・立場」という意味もあり、in my capacity as editor-in-chief (編集長としての立場で) のように用いる。(🐱 第 4 章 2. capability・第 5 章 14. potential)

skull sketched by Leonardo da Vinci

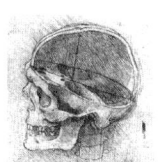

Review 01-05

Supply the best word (or related form) from the list below.

absurd, aware, balance, barely, capacity

1. An existentialist such as Sartre is powerfully _____ of the fundamental _____ of human life.

2. A creature which was not _____ of _____ conflicting demands would _____ qualify as a moral agent at all.

06 | cease /síːs/ (OC 128-61)

cease ≈ to stop
cease *v* - cessation *n*

○ **A sudden tightening in the availability of credit forced many small companies to cease operation.**

資金融資の条件が突然厳しくなったため、数多くの中小企業が業務停止に追い込まれた。

○ **The Treaty of Shaoxing in 1141 marked the cessation of hostilities between the Jin Dynasty and the Southern Song Dynasty.**

1141年の紹興の和議によって、金と南宋の戦いに終止符が打たれた。

cease は「止める、やめる」という意味だが、stop より改まった表現である。名詞形は cessation であるが、「絶え間なく」という意味の without cease という成句では cease が名詞として用いられる。語源的には、ラテン語の *cessāre* に由来し、同根の語に incessant（絶え間ない）という形容詞がある。cease-fire（休戦）という語は、中東関係のニュースではおなじみである。『方丈記』の有名な冒頭「行く川の流れは絶えずして、しかももとの水にあらず」は、夏目漱石の詩的な英訳によれば、"Incessant is the change of water where the stream glides on calmly." である。（ 第12章7. continuous）

07 | chronology /krənálədʒi/ (OC 132-123)

chronólogy ≈ time order
chronology *n* - chronological *adj* - chronometer *n* - chronic *adj* - synchronic *adj* - diachronic *adj*

○ **The scarcity of reliable records has made it difficult to establish an accurate chronology of the period.**

その時代については信頼できる記録が少ないので、物事がいつ起きたかを正確に知ることは困難だ。

○ **The most primitive kind of narrative structure may be simply chronological, but storytellers from the earliest times have experimented with more sophisticated alternatives.**

最も初歩的な物語の構造といえば、ただ時間軸に沿ったものであろうが、太古の時代から、物語の語り手はもっと複雑な構造を試してきた。

chronology は歴史上の出来事を起きた順に並べたものを意味するが、派生語に注目すると、形容詞形の chronological は、たとえば「時間的に古い順」という意味で chronological order というような表現に用いられることが多い。chronometer は精度の高い時計を指すこともある。chronic は「慢性の」という意味。最近では、synchronize を略した sync という語が、名詞としても、動詞としても用いられる。この synchronize は「時間を一致させる」という意味で、synchronized swimming は伴奏音楽に合わせる競技。ソロもある。(🐦第8章5. chronic・🐦第13章18. sequence)

08 | cite /sáit/ (OC 130-94)

cite ≈ to mention a person or written source of ideas or information
cite *v* - citation *n* - recite *v* - recitation *n*

○ **Failure to cite a source can be enough by itself to lead to accusations of plagiarism.**

出典を挙げておかないと、それだけで剽窃の非難を受けるに十分である。

○ **In the academic controversies of medieval Europe, mere citation of Aristotle's name could be enough to win the argument.**

中世ヨーロッパの学問的論争では、アリストテレスの名前を出すだけで議論に勝てることもあった。

cite は主として、(1)「論証などのために、典拠として文章などを引用する」と、(2)「引用した書物の題名などを挙げる」という、二つの意味がある。名詞形の citation には、こうした意味の他に、功績などに対する「賞、表彰状」などの意味もある。語源的には、ラテン語の *citāre*(呼び起こす、呼び寄せる、法廷に召喚する)に由来し、同根の語に「暗唱する、朗読する」という意味の recite がある。リサイタルは16世紀には「叙述、陳述」の意味だったが、19世紀に「独奏〔唱〕会」を指すようになった。

09 | collate /kəléit/ (OC 130-86)

collate ≈ 1. to bring different pieces of information together. 2. to put pages in order.
collate *v* - collation *n*

○ **The results of the most recent poll are very interesting, but we should not place too much reliance on them until we have collated them with the data from previous surveys.**

最近の世論調査できわめて興味深い結果が出ているが、それ以前の調査データと突き合わせてみるまでは、あまり信頼を置けない。

○ **Some office photocopiers will collate and staple copies automatically.**
オフィス用のコピー機には、自動的にページを順番に並べてホッチキスで止めてくれるものもある。

collate は、「異なった情報などを突き合わせる」という意味と、「ページを順番に揃える」という意味がある。また、コンピューター用語としては、「一定の順序に並んでいる二組以上のデータを組み合わせて、一つのデータにまとめること」の意。アメリカ英語では cóllate または colláte と発音するが、イギリス英語では colláte である。

10 | currently /kə́:rəntli/ (CW 4-28)

cúrrently ≈ at present
currently *adv* - current *n, adj* - currency *n* - recurrent *adj*

○ **String theory is currently the subject of some skepticism and debate.**
ひも理論は現時点では懐疑と論議の対象である。

○ **Current estimates of the importance of Bach's music are very much at variance with those made around the time of his death.**
バッハの音楽の価値について、現在の評価は彼が死んだ頃の評価とはかなり異なっている。

形容詞の current は、「現時点の、最新の」という意味。current affairs は「時事問題」、雑誌などの current issue は「最新号」という意味である。名詞形の currency は「通貨」も表し、currency market は「為替市場」を指す。gain [lose] currency 「通用するようになる [しなくなる]」という成句も、新しい思想やアイデア、表現などに関してよく用いられる。current は水や電気などの「流れ」も指す。

Review 06-10

Supply the best word (or related form) from the list below.

cease, chronology, cite, collate, currently

1. The previous owner of the documents has unfortunately _____ them in the order of acquisition, though _____ order would obviously be more useful for scholars.

2. Academic writing is of course an evolving field, and it is easy to imagine that _____ _____ practices might change. However, it is almost impossible to believe that they could _____ altogether.

11 | indicate /índəkèit/ (OC 132-120)

índicate ≈ to show; to be a sign of
indicate *v* - indication *n* - indicator *n* - indicative *adj*

○ **Those in favor indicated their preference by a show of hands.**
賛成の者は挙手でその意思を示した。

○ **Misidentifying smells may be one early indication of schizophrenia.**
臭いの勘違いは統合失調症の初期の徴候の一つかもしれない。

○ **These economic indicators seem to suggest an oncoming recession, but the data are preliminary and subject to change.**
これらの経済指標によれば不況が近づいているようだが、データは予備的なもので、今後変更される可能性がある。

車の方向指示器のことを「ウィンカー」というのは元々はイギリス英語ではあるが、現在では用いない。イギリス英語では indicator や direction [traffic] indicator、アメリカ英語では turn signal や blinker という。indicate の語源は index と同じ。類語に show、point、signal など。(🐦 第7章19. suggest・第7章コラム・ 🐦 第11章コラム・第12章16. reference)

12 | normative /nɔ́:rmətɪv/ (OC 130-74)

nórmative ≈ providing a standard; having to do with rules or evaluation example
normative *adj* - norm *n* - normal *adj* - normality *n* - normalize *v*

○ **In the history of fashion, various innovations which were at first not widely accepted, such as creasing in trouser legs, eventually became normative.**
ファッションの歴史においては、ズボンに折り目をつけるといったような、最初は広く受け入れられなかったさまざまな革新がいつしか規範となっていった。

○ **Some legal terms, such as "trespass," though they seem on the surface to be strictly factual, are in actuality normative.**
「不法侵入」などの法律用語は、表向きは事実に厳密にもとづいているように思えるが、実際のところは価値判断的である。

「ノルマ」という日本語は、「割り当てられた労働量」を意味するロシア語から来ているが、元々はラテン語 norma（大工の曲尺）。そのラテン語から英語の norm（標準、規範）も生まれた。日本語的な意味でのノルマは、assignment、assigned work、quota などという。USB is the norm today. と言えば、「今日では USB が当たり前」といった意味。norm の形容詞形である normative にも、「それが当たり前、それが規範だ」という判断が入り込んでいる。たとえば「女はしとやか、男は乱暴なものだ」という時、それは normative statement となる。一般に「女は…」「男は…」という表現をするとき、それは normative であって factual でない場合が多い。上記の2番目の例文の意味は、葛飾区の僧侶が共産党のビラを配布する目的で分譲マンションの廊下に無断で入ったとして 2007 年 12 月に東京高裁が住居侵入罪の逆転有罪判決を下した事件を考えればわかりやすい。そこには何を規範とするのかという価値判断が加えられている。英語の定義 having to do with evaluation とはそういう意味である。

13 | occurrence /əkə́:rəns/ (OC 128-53)

occúrrence ≈ an event; the happening of one or more events
occurrence *n* - occur *v*

○ **When Harker arrived at Castle Dracula, he witnessed a number of unnatural occurrences which ought to have warned him about the true nature of his host.**

ドラキュラ城に着いた時、ハーカーは不自然な現象を幾つも目にしており、そのことで城の主の正体を警戒すべきだったのである。

○ **The increased occurrence of coastal flooding may well be an indicator of global warming.**

沿岸地域の洪水の件数が増えているということは、地球温暖化の徴候かもしれない。

動詞形 occur は happen とほぼ同義だが、happening は普通あまり名詞形では用いない。「ちょっとしたハプニングがあってね」と言いたければ、Something unexpected happened. などと言う。There was a little happening. とは言わない。「出来事」としての occurrence は可算名詞、「発生」としては不可算名詞。つまり、an everyday occurrence（日常的な出来事）なら可算名詞だが、a matter of everyday occurrence（日常的によくあること）なら不可算名詞。(🐱 第 2 章 14. phenomenon)

14 | rigid /rídʒəd/ (OC 130-73)

rígid ≈ unbending
rigid *adj* - rigidity *n* - rigidly *adv*

○ **Metalworkers learned a long time ago that the process of tempering can produce metal which is rigid without being brittle.**

金属職人たちは、焼き戻しという工程によって硬いがもろくない金属を生み出せることを、はるか昔から知っていた。

○ **A strict class system involves a kind of structural rigidity which prevents a society from making the best use of all its talented people.**

厳しい階級制度の下では、社会構造が硬直化するので、才能あるすべての人を最大限に活用できない。

物理的に「硬い」のみならず、道徳的にも「お堅い」、つまり「厳格」で「融通がきかない」「厳密」といったニュアンスもある。表情などが「硬い」という時にも使う。第12章で取り上げる rigorous と同じ語源。物理学でいう「剛体」は rigid body.（🐦 第11章 20. strictly・第12章 17. rigorous）

15 | skewed /skjú:d/ (OC 130-82)

skewed ≈ not straight; twisted
skewed *adj* - skew *v, n* - askew *adj*

○ **Faults in the experimental equipment led to skewed and misleading results.**

実験器具に不備があったため、偏った、誤解を招く結果が生じてしまった。

○ **Assembling the engine requires great precision, so if the cylinder head is even slightly askew there will be a serious loss of power.**

エンジンの組み立てにはかなりの精確さが必要とされるので、シリンダーヘッドがほんの少しでもゆがんでいたら、馬力をかなり失うことになってしまう。

skewed は事実や価値などが「ゆがめられた」という意味。skew は「ゆがめる」という動詞や「ゆがみ」という名詞で用いることが多い。skewness は統計学や確率論で、左右対称の分布からのズレを指し、たとえば、Perhaps because the exam was easier than usual, the distribution of the scores was skewed toward the top.（この試験はいつもより易しかったとみえて、得点分布は高得点者に偏っている）のように使われる。

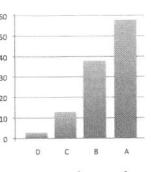

scores skewed toward the top

Review 11 - 15

Supply the best word (or related form) from the list below.

indicate, normative, occurrence, rigid, skewed

1. One fact which _____ that a certain practice has become a _____ for a group is an increased _____ in the way they demand that others comply with the practice.

2. A simple _____ such as heavy rainfall can be enough to seriously _____ the results of an election.

16 | spiral /spáirəl/ (OC 134 - 154)

spíral ≈ (*noun*) a widening circle or coil shape; (*verb*) to move in such a shape
spiral *n, v, adj*

○ **A simple example of a spiral pattern found in nature is the shape of certain shellfish, such as the now-extinct ammonites.**
自然界に存在する螺旋形の単純な例として、今は絶滅しているアンモナイトなど、ある種の貝類の形が挙げられる。

○ **The government raised interest rates to prevent inflation spiraling out of control.**
政府はインフレが急速に進行して収拾がつかなくなるのを防ごうと、金利を上げた。

名詞は螺旋、渦巻きの形状を指すが、動詞では螺旋状に動くことを表す。たとえば、経済学では the wage-price spiral（賃金と物価の悪循環）のように連鎖的変動を表したり、2番目の例文のように物価の急上昇を意味することがある。螺旋状の動きは spiral up、spiral down と、上に向かう場合も下に向かう場合もある。

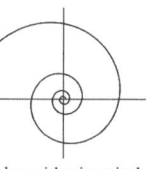

logarithmic spiral

17 | stabilize [stabilise] /stéibəlàiz/ (OC 128 - 47)

stábilize ≈ to reduce change or the tendency to change
stabilize *v* - stable *adj* - stably *adv* - stability *n* - stabilizer *n* - stabilization *n*

○ **On arrival at the hospital, the patient's blood pressure was fluctuating dangerously and doctors took immediate steps to stabilize it.**
病院到着時に患者の血圧は危険な上下変動を示しており、医師たちはそれを安定させるための措置を即刻講じた。

○ **Paradoxical as it may seem, a degree of instability may actually be beneficial to societies.**
逆説的に思えるかもしれないが、ある程度の不安定さは社会にとって実は有益であることもある。

stabilize は形容詞 stable の派生語で、「安定化させる」「変動を抑える」の意。stabilizer は安定をもたらすものや人物を指し、カタカナ語としても、姿勢安定化装置、水平安定装置、自動安定化装置、火薬などの自然発火を防ぐ安定剤を指す語として用いられている。de- という接頭辞には続く語を否定する機能があり、destabilize は「不安定にする」という意味。他方、同じ否定語でも instability、unstable の場合には in-、un- の接頭辞が使われるが、日本語の「非、不、無、否」などの場合と同じように不規則である。(🐾第3章18. stable・第10章コラム)

18 | standardize [standardise] /stǽndərdàiz/ (OC 128-33)

stándardize ≈ to make uniform
standardize *v* - standard *n*, *adj* - standardization *n* - standardly *adv*

○ **Military effectiveness was greatly increased in the nineteenth century when weapon parts and ammunition gradually became standardized.**
19世紀に武器の部品や弾薬が徐々に規格化されたことで、軍事力は大幅に高まった。

○ **Paganini set a standard in violin technique to which others could only aspire.**
パガニーニはヴァイオリンの演奏技術において、他が到底足元にもおよばない水準を確立した。

standard は元々兵士がそれを目指して集合すべき「軍旗」の意味で用いられたが、そこから目指すべき「基準、標準」という意味が生じた。standardize は「標準化する」「平準化する」という意味で、最初の例文のように、武器、自動車、住宅などに関する工業化の過程で画一化され、互換性のある部品が製造される状況を表すのによく用いられる。近年よく聞かれる言葉として global standard があるが、国境を越えて通用する世界標準のこと。グローバル化により standard of living (生活水準) の格差が広がるマイナス面もある。

19 | stem /stém/ (OC 128-69)

stem ≈ (*noun*) the main body of a plant; (*verb*) to derive from
stem *n, v*

○ **Nutrients are drawn up through the stem of a plant by capillary action.**
栄養分は毛管作用によって植物の茎を通して吸い上げられる。

○ **According to one theory, many dangers to public health stem from inadequate education rather than inadequate investment.**
ある理論によれば、公衆衛生に対する脅威の多くは、不十分な投資というよりは不十分な教育によって生じるという。

名詞の stem は「草などの茎、木の幹」、あるいは「茎状のもの、軸」を指し、動詞の場合は2番目の例文のように stem from の形で「…から派生する」を意味する。近年、特に再生医療の分野で欧米や日本で研究が進んでいる幹細胞は英語では stem cells と呼ばれ、胚由来の embryonic stem cells（ES 細胞）と tissue stem cells（組織幹細胞）に大別される。

stems

20 | strictly /stríktli/ (OC 132-107)

strictly ≈ 1. exactly, precisely. 2. rigorously, rigidly.
strictly *adv* - strict *adj* - strictness *n*

○ **Knowledge of the audience for which a work of art was originally intended may not be strictly necessary, but it is often very helpful.**
ある芸術作品がもともとどのような人たちに向けてつくられたのかを知っていることは、どうしても必要というわけではないかもしれないが、それでも非常に役に立つことが多い。

○ **Unauthorized personnel were strictly forbidden to enter the test area.**
許可のない人物は、実験場への立ち入りを厳しく禁じられた。

strict が法律の解釈などにおいて「厳密な」を意味する場合、類語として exact、precise、literal などがあり、in the strict sense of the word(s) といった言い方もある。取り締まりなどが「厳しい」の意味では、類語に stringent、rigorous などがあり、親のしつけや教師の姿勢が「厳格な、妥協を許さない」の意味では、stern、rigid、firm、nonsense などがある。strictly speaking という熟語は上の定義1の方の「厳密に言えば」の意味で、たとえば Strictly speaking, you could be expelled from school for what you did.（厳密に言えば、君の行為は退校処分に値する）のように用いられる。(🔖第1章9. literally・第6章17. severe・第11章14. rigid・🔖第12章17. rigorous)

Review 16-20

Supply the best word (or related form) from the list below.

spiral, stabilize, standardize, stem, strictly

1. Some galaxies have _____ into a _____ pattern _____ from their rotational movement.

2. _____ speaking, only _____ components should be used as replacements.

Unit Review

Write one paragraph using any six of the headwords, or their related forms, from the following list. An example is shown below.

> It would be **absurd** to assume that the **standard chronologies cited** in history books are completely correct. Rather than **rigidly** accepting their veracity, one should examine how they might have been **skewed** by political or cultural prejudices.

absurd, aware, balance, barely, capacity, cease, chronology, cite, collate, currently, indicate, normative, occurrence, rigid, skewed, spiral, stabilize, standardize, stem, strictly

証拠の確実性
Certain Uncertainties

　学問的な著述においては、証拠となる事実を精密に取り扱うことが重要であり、ある事実が、ある結論の証拠としてどれぐらい強力なものであるかを正確に述べる必要が生じる。英語では、そのようなことを述べる際に、いろいろな動詞を使い分けることになる。よく使われるフレーズを以下に列挙する。NP という記号は、名詞句 (noun phrase)、たとえば the existence of life on Mars のような表現のことを指す。また、/ の記号は、名詞句、that 節いずれにも当てはまることを示す。

(1) … may **suggest** NP/that …
(2) … tends to **suggest** NP/that …
(3) … clearly **suggests** NP/that …

　　　(4) … seems to **indicate** NP/that …
　　　(5) … probably **indicates** NP/that …
　　　(6) … strongly **indicates** NP/that …

　　　　　　(7) … apparently **shows** NP/that …
　　　　　　(8) … clearly **shows** NP/that …
　　　　　　(9) … **shows** positively NP/that …

　　　　　　(10) … seems to **prove** NP/that …
　　　　　　(11) … clearly **proves** NP/that …
　　　　　　(12) … conclusively **proves** NP/that …

　　　　　　(13) … appears to **demonstrate** NP/that …
　　　　　　(14) … conclusively **demonstrates** NP/that …
　　　　　　(15) … **demonstrates** beyond all doubt NP/that …

　ページの左から右に向かって、suggest よりは indicate、indicate よりは show の方が、証拠の信頼性が高いことを示している。prove と demonstrate は、どちらも、疑いの余地を残さない証明について述べる際に使う語である。また、3 つ組になっているフレーズの中では、下の方に書いてあるものほど、証拠が強力であることを表現する言い回しである。動詞と副詞の組み合わせはかなり自由で、ここに挙げてある組み合わせしか使えないというわけではない。また、動詞と副詞との間の順序を変えても問題ない場合が多い。

左のグループの例文 (2) で使われている tend という動詞は、ここでは、「…する傾向がある」ということではなく、「…と言えよう」というように主張の語気を弱める役割を果たしている。tends to suggest というのは、「示唆していると言えよう」というぐらいの意味で、may suggest「示唆しているかもしれない」という表現よりは強いが clearly suggest「明らかに示唆している」よりは弱い。例文 (7) の apparently は第 6 章 4 の項でも解説したように、「明らかに」という意味ではないことに注意されたい。(🐸 第 6 章 4. apparent)

　これらの動詞を下で示すように名詞形で使うことで、各々の結論がどの程度の信頼性を持つものなのかをより精密に表現し分けることができるようになる場合もある。ここに例示したのは、よく使われる表現であって、その他の形容詞と名詞の組み合わせは使えないわけではない。

… is		partial		of NP
… provides	a	good	**indication**	of the fact that …
… constitutes		clear		that …
		convincing		
		powerful		

… is		partial		of NP
… provides	a	good	**proof**	of the fact that …
… constitutes		clear		that …
		convincing		
		powerful		

… is		partial		of NP
… provides	a	good	**demonstration**	of the fact that …
… constitutes		clear		that …
		convincing		
		powerful		

以上のフレーズを用いた例文を次に挙げてみよう。

1. The presence of ice on Mars **may suggest** that there was once life on that planet.

    火星に氷が存在することは、火星にかつて生命が存在していた可能性を示している。

2. George III's symptoms **probably indicate** that he had a disease called porphyria.

    ジョージ三世の症状は、おそらく、彼がポルフィリン症を病んでいたことを示している。

3. The data **clearly show** a decline in the manufacturing sector prior to the Free Trade Agreement.
   そのデータを見れば、自由貿易協定が結ばれる以前から製造業の衰退が始まっていたことがはっきりと分かる。

4. Her alibi **seems to prove** that she could not have committed the murder.
   彼女のアリバイは、彼女がその殺人の犯人ではありえないということを証明しているように思える。

5. Russell's Paradox **demonstrates beyond all doubt** that set theory, at least in its simplest form, leads to a contradiction.
   ラッセルのパラドックスは、集合論は、少なくともその最も単純な形態においては矛盾を来たすということを、疑いの余地なく証明している。

6. Our canine teeth **provide a clear indication** of our carnivorous ancestry.
   我々の犬歯は、我々の祖先が肉食性であったことを明確に示している。

7. There could be **no more convincing proof** of Rembrandt's greatness than his self-portraits.
   レンブラントの自画像以上に彼の偉大さを雄弁にものがたるものは存在しえないだろう。

8. For many people, **the most powerful demonstration** of a religion's truth is the kindness and goodness of its followers.
   多くの人にとって、宗教の教えが真であることの最も強力な証明は、その宗教を信ずる人たちの優しさ、善良さなのである。

Twelve

apply articulate certain coincidence comprehensible constitute continuous differentiate engage heterogeneity independent negotiation obvious previous ramification reference rigorous sphere subordination trajectory

01 | apply /əplái/ (CW 24-180)

applý ≈ 1. to use for a practical purpose. 2. to be or to make relevant. 3. to submit a request.
apply *v* - application *n* - applied *adj* - applicable *adj* - applicant *n* - appliance *n*

○ **At this critical moment, the company decided to apply all of its research and development expertise to the problem.**

この重大な時期にあって、会社は研究開発の専門知識のすべてをその問題に傾注することを決めた。

○ **The laws of economics apply equally to socialist and capitalist economies.**

経済学の法則は、社会主義経済にも資本主義経済にも同じように当てはまる。

○ **All foreign visitors must apply to the government for an entry permit.**

外国人全員は、入国許可を訪問国の政府に申請しなければならない。

apply は3番目の例文の場合のように、visa application や就職のための job application など、日常生活においては願書作成に関してよく使われる言葉である。自動詞として、apply for a visa や apply for a job などのように用いる。書類の項目で、自分が該当しない場合に n.a. という略語が使われるが、not applicable の意味。学術の世界では、applied が applied physics（応用物理学）のように、研究の成果を実用面に応用する分野に用いられる。（ 第5章 19. theoretical）

02 | articulate *adj:* /ɑːrtíkjələt/, *v:* /ɑːrtíkjəlèit/ (OC 138-52)

artículate ≈ (*adjective*) able to speak clearly; (*verb*) to express clearly in words
articulate *adj, v* - articulation *n*

○ **In business as in politics, an articulate and persuasive speaker may triumph over someone better informed and more insightful.**

政治と同様にビジネスにおいても、自分の意見をはっきりと説得的に言える人の方が、より知識が豊富で洞察力のある人に勝つことがある。

○ **Whatever his faults as a strategist, Churchill was uniquely able to articulate British feelings during the Second World War.**

戦略家としての弱点があったにせよ、チャーチルには第二次世界大戦中のイギリス人の心情を明確に表現する独特の力があった。

2つの例文にあるように、articulate は形容詞と動詞が同形である。反意語として inarticulate の他に hesitant、tongue-tied、incomprehensible などがあるように、議論などで何を言いたいのか分からない人に対して、"Be more articulate!" と言うことがある。（🐸 第12章 5. comprehensible）

Winston Churchill in 1943

03 | certain /sə́:rtən/ (OC 24-65)

cértain ≈ 1. beyond doubt; sure. 2. specific but not named.
certain *adj* - certainly *adv* - certainty *n* - uncertain *adj*

○ **It is quite certain that Picasso's *Guernica* is a masterpiece.**

ピカソの「ゲルニカ」が傑作であることには疑う余地がない。

○ **Clause 14 explicitly forbids the private sale of marijuana and certain other substances.**

第14条は、大麻やその他特定の物質を私的に販売することを明確に禁じている。

2番目の例文のように、certain には「一定の」という意味があり、例文の条項の中あるいは別途、禁止されている物質が明示されていると考えられる。to a certain extent（ある程度は）も日常的によく使われる表現である。She is certain to cause trouble. のように、be certain to ... という形は「きっと、…する」という意味で使われる。類語に sure、confident、positive などがあり、反意語は doubtful、unreliable、undefined など。（🐸 第6章 3. ambiguous・第6章 4. apparent・第7章 10. explicit・第9章 6. definite・第10章 8. evident・🐸 第12章 13. obvious・第13章 19. tacit）

04 | coincidence /kouínsədəns/ (OC 144-125)

coíncidence ≈ two things happening by chance at the same time
coincidence *n* - coincide *v* - coincidental *adj* - coincidentally *adv*

○ **Though we at first believed that there was a causal relationship between the two phenomena, we eventually realized that their simultaneous appearance had been a complete coincidence.**

私たちは最初、二つの現象の間に因果関係があると思ったが、やがて、それらが同時に現れたのはまったくの偶然だと分かった。

○ **It was fortunate that their visit coincided with a period of unusually good weather.**

彼らの訪問がいつにない好天と重なったのは幸運だった。

coincide は、「共に」を表わす接頭辞 co- と「降りかかる、起こる」を意味するラテン語 incidere に由来する。「物事が同時に起こる」「符合する、合致する」の意味。形容詞の coincidental は「偶然の」「計画されていない」の意味で、The occurrence of the thunderstorm immediately before the earthquake was merely coincidental. (地震直前の雷雨発生は偶然にすぎなかった) のように使う。"What a coincidence!" は偶然に知り合いと出会ったときなどに言う表現。

05 | comprehensible /kàmprɪhénsəbəl/ (OC 136-20)

comprehénsible ≈ able to be understood
comprehensible *adj* - comprehend *v* - comprehension *n*

○ **A new scientific theory will often be accepted, not because it predicts new facts, but because it makes the facts we already know more comprehensible.**

新しい科学理論というものは、新事実を予測するからではなく、すでに知られている事実をより理解しやすくしてくれるために受け入れられることが多い。

○ **The horror of genocide is almost beyond comprehension.**

大量虐殺の恐ろしさは、ほとんど理解を絶するものだ。

comprehend は understand と同義だが、よりフォーマルな表現であり、たとえば、英文の内容理解を試すテストは comprehension test と呼ばれる。アメリカでは移民の子弟が英語を理解できないために成績不振となる問題がよく起こるが、中国系の生徒が公立学校にカリキュラムの改善を求めた 1974 年の裁判で、連邦最高裁は、"We know that those who do not understand English are certain to find their classroom experiences wholly incomprehensible and in no way meaningful." と認識して、現状は特定の人種や出身国による差別に当たると判断し、救済措置を講じることを指示した。その後のバイリンガル教育促進につながる重要な判決である。(第 12 章 2. articulate)

Review 01 - 05

Supply the best word (or related form) from the list below.

apply, articulate, certain, coincidence, comprehensible

1. It is _____ not necessary, in order to be _____, to pronounce one's words with an unnaturally precise _____.

2. Jung believed that there is a kind of principle which _____ to occurrences which seem entirely _____.

---

06 | constitute /kánstət(j)ùːt/ (OC 48-44)

cónstitute ≈ 1. to be part of. 2. to be considered as.
constitute *v* - constitution *n* - constituent *n, adj*

○ **A sharp jump in food prices would constitute an extremely serious threat to our present way of life.**

食料品価格の急騰は、現在の我々の暮らしのあり方にとって、きわめて深刻な脅威となるだろう。

○ **The complex flavor of tea is due to the many hundreds of soluble constituents in the leaf.**

茶の複雑な風味は、茶葉に含まれる何百もの可溶性成分によって生じる。

日本語の「…を成す」に相当する動詞で、最初の例文では be で置き換えることもできる。名詞形の constituent は「構成要素」、特に化学的な意味での「成分」を意味する語。類語に ingredient、component などがあるが、前者は主に料理を作る際の「材料」、後者は主に機械の「部品」を意味する。constituency は、政治家などの「支持者、地盤」という意味。(🐸 第10章 5. component)

tea leaves

---

07 | continuous /kəntínjuəs/ (OC 2-26)

contínuous ≈ unbroken
continuous *adj* - continue *v* - continuously *adv* - continuity *n*

○ **Folk history can be surprisingly reliable if it has been handed down in a continuous tradition.**
歴史に関する民間伝承は、途切れることなく言い伝えられてきたものである場合、驚くほど信頼できることもある。

○ **If the premier dies in office, the vice-premier takes over until the next election in order to ensure continuity in government operations.**
首相が在職中に死去した場合は、政府機能の連続性を確保するため、次の選挙まで副首相がその職を引き継ぐ。

時間的または空間的に、途切れずにずっと続く状態を表す。これに対して、continual は、ひっきりなしに何度も繰り返される状態を表す。したがって、たとえば、a continuous line「ひとつながりの線」という言い方の中の continuous を continual で置き換えることはできない。continual の類語としては incessant、constant などがある。「…に対するこれまで通りの支援」という意味を表すには continuous / continued / continuing support for ... といった言い方をする。（ 🐱 第 11 章 6. cease）

08 | differentiate /dìfərénʃièit/ (OC 46-11)

diferéntiate ≈ to notice or highlight a difference between two or more things
differentiate *v* - different *n* - differently *adj* - difference *n* - differentiation *n* - differ *v*

○ **Genetic analysis provides a powerful new method for differentiating between species.**
遺伝子解析は、種を区別するための強力な新手段を提供してくれる。

○ **In almost all cultures, clothing is used to differentiate men from women.**
ほとんどどの文化においても、衣服は男女を区別するために用いられる。

最初の例文では、「複数のものの間の違いを認識する」という意味、2番目の例文では、「複数のものの間に差異を生み出す」という意味で用いられている。類語の distinguish も、これら二つの意味の両方を表しうる。discriminate は、これらの語と同様の意味があるが、discriminate against ... という形で使われた場合は、「…を差別する」という、differentiate や distinguish では表すことのできない意味になる。この場合の前置詞 against は省略不可能で、たとえば「私は差別された」と言う場合には I was discriminated against. のようになる。
（ 🐱 第 4 章 20. unify）

clothing differentiating the sexes

09 | engage /ɪnɡéɪdʒ/ (OC 142-105)

engáge ≈ 1. to work; to do. 2. to become involved with.
engage *v* - engagement *n* - engaging *adj*

○ **As fishery resources declined, many of the coastal villages began to engage in smuggling and even piracy.**

水産資源が枯渇するにつれて、海岸沿いの村の多くは密輸入、さらには海賊行為にまで手を染めるようになった。

○ **Russia sent observers to the treaty negotiations, but it did not really engage with the process until its own interests were threatened.**

ロシアは、条約交渉にオブザーバーを派遣したが、自国の利益が脅かされるまでは交渉に本腰を入れようとはしなかった。

engage in ... は、「…に従事する」「…に参加する」という意味。engage with ... は、「(ギアなど、機械の部品が)…とかみ合う」「(人間が)…と能動的に関わりをもつ」「…と交戦する」という意味。他動詞として使われる場合は「(人を会話などに)引き込む」という意味があり、形容詞形の engaging は、「魅力的」という意味。(🐧 第2章9. involve)

10 | heterogeneity /hètəroudʒəníːəti/ (OC 138-29)

heterogenéity ≈ variety; unlikeness
heterogeneity *n* - heterogeneous *adj*

○ **The literature of that multiethnic country is characterized by considerable heterogeneity.**

その多民族国家の文学は、際立った多様性によって特徴づけられている。

○ **Chopin was influenced by a heterogeneous mixture of local and international stimuli, private and public emotions, and contemporary and historical currents.**

ショパンに影響を与えたのは異質なものの混合体であり、それは身近に受けた刺激と国際的に受けた刺激、私的感情と公的な感情、そして同時代および歴史的な潮流が混じり合ったものであった。

もともとはギリシア語の *heteros*「異なる」と *-genēs*「ある場所または状態で生まれた」「ある種類の」を組み合わせてできた *heterogenēs* の名詞形で、異種のものが混じりあっている状態を表す。反意語の homogeneity の先頭の homo- は、ギリシア語の *homos*（同じ）から来ている。heterosexual（異性愛の）、homosexual（同性愛の）の先頭の hetero-、homo-、また、hydrogen や oxygen の語末の -gen もそれぞれ同源であ

る。(第10章7. diversity)

Review 06-10

Supply the best word (or related form) from the list below.

constitute, continuous, differentiate, engage, heterogeneity

1. The basic _____ of modern electronic devices can be _____ by function into resistors, inductors, capacitors, and semiconductors.

2. In all societies, a complex mix of _____ elements are _____ in a _____ struggle for dominance.

11 | independent /ˌɪndɪˈpɛndənt/ (OC 50-72)

indepéndent ≈ not related to; not affected by
independent *adj* - independently *adv* - independence *n*

○ **In many formerly colonial societies, the struggle to become independent hinged on a single charismatic figure like Gandhi.**
かつて植民地支配を受けていた社会の多くでは、ガンディーのようなたった一人のカリスマ的人物の肩に独立闘争の成否がかかっていた。

○ **It seems likely that Leibniz arrived at his more modern version of the calculus independently of Newton.**
ライプニッツが、ニュートンとは無関係に、微積分のもっと現代に近い方法を見出したというのはありそうなことである。

dependent on ... (…に依存して、…次第で) ↔ independent of ... (…から独立して、…とは無関係に、独自に) というように、普通は independent of ... という形で用いる。ただし、「もともと一緒だったものが (特に政治的に) 独立して」という場合は、independent from ... という語法もある。なお、Independence Day (独立記念日) はインドでは8月15日。アメリカでは7月4日という日付をもとに the Fourth of July ともいう。これに対して、韓国における8月15日の「光復節」は日本の植民地支配からの「解放記念日」として、英語では Liberation Day と呼ばれる。

$$\int_0^1 \sqrt{x}\, dx = \frac{2}{3}$$

integral calculus

12 | negotiation /nɪgòuʃiéiʃən/ (OC 146-142)

negotiátion ≈ a discussion intended to lead to an agreement
negotiation *n* - negotiate *v* - negotiator *n* - negotiable *adj*

○ **In any process of negotiation, a degree of flexibility is an important factor.**
どのような交渉においても、ある程度の柔軟性が重要な要素となる。

○ **Eventually, both sides realized that they could not achieve a military victory, so they reluctantly agreed to negotiate.**
結局、両者とも軍事的勝利を得られないことを悟り、仕方なく和平交渉をすることに同意した。

negotiate a treaty with other nations という他動詞の用法の他に、negotiate with a landlord about the rent のように自動詞の用法もあるので注意。negotiate には「交渉する、うまく処理する」の他に、negotiate one's way through the objects on the floor のように「(難しいところを) うまく通り抜ける、切り抜ける」という意味や、「(手形・小切手などを) 換金する、譲渡する、売る」という意味もある。小切手に斜めに2本線を引き、場合によってはさらにその間に Not negotiable ないしは Account payee only と書くと、譲渡禁止となり、宛名人以外の人がそれを持って銀行に行っても換金できない「線引小切手」ないし「銀行渡り小切手」となって、盗難予防になる。人生ゲームのお札を見てみると、そこに NOT NEGOTIABLE の文字が……!?

13 | obvious /ábviəs/ (OC 16-66)

óbvious ≈ easily seen or understood
obvious *adj* - obviously *adv*

○ **It seemed obvious that the sun orbited the Earth, but that notion was overturned by the Copernican Revolution.**
太陽が地球の周りを回るのは自明であると思われていたが、その考えはコペルニクス革命によってくつがえされた。

○ **With its exposed location and its lack of banquet facilities, the hotel was obviously unsuitable for a summit conference.**
そのホテルは、周りから丸見えだし、宴会施設もないので、明らかにサミット会議にはふさわしくない。

ラテン語の *ob-*（上に）と *via*（道）から成る。道の上にいると邪魔になる一方で目立ち、よく見えることから、「目につきやすく、誰もが気づく」という意味。obvious の類語として、evident（見るからにそうだ）、explicit（暗示的でなく、あけすけ）、clear（曇

りや疑念がなく明白)、plain (ごまかしのない、単純な)、apparent (理屈からいって明らか)、manifest (一目瞭然 (堅い表現))、patent (歴然たる (堅い表現))、unmistakable (間違いようのない)、indisputable (議論の余地がない) など多数ある。(🦆 第6章 3. ambiguous・第6章 4. apparent・第7章 10. explicit・第9章 6. definite・第10章 8. evident・第12章 3. certain・🦆 第13章 19. tacit・第14章 12. manifestation・第14章 15. prominent)

14 | previous /prí:viəs/ (OC 144-122)

prévious ≈ earlier in time than some point
previous *adj* - previously *adv*

○ **While previous explorers had assumed that European methods and materials would be superior, Amundsen carefully studied Inuit technology.**

それまでの探検家はヨーロッパ式の方法や素材の方が優れていると決めてかかっていたが、アムンゼンはイヌイットの技術を注意深く調査した。

○ **The Hubble Space Telescope has allowed astronomers to study many phenomena not previously known.**

ハッブル宇宙望遠鏡のおかげで、天文学者は、それまで知られていなかった多くの現象を研究できるようになった。

ラテン語の *prae-* (前へ) と *via* (道) から成る。previous to ...、prior to ...「...に先立って」のように前置詞toを用いることに注意。直接話法と間接話法の書き換えにおいて、tomorrow が the following day となるように yesterday が the previous day (= the day before) となることは英文法の基本。(🦆 第8章 19. subsequent)

15 | ramification /ræməfəkéiʃən/ (OC 146-160)

ramificátion ≈ an additional result or complication
ramification *n* - ramify *v*

○ **The so-called "law of unintended consequences" states that any human action will have unforeseen—and often unwelcome—ramifications.**

いわゆる「意図せざる結果の法則」とは、人間のいかなる行動にも予期しない——しばしばありがたくない——結果がつきものだということである。

○ **One ramification of high interest rates is that companies become more reluctant to issue bonds.**

高金利がもたらす一つの影響は、会社が通常よりも社債の発行を渋るようになるということである。

もともとは ramify（枝分かれする、分岐する）の名詞形として「支流、分岐」の意味があり、そこから「派生、効果、結果」の意味が生まれた。一つの原因に対して多様な結果があちこちに生じるというニュアンスで、ramifications という複数形で用いられることが多い。（ 第6章 11. implication）

Review 11 - 15

Supply the best word (or related form) from the list below.

independent, negotiation, obvious, previous, ramification

1. The first agreement that was _____ between the two parties had unexpected _____, so it was decided to refer the matter to a(n) _____ authority.

2. Though it had _____ been believed that no defense against smallpox could be found, Jenner's experiments made it _____ that vaccination offered genuine protection.

smallpox vaccination

16 | reference /réfərəns/ (OC 74 - 128)

référence ≈ the act of mentioning or indicating; the thing or person mentioned or indicated
reference *n* - refer *v* - referential *adj*

○ **During her testimony, the journalist was careful to make no reference to the identity of her source.**

証言の間、そのジャーナリストは情報源が誰であるかということには触れないよう注意していた。

○ **The reference of a cataphoric pronoun is specified later, as in the sentence "If you want it, there's milk in the fridge."**

後方参照の代名詞の指示対象は、「もしそれが欲しければ、ミルクは冷蔵庫にあります」の文のように、後で具体的に出てくる。

refer は to を伴って「…に言及する、…に触れる」という意味を表し、その名詞形が reference である。「…に言及すること」という基本的な意味の他に、「言及されているもの」すなわち「記号が表す内容、指示内容」も意味する。その他、研究論文などの「参考文献」、履歴書などに記す「照会先、身元保証人」の意味もある。in reference to ... は「…について」という意味で、主として商用の文章などに用いられる決まり文句。（なお、2番目の例文中の「もしそれが欲しければ…」という例文訳は英語の不自然な直訳なので、実際にはこのような翻訳をしてはならないという、反面教師として眺めてほしい。）(🐸 第11章11. indicate)

17 | rigorous /rígərəs/ (OC 136-98)

rígorous ≈ strict; exact
rigorous *adj* - rigor [rigour] *n* - rigorously *adv*

○ **Much of Lavoisier's theoretical success was due to his rigorous measurement and control of the quantities involved in chemical reactions.**
ラヴォアジエ理論（「質量保存の法則」）の成功は、多分に、化学反応に関与する物質量を厳密に測定・管理したことによる。

○ **The function of the Health Inspectorate is to ensure that hygienic standards are rigorously maintained.**
保健監査官の役割は、衛生基準の厳格な維持を徹底せしむることである。

「学問的厳密さ」という意味で rigor という語がよく用いられ、rigorous はその形容詞形として、「厳密な、きわめて正確な」を意味する。人間に関連して用いられる場合には、「(規則などが)厳格な、過酷な」という意味になる。「硬直して融通がきかない」という意味での厳しさを意味し、rigorous application of the law などの表現に典型的に表れるように、法や規則などを妥協の余地なく厳密に適用する場合などに用いる。(🐸 第6章17. severe・第11章14. rigid・第11章20. strictly)

18 | sphere /sfíər/ (OC 60-81)

sphere ≈ 1. a circle in three dimensions; a globe. 2. an area of influence or knowledge.
sphere *n* - spherical *adj*

○ **A sphere may be defined as a three-dimensional figure consisting of all points that are equidistant from one specific point.**
球とは、特定の一点からの距離が一定であるすべての点の集合から成る、3次元の形象と定義できる。

○ A new threat to traditional print media comes from the so-called "blogosphere," the Internet-based community of blog writers.
伝統的な印刷媒体への新たなる脅威が、いわゆる「ブログ圏」、すなわちネットに棲息するブロガーたちの共同体から押し寄せてきている。

「球体」が元来の意味である。古代の天文学では、地球は中心を共有する幾つかの透明な球面によって取り巻かれており、その上に惑星が張りついていると考えられていた。この球面が sphere であった。このような古代の意味がもとになって、atmosphere（大気圏）、stratosphere（成層圏）、troposphere（対流圏）、biosphere（生物圏）などの呼称が作られている。また「北〔南〕半球」は、Northern [Southern] hemisphere。なお、派生的な用法として、「住む場所、棲息地」という意味がある。イギリス 19 世紀のヴィクトリア朝社会では、Home is the woman's sphere.「家庭こそが女の居場所」と言われた。

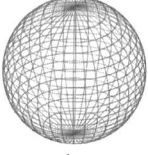

sphere

19 | subordination /səbɔ̀:rdənéiʃən/ (OC 142-106)

subordinátion ≈ the state of being lower in importance or rank
subordination n - subordinate adj, n, v

○ Politicians and the media have conspired to persuade citizens to accept the subordination of personal liberty to security concerns.
政治家とメディアが結託して、安全保障上の事情が個人の自由に優先するのだと市民を説き伏せようとした。

○ A natural leader like Napoleon could never endure a subordinate position for long.
ナポレオンのように人の上に立つべく生まれついた者は、従属的立場に長く甘んじていることはできない。

「下位に置く、従属させる」という意味の動詞 subordinate の名詞形が subordination。subordinate は形容詞として「下位の、従属的な」という意味もある。文法用語の「従属節」は subordinate clause である。ラテン語の「下の、従属の」を意味する sub- と、「列、順」の意味の ordō（語幹 ordin-）がもとになっている。なお、反意語としては dominant や ruling を挙げることができる。たとえば、dominant [ruling] group（支配集団）の対義語は、subordinate group（従属集団）である。また、名詞形の superior と subordinate は組織における「上司」と「部下」という意味にも用いられる。（🐸 第 9 章 7. dominant）

20 | trajectory /trədʒéktəri/ (OC 146-170)

trajéctory ≈ the path of something that has been thrown or fired through the air or space
trajectory *n*

○ **Using a slingshot trajectory around Jupiter, a spacecraft can gain as much as 13 km/s in speed relative to the sun.**
木星の周りでスリングショットの軌道を取ることで、宇宙船は太陽に対して秒速13キロもの速度を獲得することができる。[「スリングショット」とは、宇宙船に大きな加速を与えるため、天体の重力を利用する飛行法のこと。]

○ **The trajectory of her film career forms an almost perfect parabola.**
彼女の映画人生の軌跡は、放物線のように昇りつめて、あとは下降線を辿った。

天体や投射物などが描く曲線、すなわち「軌道」や「軌跡」を意味する。The asteroid has an elliptical trajectory.（その小惑星は楕円軌道をもっている）、The rocket moved in a straight trajectory.（ロケットはまっすぐな軌跡を描いて飛んだ）など。なお、2番目の例文のように、「軌跡」が比喩的に用いられて、「人生の軌跡」などの意味に転用されるのは、日本語でも同じである。(🐧 第7章 16. projection)

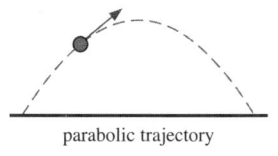

parabolic trajectory

Review 16-20

Supply the best word (or related form) from the list below.

reference, rigorous, sphere, subordination, trajectory

1. Though a believer in _____ discipline, especially in any active _____ of military operations, the general could also show kindness to his _____ .

2. The _____ of an arrow is usually _____ to as its "flight."

Unit Review

Write five new sentences, each of which uses at least two words, or their related forms, from the following list. An example is shown below.

The **negotiations** between the two countries collapsed because neither side was able to **articulate** its position clearly.

apply, articulate, certain, coincidence, comprehensible, constitute, continuous, differentiate, engage, heterogeneity, independent, negotiation, obvious, previous, ramification, reference, rigorous, sphere, subordination, trajectory

英文和訳から翻訳へ
Transformational Translation

シェイクスピアの『夏の夜の夢』で、ボトムという人物の頭が、魔法によってロバの頭に変えられてしまったのを見た人が、"Bless thee, Bottom, bless thee! Thou art translated!"（かわいそうに、ボトム、かわいそうに、おまえ、変わっちまったなあ！）と言う。この translate は、現代の英語では transform となるだろう。ということは、16世紀の translate が、時間の作用によって、21世紀の transform へと "translate" されたことになる。

第12章では、rigorous は、strict, exact という形容詞によって定義されている。英和辞典でも、「厳しい」や「厳格な」というような形容詞的な表現で意味が示されることが多い。しかし、rigorous が文の一部として日本語に訳されたとき、必ずしも同じ品詞の語に置き換えられるとは限らない。

> Much of Lavoisier's theoretical success was due to his rigorous measurement and control of the quantities involved in chemical reactions.
>
> ラヴォアジエ理論の成功は、多分に、化学反応に関与する物質量を厳密に測定・管理したことによる。

この例文では、rigorous measurement and control of the quantities の部分が「物質量を厳密に測定・管理したこと」と訳されている。すなわち、measurement と control を動詞的な表現に膨らませて訳しているのに合わせて、rigorous も「厳密に」という副詞的な表現に置き換えているのだ。

では次に、これと対照的な例を見ておこう。

> The function of the Health Inspectorate is to ensure that hygienic standards are rigorously maintained.
>
> 保健監査官の役割は、衛生基準の厳格な維持を徹底せしむることである。

ここで、are rigorously maintained に相当する部分が「厳密な維持」と訳されていることに注目しておきたい。つまり、rigorously という副詞が「厳格な」という形容詞として訳されているのである。

品詞が1対1に対応しないというばかりでない。英語の単語の一つ一つが、日本語の語に置き換えられるわけでもないのである。さらに、次の例を見てほしい。

A sphere may be defined as a three-dimensional figure consisting of all points that are equidistant from one specific point.

球とは、特定の一点からの距離が一定であるすべての点の集合から成る、3次元の形象と定義できる。

日本語には「冠詞」がないので、a sphere は、単に「球」と訳されている。この場合の a sphere は「任意の球」を意味し、いわば総称であるので、「ある球」、「一つの球」などと訳してはむしろ誤りとなる。そのかわりに、英語には存在しない助詞の「とは」を付加し、「球とは」という表現によって、それが総称であることが表されている。

これらの例で分かるように、翻訳というのは、二つの言語の間で、単純に単語を置き換える作業ではない。むしろ、英語の文が全体として伝えようとしている意味、その文が与える効果を、日本語の文によって実現しようとする営みであると考えなければならない。

このように、翻訳とは英語の単語に日本語の表現を一字一句厳密に当てはめていく作業ではないというと、「なんだ、翻訳なんてとても簡単じゃないか」と感じる人もいるかもしれない。英語の一つ一つの単語や文の構造にこだわる必要はなく、適切な表現を自由に選べばよいのだと言ってしまえば、確かにその通りなのだから。

しかし、それだけに、きわめて難しい仕事でもあると言える。なぜかといえば、良い翻訳をしようと思えば、元の英語の文の意味や効果を十分に理解する英語力、そしてそれを正確な日本語で表現するだけの日本語力が問われるからである。

しかも、英語力と日本語力さえあればすべて問題解決、というわけでもない。ここで、第11章で扱った cease の例文を取り上げ、ステップごとに検討してみよう。

A sudden tightening in the availability of credit forced many small companies to cease operation.

forced 以下の意味は比較的単純で、「無生物主語」の訳し方を高校などで教わった人なら、「…のため、数多くの小さな会社が業務停止に追い込まれた」という訳がすぐに出てくるだろう。

これに対して、A sudden tightening in the availability of credit の部分は、1対1の直訳をするなら「信用貸しの入手可能性における突然の緊縮」とでもなるだろうか。しかし、これでは「英文和訳」としては誤りではないかもしれないが、日本語としてぎこちなく、「翻訳」としては不合格である。

ここで必要となるのが、あなた自身の想像力である。

「小さな会社が業務停止に追い込まれる」と述べられているからには、企業経営にからむことがトピックであることが分かる。そして企業というものは、普通、銀行から融資を受けて活動しているものである。

そこまで想像できれば、ゴールは目前である。ここで一つ考えてみよう。仮に credit is available といえば、何を意味するだろうか。

直訳すれば「信用貸しが手に入る」となるが、これはすなわち「銀行がお金を貸してくれる」ということを意味する。したがって、availability of credit は「融資をしてもらえる可能性」であるといえる。それが sudden tightening ということは、銀行が急に「貸し渋り」の状態になったことを意味している。

…というわけで、英語読解達人が上の英文を読んで、日本的な状況に当てはめるなら、例えば、苦労のために頭のはげた中小企業の社長さんが銀行に行って、椅子にふんぞり返った若い支店長の前でもみ手をしながら、汗をかきかき「そこを何とか」と必死に融資をお願いしている、というような光景が自然に頭の中に浮かんでくるだろう。このように、具体的なものが想像できてはじめて、本当に物事が理解できたといえる。

そうなると、原文の small companies は「小さな会社」よりも「中小企業」のことを指しているのではないか、と思い始めるだろう。確かに、日本語の「中小企業」に対する英語として small and medium enterprises や small and medium-sized companies といった語があるが、ここでは会社の厳密な規模は問題ではなく、大企業に対して資金力が限られた smaller businesses を指していると考えれば、日本語に訳す際には「中小企業」がむしろ適切だといえる。

では、元の英文は、最終的にどのように訳せばよいだろうか。

 資金融資の条件が突然厳しくなったため、数多くの中小企業が業務停止に追い込まれた。

このように、翻訳には、文脈を掘り起こし、状況を頭に思い浮かべる想像力と、頭の中に浮かんだ状況を的確に描き出す日本語——すなわち、日本語のたくみな表現力・文章力が必要とされることもあるのである。したがって、冒頭の話題に戻って考えるなら、translate の意味はシェイクスピアの時代からまったく変化していないとも言えるかもしれない。すなわち、translate とは本質的に transform ということではないだろうか。

Thirteen

according to … animosity arrangement
artificial assume counteract double-edged
facilitate frequency intended manipulate
motivation nonetheless principle refinement
relatively repertoire sequence tacit tangible

01 | according to … /əkɔ́:rdɪŋ tə/ (OC 12-3)

accórding to ≈ as said or shown by
according to *prep* - accordingly *adv* - in accordance with *prep* - accord *n, v*

- **According to the most recent estimates, the city of Troy had a population of around 50,000 people at the time of the war.**

  最新の推計によると、戦争当時のトロイアには、5万人ほどの人口があった。

- **In accordance with the mayor's compulsory evacuation order, police began to force residents to leave their homes.**

  市長の出した強制避難命令に従って、警察は住民を無理やり家から退去させ始めた。

- **Following the crisis, central banks raised interest rates and business activity fell accordingly.**

  その危機を受けて、各国の中央銀行は金利を引き上げ、それに伴って経済活動は低調になった。

in accordance with … は「…に従って、…につり合う形で」という一つの意味しかないのに対して、according to … は、最初の例文のように「(ある情報源)によると」という意味の他に、in accordance with … と同じ意味を表すこともある。accordingly は、3番目の例文におけるように in accordance with that「それにつり合う形で」という意味の他に、もっと漠然と、「よって、したがって」という意味を表す場合がある。動詞形で accord with … というと、「…とつり合っている」という意味になる。(🐸 第7章 3. base … on …)

02 | animosity /æ̀nəmɑ́səti/ (OC 152-86)

animósity ≈ a feeling of hostility
animosity *n* - animus *n*

- **Repeated public disagreements led to strong feelings of animosity between supporters of the two theories.**

  公的な場面で対立が重なった結果、二つの理論の支持者たちの間に強い敵対心が生じることになった。

可算名詞としても不可算名詞としても使われる。ラテン語起源の語であり、したがって、ゲルマン系の語である hatred よりも文語的な響きをもつ。類語には antagonism、enmity、hostility、animus などがあるが、これらも animosity と同様、どちらかといえば文語的である。

03 | arrangement /əréindʒmənt/ (OC 156-146)

arrángement ≈ an ordering of things etc. for some purpose
arrangement *n* - arrange *v* - arranger *n* - arranged *adj*

○ **One of Japan's most famous gifts to world culture is the art of flower arrangement.**
日本が世界の文化に寄与した最も有名なものの一つに、生け花がある。

○ **Arrangements have been made to hold the conference on academic vocabulary next February in Berlin.**
来年の2月にベルリンで学術語彙に関する学会を開催する手配ができている。

動詞 arrange ... は「…をきれいに整える」「…の手はずを整える」ということ。名詞の複数形は「準備、手配」などを表し、2番目の例文においては、学会の準備がどこまで整っているかは明らかではないが、少なくとも日程や会場は決まっている状態を示す。

04 | artificial /ὰ:rtəfíʃəl/ (OC 128-67)

artifícial ≈ man-made; not natural
artificial *adj* - artificially *adv* - artifact *n* - artifice *n*

○ **The first artificial hearts were made in Russia and tested in dogs in the 1930s.**
史上初の人工心臓は 1930 年代にロシアで作られ、犬で実験された。

○ **Some painters find it impossible to do their best work in the artificial setting of the studio.**
アトリエという人工的な環境では最高の仕事はできないと感ずる画家もいる。

人間が作った（ような）、という意味であるが、特に複数のものから合成したものに関しては synthetic という形容詞も使える。名詞 artifact は、人工的に作られたもの一般を指す。artifice は「技巧・工夫・考案品」の意。(第9章 13. nature)

05 | assume /əs(j)úːm/ (OC 126-9)

assúme ≈ to believe (usually without complete evidence, perhaps for purposes of testing an idea)
assume *v* - assumption *n* - assumptive *adj*

- **Let's assume that Turkey continues to be a predominantly secular nation and consider how its relations with its neighbors might evolve.**

  トルコが今後も、ほぼ宗教色のない国家であり続けるものと仮定して、隣国との関係がどのように進展していくかを考察してみよう。

- **In many detective novels, a mistaken assumption at the start of the investigation causes more and more confusion until the truth is finally revealed.**

  探偵小説においては、捜査の最初のところでなされる想定の誤りのために、最後に真実が明らかになる瞬間まで、どんどん混乱が生じていくことが多い。

  類語に presume がある。「…と仮定して」という意味は、on the assumption that … または assuming that … という言い回しで表せる。「ある考え方を、議論の便宜のために仮に正しいものとしてみる」という意味と、「ある考え方を、当たり前のこと、当然正しいものと思い込む」という意味の両方がある。（ 第4章17. surmise・第5章9. hypothesis・第6章コラム・ 第14章13. postulated）

Review 01 - 05

Supply the best word (or related form) from the list below.

according, animosity, arrangement, artificial, assume

1. The division of the country into three parts was an _____ _____ which did not work well.

2. False _____ about the other's intentions have fueled _____ between the two countries, and the danger of war has risen _____ .

06 | counteract /kàuntərǽkt/ (OC 154-104)

counteráct ≈ to act so as to balance or defeat some other force or tendency
counteract *v*

○ **Patients sometimes have to take a second medication to counteract the side-effects of the first.**

患者は、最初に投与された薬の副作用を抑えるために、別の薬を飲まなければならないことがある。

カウンターパンチやカウンターアタック（反撃）の接頭辞 counter- が用いられている。カウンターパンチは a counter ともいうが、これはカウンターパンチの省略ではなく、「反対のもの」を意味する名詞。He countered her attack. という具合に動詞としても用いる。counteract はある働きや効果を抑えたり、緩和したり、阻止したりする働きをいう。counteraction という名詞は辞書に載っているが、実際はあまり使わない。「作用と反作用」と言いたければ、action and reaction となる。countermeasure（対策）、counterproductive（逆効果の）など、counter- がつく便利な言葉が多い。

07 | double-edged /dʌbəl-ɛdʒd/ (OC 152-101)

double-édged ≈ having both good and bad effects
double-edged *adj*

○ **Newton's effect on subsequent English physics was double-edged, since the range and scale of his achievement seemed impossible to imitate.**

ニュートンがその後のイングランドの物理学に与えた影響には良い面も悪い面もあった。彼が成し遂げた業績は範囲も規模も大きすぎてとても真似できそうもなかったためである。

○ **As this conflict shows, patriotism is indeed a double-edged sword.**

この紛争が示しているように、愛国心はまことに両刃の剣である。

身を守ることもできる一方、自ら怪我をすることもある両刃（もろは）の剣（つるぎ）。... is a double-edged sword: it cuts both ways. というように使うこともできる。世界各地の裁判所に見られる「正義の女神」の像は、ギリシア神話のテミス（Themis）やローマ神話のユスティティア（Justitia）に由来し、目隠しをして、手に天秤と両刃の剣を持っている。目隠しは偏見や予断がないこと、秤は公平を象徴し、両刃の剣は理性と正義の力が同時に働くことを意味し、裁判が目指すべき理想が表されている。（🐸 第 11 章 3. balance）

Themis holding a double-edged sword

08 | facilitate /fəsíləteit/ (OC 158-167)

facílitate ≈ to make some task go more smoothly and easily
facilitate *v* - facilitation *n* - facile *adj* - facility *n* - facilitator *n*

○ **It would greatly facilitate interpretation if the raw data were presented in graph form.**

生データがグラフで示されていたら、ずっと分かりやすいはずだ。

○ **He dismissed the plays of Oscar Wilde with what seemed to me a rather facile remark about the irrelevance of class in the modern world.**

彼は、現代社会に階級は関係ないなどという、私にはかなりいい加減に思える発言をして、オスカー・ワイルドの戯曲を取るに足らないと片づけた。

Is it easy or difficult? をフランス語で C'est facile ou difficile? と言うが、英語の facile は（形容詞形で用いる場合）、通例「安易な」（too simple）というネガティブな意味になる。ただし、動詞形や名詞形にすると、ネガティブな意味が消え、facilitate は「容易にする、楽にする、助長する」という意味になる。facility には「容易さ」の他に「器用さ」や「便利」の意味があり、通例複数形で「設備、機関」を表す。transport facilities なら「輸送機関」。

09 | frequency /frí:kwənsi/ (OC 20-148)

fréquency ≈ how often something happens
frequency *n* - frequent *adj*, *v* - frequently *adv*

○ **In recent years, both the frequency and the intensity of tropical storms seem to have increased.**

近年、熱帯暴風雨はますます頻繁に、しかも激しくなってきているようだ。

○ **Aristotle noted that tragedy frequently hinges on a moment of discovery or *anagnorisis*, in which a terrible truth is suddenly revealed.**

アリストテレスは、悲劇は、恐ろしい真実が突然明らかにされる発見の瞬間（アナグノリシス）を核にしていることが多いと記した。

「頻度」の他、「周波数」の意味もある。ウェブサイトなどによくある FAQ は frequently asked questions（よくある質問）の略。frequently は often よりもフォーマルである。また、多くの航空会社が自社のフライトを頻繁に利用する顧客を対象に飛行マイレージによる特典を提供する制度は、frequent flier system と呼ばれる。なお、上記「アナグノリシス」とは、「認知、発見」の意で、古代ギリシア劇において主人公が自己や他人の正体や状況の真相に気づくことを示し、たとえば『オイディプス王』において主人公が、王殺しの犯人は実は他ならぬ自分であることに気づくことなどがそれに当たる。

10 | intended /ɪnténdəd/ (OC 50-63)

inténded ≈ planned
intended *adj* - intention *n* - intend *v* - intent *n, adj* - intently *adv* - intentional *adj* - intentionally *adv*

○ **The project's main aims were successfully achieved, but unfortunately there were a number of unintended consequences.**
このプロジェクトの主たる狙いはうまくいったが、残念ながら予期せぬ影響が幾つも生じた。

○ **One of the most disturbing insights of modern psychology is that we may not know what our own intentions and motivations really are.**
現代心理学が見抜いた最も厄介なことの一つに、我々は自分自身の意図や動機が本当は何なのか分かっていないかもしれないということがある。

○ **Any resemblance between characters in this work and real persons, living or dead, is entirely unintentional.**
この作品の登場人物に、現在や過去の実在人物と似ているところがあるとすれば、それはまったくの偶然によるものです。

No pun intended. (駄洒落のつもりではない) という成句もある。intended use といえば、「本来の使い道、用途」のこと。intent は criminal intent (犯意) のように名詞にもなれば、He is intent on passing his exams. (彼は試験合格のために打ち込んでいる) のように形容詞としても使える。(🐱第5章 6. deliberately)

Review 06-10

Supply the best word (or related form) from the list below.

counteract, double-edged, facilitate, frequency, intended

1. Widening the river was _____ to _____ construction of the new dam, but we cannot deny that its effects have been _____.

2. Policymakers have not yet found a suitable way to _____ the increasingly _____ outbreaks of local conflict which seem to have replaced the Cold War.

11 | manipulate /mənípjəlèit/ (OC 152-72)

manípulate ≈ to alter or control (perhaps dishonestly)
manipulate *v* - manipulation *n* - manipulative *adj*

○ **In times of war, governments are tempted to manipulate the news.**
戦時下の政府というものは、報道操作への誘惑にさらされるものだ。

○ **Questionnaire data are frequently difficult to interpret, but clever statistical manipulation can help to reveal underlying trends.**
アンケート結果の解釈は難しい場合が多いが、統計的な操作をたくみに行うことで、隠れている趨勢が見えてくることがある。

○ **Shakespeare's play presents Lady Macbeth as far more determined—and far more manipulative—than her husband.**
シェイクスピアの劇は、マクベス夫人を夫よりもはるかに芯が強く、権謀術数にたけた人物として描いている。

manipulate は「たくみに扱う」という中立的な意味で用いられることもあるが（2番目の例文）、多くの場合、市場などを「操作する」、すなわち「利益などを得るために不正に動かす」というような悪い意味で用いられることが多い。manipulate share prices（株価を操作する）、manipulate public opinion（世論を操作する）などが典型的な用法である。意味の似ている語として、maneuver [manoeuvre] がある。この語は本来「(軍隊や艦隊などを)動かす、演習させる」という意味であるが、manipulate と同じように「策略によってたくみに導いていく」という意味にも用いられる。なお、3番目の例文のように、manipulate することを好むような性格は、形容詞の manipulative という語で表現される。

Lady Macbeth

12 | motivation /mòutəvéiʃən/ (OC 150-54)

motivátion ≈ someone's reason(s) for acting; enthusiasm
motivation *n* - motive *n* - motivate *v* - motivated *adj* - motivational *adj* - motivator *n*

○ **The faculty's unwavering commitment to education is what has maintained our motivation throughout our undergraduate years.**
教育に対する教授陣の確固たる姿勢に支えられて、私たちは学部時代を通じてやる気を失うことがなかった。

○ **Some leaders believe in verbal encouragement, while others prefer to motivate by example.**

言葉で激励するのが有効だと思っている指導者もいるが、他方、模範例によって行動を促すのがよいとする者もいる。

「動機づけ」すなわち、「何らかの行動をもたらす刺激や原因」「やる気、熱意」のこと。後者の意味から、最近ではカタカナ語で「モチベーションが高い」などの言い方がされている。motive にも「動機、動因」の意味があるが、たとえば犯罪の動機という場合は、motivation ではなく、motive を使う。motive の類語である motif は、オペラ、交響曲、小説などで繰り返し出てくる「モチーフ」。動詞の motivate は、motivate someone to do ... という形で用いられることが多く、「…する動機になる、…する気にさせる」という意味である。I don't know what motivated me to choose French as my second foreign language.（なぜフランス語を第二外国語として選ぶ気になったのか分からない）といった形で使う。（🕊 第 14 章 11. initiative）

13 | nonetheless /nʌnðəlés/

(OC 54-148)

nonetheléss ≈ in spite of that
nonetheless *adv*

○ **The change in attitude toward immigration is subtle but nonetheless important.**

移民に対する姿勢が変わったことは、微妙ではあるものの重要な変化だ。

○ **Economists warn that restrictions on greenhouse gas emissions might slow economic growth. Nonetheless, they recognize that there are no viable alternatives.**

経済学者は、温室効果ガスの排出を規制することは経済成長を鈍化させるかもしれないと言う。にもかかわらず、実行可能な代替措置のないことを彼らは認めている。

none the less が結合されてできた語である。同じような作りの語に nevertheless があり、nonetheless よりよく用いられる。他に類似表現としては、all the same、in spite of this [that]、however などがある。口語表現としては、having said that [all this] という表現が、同じような意味でよく用いられる。

14 | principle /prínsəpəl/ (OC 158-187)

prínciple ≈ a general truth as the basis for beliefs and behavior; a scientific law
principle *n* - principled *adj*

○ **The Heisenberg uncertainty principle states that the position and momentum of a particle cannot both be determined precisely.**
ハイゼンベルクの不確定性原理は、粒子の位置と運動量を同時に正確には測ることができないというものである。

○ **Many people perceive globalization as a threat to traditional principles.**
グローバリゼーションを伝統的な諸原理への脅威と見なす人が多い。

自然現象の裏にある「原理」や「原則」が principle で、たとえば「アルキメデスの原理」は the Archimedean principle である。人間について用いられる場合には、行動規範や道徳的な基準、主義や信条を意味する。さらには、ある特定の思想における基本的な考え方や主張の意。J. S. ミルの *The Principles of Political Economy*（『経済学原理』）という書名に含まれている principles はこの意味。議論などでよく用いられる「原則として」や「原則的に」は、in principle となる。(🐱 第1章 12. policy)

15 | refinement /rɪfáɪnmənt/ (OC 154-105)

refínement ≈ the result of a high degree of improvement; elegance; purity
refinement *n* - refine *v* - refined *adj* - refinery *n* - refiner *n*

○ **English prose style in the 18th century exhibited greater refinement—or, to some judges, artificiality—than the rough and vigorous writing of the 17th century.**
18世紀の英語の散文体は、17世紀の荒削りで力強い文章と比較して――人工的にすぎるとの評もあるが――文体的にはるかに洗練されている。

○ **Twenty-four karat gold has been refined until it contains only one part impurity in a thousand.**
24金とは、不純物含有量が千分の一になるまで精錬されたものをいう。

動詞 refine は「精製する、純化する」という意味。たとえば「精油所」は oil refinery である。そこから転じて、センスやマナーを「洗練する、上品なものにする」、思想や考えなどを「精緻なものにする」という意味が生じている。形容詞 refined の類語である sophisticated も「洗練された、精巧な」という意味であるが、ややもすればそれが嵩じてデカダンの域に突入することもある。すなわち、「複雑になりすぎる、装飾的要素が過多になる」というニュアンスが生じることがあり、たとえば、There is too much sophistication in the convoluted syle of Henry James.（ヘンリー・ジェイムズの入り組んだ文体は、洗練がすぎる）のように用いるが、refined にはそのようなニュアンスは、普通はない。(🔍 第 3 章 17. sophisticated・第 10 章 3. common)

oil refinery
(photo by Dirk Ingo Franke)

Review 11-15

Supply the best word (or related form) from the list below.

manipulate, motivation, nonetheless, principle, refinement

In _____, a person of _____ manners should behave considerately and tactfully, hiding any selfish _____ or prejudices. _____, in practice, a polite or charming demeanor can be used to _____ the situation to one's own advantage.

16 | relatively /rélətɪvli/ (OC 34-26)

rélatively ≈ to some extent; compared to something else
relatively *adv* - relative *adj, n* - relate *v* - related *adj* - relativity *n*

○ **High-altitude telescopes can provide information which is relatively free of atmospheric distortion.**
高地に設置された望遠鏡を使えば、大気による影響を比較的受けていない情報が得られる。

○ **Nations that enjoy relative plenty can no longer afford indifference to the plight of their neighbors.**
比較的豊かな国々は、もはや隣国の苦難に無関心を決め込むことは許されない。

○ **Einstein's theory of relativity is so named because it holds that there is no absolute time or space.**
アインシュタインの相対性理論は、絶対的な時間や空間はないとの主張からそのように名づけられている。

「比較的、相対的に」の意で、類語として、comparatively、to a certain degree、within limits などがある。より程度が高い、あるいは確かな場合は、definitely、clearly、beyond doubt、absolutely などを使う。 動詞の relate は、他動詞の場合、「…と…を関連させる、結びつける、述べる、物語る」などの意味がある。(🔍 第 2 章 1. absolute・第 4 章 4. comparison・第 9 章 6. definite)

17 | repertoire /répərtwɑ̀:r/ (OC 158-199)

répertoire ≈ a range of abilities (such as musical pieces that a performer can play)
repertoire *n* - repertory *n*

○ **Conservative concert planners tend to limit an orchestra's repertoire to pieces that they know will be popular.**

保守的なコンサート企画者は、オーケストラの曲目を聴衆の人気を集めると分かっているものに限る傾向がある。

○ **Recent studies of infant cognitive development have emphasized the rapid expansion of a baby's repertoire of concepts.**

幼児の認知発達に関する最近の研究では、乳児がもつ概念の幅は急速に広がることが強調されている。

カタカナ語の「レパートリー」は repertoire の類似表現である repertory から来ているが、上演目録や演奏曲目などを表す際、英語では repertoire というフランス語源の言葉を使うことが多い。2番目の例文のように、個人が得意とする技能や領域の幅を意味することもある。

18 | sequence /síːkwəns/ (OC 152-64)

séquence ≈ a series (perhaps in time order) (*also verb*)
sequence *n, v* - sequential *adj* - sequentially *adv*

○ **There was a genuine fear during the 1962 Cuban missile crisis that the sequence of events would lead to nuclear war.**

1962年のキューバのミサイル危機の際、核戦争に至るのではないかということが本当に懸念された。

○ **Several versions of her poem have now come to light, but scholars have not yet been able to place them in their true sequential order.**

彼女の詩の幾つかのバージョンが新たに出てきたが、研究者たちはそれらを正しい時系列にまだ並べられないでいる。

「(物事や事件の) 連続した流れ」を意味し、類語として、series、succession、chain などがある。2番目の例文のように、時系列的な順序を含意していることが多い。また日本語でも映画の一つのまとまった画面をシークエンスと呼ぶことがあるが、読み物の連作を意味することもあり、これらは「連続したものや作品群」を指す。一方で、sequel は「続編」を表す。

1, 3, 5, ...

2, 4, 6, ...

sequences of odd and even numbers

(🐱 第6章5. consequence・第11章7. chronology)

---

19 | tacit /tǽsət/ (OC 148-20)

tácit ≈ not stated; unexpressed

tacit *adj* - tacitly *adv* - taciturn *adj* - taciturnity *n*

○ **The president's refusal to criticize the head of the army was widely interpreted as a gesture of tacit support for martial law.**

大統領が陸軍トップをあえて批判しなかったことは、戒厳令に暗黙の支持を与えたものと広く解釈された。

○ **In some British colonies it was tacitly assumed that the official church was the Church of England.**

幾つかの英国植民地においては、公的な教会が英国国教会であることが、明記されずとも当然のこととして了解されていた。

implicit、implied、unspoken と同義で、「はっきりとは述べられずに理解された、暗示された」の意。約束、了解などに関してよく使われる。黙祷という場合、a tacit prayer という表現が使われることがあるが、1分間の黙祷をする際、単に observe a one-minute silence for ... のような言い方をする。(🐱 第6章3. ambiguous・第6章4. apparent・第6章11. implication・第7章10. explicit・第9章6. definite・第10章8. evident・第12章3. certain・第12章13. obvious)

---

20 | tangible /tǽndʒəbəl/ (OC 150-41)

tángible ≈ concrete; real; able to be touched (*also noun*)

tangible *adj, n* - tangibly *adv* - intangible *adj*

○ **The choice is whether to invest in a utopian scheme which may bear fruit only in the distant future or to work towards tangible results in the short term.**

遠い将来において初めて実現するかもしれない空想的計画に投資するか、短期間で具体的な成果を生むことを目指すか、選択は一つだ。

○ **The impression made by a work of art may be intangible yet profoundly influential nonetheless.**

芸術作品がもたらす印象は、雲をつかむような漠としたものかもしれないが、それでも深い影響力をもっている。

ラテン語で「触る」を意味する *tangere* に由来する語で、definite、perceptible、substantial、palpable などが類語。名詞形は「触知できるもの、有形資産」を指す。数学の三角関数で使われる tangent（正接）も関連語で、「…に一点において接する」の意味から来る形容詞および名詞。(🐸 第2章18. substance・第3章11. material・第9章6. definite)

Review 16-20

Supply the best word (or related form) from the list below.

relatively, repertoire, sequence, tacit, tangible

1. A good violin teacher will build up a student's _____ in a logical _____ from quite easy to _____ difficult pieces.

2. There was a _____ assumption during the merger negotiations that the two companies' _____ assets, such as copyrights and patents, would be sold when the companies merged.

Unit Review

Use the following ten words from this unit to complete the text below. Each word should be used only once.

arrangement, assume, facilitate, frequency, intended, manipulated, motivated, refined, repertoire, tacitly

Language exists fundamentally to communicate information. But we can safely _____ that social relations also exist between speaker and hearer; it will be _____ understood that speaker and hearer are equals, or that one is superior to the other. It is therefore natural to _____ language so as to express this hierarchical _____. The same information, _____ for a superior or inferior, will probably be very differently expressed.

In English, level of formality is expressed or _____ using a range of methods. Speakers and hearers are sensitive to factors such as grammatical complexity, word length, and _____ of idiom use. Language users are powerfully _____ to employ a wide _____ of devices, in order to _____ successful communication across social barriers.

言語使用域と語彙
Cash In on Register

dub-sar eme-gir₁₅ nu-mu-un-zu-a a-na-am₃ dub-sar-ra-ni
"A scribe who does not know Sumerian, what kind of a scribe is he?"

　日本語と英語の間には一つの重要な共通点がある。ともに近代までは「地の果ての蛮族の言葉」だったという点である。いずれも近くの大陸には高度な文化をもつ国々があって、そちらの人々からはイギリス人の場合は「アングル人 (*angli*) だっけ、天使 (*angeli*) だっけ」とか、日本人は「東夷の国は遠いね」などと言われて軽く見られていた。だからこそ、ともに大陸の文化を一生懸命に学び、学問をする時は大陸の言葉、すなわち漢文とラテン語を使った。

　現代においても、アカデミックな話、ちょっとでも難しい話をする時には、漢語やラテン語の語彙を多用しなければ話が成り立たない。英語で、Good morning. とか My name is ... とか言っている分にはよいが、This is a pen. と、話題が「読み書き」におよんだ時点で、pen (< *penna*「羽」) というラテン語からの借用語が必要になる。この第 13 章でも、見出し語でラテン語要素のないものは nonetheless のみだし、例文でラテン語からの借用語の入っていないものは一つもない。

　ラテン語からの借用語は基本的に難しい話をする時に使われるが、その例として、本章の 9. frequency を見てみよう。例文に In recent years, both the frequency and the intensity of tropical storms seem to have increased. という文章があるが、友達と普通に話している時にはこのような言い方はしない。ラテン語からの借用語は一切用いずに、It seems to rain more often and more heavily these days. と言えばよい。逆に学術論文で、It seems to rain more often ... と書いたら、幼稚な文章として笑われてしまう。

　同様に、やはりこの章の 8. facilitate についても、例文の It would greatly facilitate interpretation if the raw data were presented in graph form. を会話体にすれば、We would understand those data better in a graph. などとなる。

　このように用途や対象によって使い分けられる言語のレベルを register（言語使用域）という。この単語はオルガンの「ストップ」の意味から転じて「音域」を指すようになり、さらに転じて「言語使用域」という意味で用いられるようになったもののようである。同じラテン語からの借用語でも、使用頻度や、ラテン語からの直輸入であるかフランス語経由であるかなどの違いによってそれぞれのもつ「音階」や「音色」は異なるが、概して言えば、「言語使用域」が高くなるほど、ラテン語やギリシア語からの借用語が多用される。

英国のエリザベス朝にregisterを自在に操った劇作家がいた。シェイクスピアは、観客の中に多数混じっている貴族などの上流階級を満足させつつ、同時に庶民をも楽しませなければならなかったから、higher registerの表現とlower registerの表現を同時に使っている。たとえば四大悲劇の一つ『マクベス』では、王を殺してしまったマクベスが、血だらけの自分の手を見て、「これはどんなに水で洗っても落ちないだろう。それどころか大海の水をすべて使っても、逆に、青い海を真っ赤に染めてしまうだろう」と言う時、"this my hand will rather / The multitudinous seas incarnadine, / Making the green one red"と語るが、これはmultitudinous seas incarnadineという難しいが詩的な表現をMaking the green one redと簡単に言い直している例である。lower registerだけでは、詩を理解したり、格調高い文章を書いたりはできないのである。

話を平安時代の日本語に転じると、『源氏物語』の「乙女の巻」で学問のありようについて紫式部は「才を本としてこそ、大和魂の世に用ひらるる方も強ふ侍らめ」と書いている。つまり、「漢詩・漢文学を根本としてこそ、日本人としての知性教養が世の中で発揮される」と言っていて、大和言葉の代表のように思われている人物にして、このように漢籍に通じることの大切さを力説しているのである。

さらに世界史を遡れば、紀元前19世紀頃のメソポタミアの諺に「シュメール語を知らない書記とはいったいどのような書記だろう」という文がある。このコラムの冒頭にシュメール語原文のローマ字転写と英訳を示したが、すでにシュメール語がアッカド語に取って代わられ、死語となりつつあった時代の諺である。当時の文化人も、シュメール語をもはや話してはいなくても、シュメール語を知らなければ話にならなかったのである。現代に当てはめるなら、「ラテン語を知らない英語使用者とは…」と置き換えてもよいかもしれない。

それぞれの社会における共通語、学問用語は時代とともに変わってきた。そして、その際には、一つ前の時代の言語のさまざまな要素が次の時代の言語に取り入れられるということがしばしば起きた。今から一千年前にアングル人やらサクソン人やらといった最果ての蛮族が話していた言葉が将来世界の共通語になるなどということを想像した人は誰もいなかっただろう。今から一千年後にどんな言葉が世界の共通語になっているかは分からない。

しかし、これを読んでいる皆さんが生きているうちは、ラテン語の影響を多分に受けた英語という言葉が世界の事実上の共通語であり続けるであろうことはほぼ間違いない。その世界で的確な情報を入手し、世界中の失笑を買わないで情報を発信していくためには、それぞれの語のregisterや語源的背景に気を配りつつ、英語の豊かな語彙を身につけていくしかないだろう。

すでにお気づきのとおり、本書はアカデミックな文脈で語彙がどのように使われるかに重点を置いているため、例文は全体的にhigh registerで書かれている。

注1）本コラムの英語のタイトルは、cash register（金銭登録器、いわゆるレジ）と cash in on …（口語で「…で儲ける」の意）という語を使った一種の駄洒落で、あえて言えば「言語のレジスターを知ることで得しますよ」という意味。

注2）冒頭に引用したシュメール語の文章には番号を付記した語が含まれているが、これらはシュメール学などにおいて同音異字の違いを数字で表す習慣に由来する。

Fourteen

accurate advocate ancestor attitude
culmination detect elementary finite fruition
impressed initiative manifestation
postulated progress prominent radiate ratio
saturated unparalleled variable

01 | accurate /ǽkjərət/ (OC 170-145)

áccurate ≈ exact; precise; correct
accurate *adj* - accuracy *n* - accurately *adv*

○ **The changing media environment makes accurate measurement of consumer behavior essential for advertisers.**

メディア環境が変わってきているため、消費者の行動を正確に捉えることが広告主にとって不可欠となった。

○ **Those who believe that real history begins with Thucydides are referring primarily to the concern he shows for factual accuracy.**

真の歴史学はトゥキュディデスから始まると考える人は、トゥキュディデスが事実の正確さを重視していることを主に念頭に置いている。

ラテン語の *ac-cūrātus* (= *ad-cūrātus*) は「注意、関心、世話」を意味する *cūra* から派生した言葉で、「入念な」から転じて「正確な」の意味となった。英語の curate は take care of の意味。「治療する、病気を治す」の意味の cure も、牧師補（助任司祭）を意味する curate も、博物館や美術館で展示を企画・組織する curator（キュレーター）も、同じ語源である。なお、accurate といえば、「正確である、誤りを犯さない、狂いがない」ことを指すが、precise は「いつもぴったり同じ値を指す、厳密、細かい、精密、どんぴしゃ」といった意味であり、精密機器は a precision instrument という。理系的にいえば、accuracy は、測定値がどれほど実際の値と近似であるか、その conformity（一致、符合）を指すのに対して、precision は、測定を繰り返すとほぼ同じ測定値が出るという reproducibility（再現性）の度合を指す。

02 | advocate *v:* /ǽdvəkèit/, *n:* /ǽdvəkət/ (OC 168-101)

ádvocate ≈ (*verb*) to speak or write in support of, usually, an idea; (*noun*) a supporter or legal counselor
advocate *v, n* - advocacy *n*

○ **Plato believed that philosophy can lead us to the highest truth, but he did not advocate it as suitable for all.**
プラトンは、哲学は人を至高の真実に導いてくれると信じていたが、それが万人に向いているとは言わなかった。

○ **Advocates of string theory often point to its mathematical elegance as an important strength.**
ひも理論の主張者は、その重要な長所として、数学的に優雅である点を指摘することが多い。

動詞と同じ形で「(主義などを)主張、唱導、擁護、代弁する人」の意味になる。ラテン語の ad (…に) + vocāre (声をかける) という成り立ち。vocal や voice という、文字通り「声」を意味する語幹は、vocation (神がお呼びになる → 天職)、provoke (前へ呼ぶ → 刺激する)、evoke (外へ呼ぶ → 引き起こす)、invoke (…に呼びかける → 祈願する、援用する)、equivocate (同じ名前で呼ぶ → 二枚舌を使う) などの単語に見られる。また、devil's advocate といえば、議論のためにわざと反対の立場をとる人や「天邪鬼」のことを指すが、もともとは、カトリック教会において聖人に列される候補者の奇蹟や徳行の信頼性に異議を唱える役をいう。(第7章 19. suggest)

---

03 | ancestor /ǽnsèstər/ (OC 28-119)

áncestor ≈ someone or something earlier in a line of descent
ancestor *n* - ancestral *adj* - ancestry *n*

○ **The most recent common female ancestor of all living human beings is called mitochondrial Eve.**
現生人類の最も現代に近い共通女系祖先は、ミトコンドリア・イヴと呼ばれる。

○ **Thomas Young's account of color vision is a 19th century ancestor of our current theory of how human beings discriminate colors.**
色の知覚に関するトマス・ヤングの19世紀の記述は、人間がどのようにして色を見分けるかという今日の理論の祖である。

反意語は descendant (子孫)。ancestor はフランス語からの借用語で、さらに遡ると語源はラテン語の *ante-cēdere* (先に+行く)。同じ *cēdere* から派生した英語の単語には antecede (先行する)、precede (前へ行く → 先んずる、勝る)、recede (後ろへ行く → 後退する)、concede (ともに行く → 譲歩する)、exceed (出て行く → 超える)、proceed (前へ行く → 続ける、進む)、succeed (下から(上へ)行く → 継承する、成功する)、accede (…の方へ行く → 同意する、就任する) などがある。

04 | attitude /ǽtət(j)ùːd/ (OO 38-74)

áttitude ≈ 1. a set of beliefs and feelings towards someone or something. 2. a physical position.
attitude *n* - attitudinal *adj*

○ **It is understandable that advocates of supply-side economics should take such a hostile attitude to Keynesian demand-led models of growth.**
供給側重視の経済理論 (サプライサイド経済学) を支持する人たちが、ケインズ派の需要主導型の成長モデルにひどく敵意ある態度をとるのは無理もない。

○ **This famous statue shows the Buddha in a reclining attitude.**
この有名な像は、横臥の姿勢をとっている仏陀である。

類語に posture、bearing、stance、position、carriage、pose などがある。上記の定義の 1 は精神的な姿勢・態度、2 は身体的な姿勢を指す。consumer attitudinal research といえば、購買意欲や嗜好などについての消費者の動向を調べること。近年、attitudinal healing という、物事に対する心のもちようを変えることで癒しを得るという活動も出てきた。ストレスを感じたり、敵意をもったりするのは、環境のせいでも相手のせいでもなく、自分の attitude 次第であるとする考え方である。なお、attitudinal changes は changes in attitudes と同じ意味。

Buddha in a reclining attitude

05 | culmination /kʌ̀lmənéiʃən/ (OC 175-24)

culminátion ≈ the conclusion of a long process
culmination *n* - culminate *v*

○ **Her Nobel Prize was the culmination of a lifetime of devoted effort.**
彼女のノーベル賞受賞は、生涯をかけた専一の努力の結果である。

○ **Preparations for the Olympics, involving work on the main stadium, the athletes' village, and the supporting infrastructure, culminated in a memorable and spectacular opening ceremony.**
メインスタジアム、選手村、周辺設備など、オリンピックの準備はついに万端整い、忘れがたい華麗な開会式を迎えた。

culminate in ... (ついに…になる) の形で前置詞 in を用いる。culmination には「頂点、全盛期」の意味もあり、動詞は「最高点〔極点〕に達する」というのが原意だが、Othello's increasing jealousy culminated in murder. のように悪い結果にも使う。
(🔖 第 2 章 20. ultimate・第 4 章 5. conclusive)

Review 01-05

Supply the best word (or related form) from the list below.

accurate, advocate, ancestor, attitude, culmination

1. The disagreement over energy policy _____ in victory for the _____ of increased funding for nuclear power.

2. It might not be _____ to suggest that many centuries ago our _____ had _____ toward nature that were radically different from our own now.

06 | detect /dɪtékt/ (OC 154-117)

detéct ≈ to notice or observe the existence of something
detect *v* - detection *n* - detector *n* - detective *n*

○ **Many readers have detected in *Gulliver's Travels* an increasingly dark and misanthropic mood as the work progresses.**
『ガリヴァー旅行記』を読むと、話が進むにつれて暗鬱で人間嫌いのムードが強まってくるのに気づく人が多い。

○ **It is a paradox of modern physics that the detection of smaller and smaller particles requires larger and larger machines.**
検知すべき粒子が小さくなるほど、そのために必要な装置が巨大化するというのは、現代物理学の逆説である。

「発見する」というのが基本的な意味。discover と同じように「隠れていたものを見出す」という意味のこともあるが、「すでに存在するものに気づく、見破る、探知する」というニュアンスで用いられる場合もある。「嘘発見器」は lie detector、火災報知器は smoke detector、金属探知機は metal detector。また、detective は「探偵」のことだが、私立探偵ばかりでなく、犯罪捜査をしている警察官も含まれる。（🐱 第 10 章 18. trace）

component of particle detector

07 | elementary /èləméntəri/ (OC 162-2)

eleméntary ≈ simple; basic
elementary *adj* - element *n* - elemental *adj*

○ **Washing one's hands is an elementary precaution against the spread of disease.**

手洗いの励行は、病気の感染を防ぐ第一歩である。

○ **When Watson expressed amazement at Sherlock Holmes' powers of deduction, Holmes dismissed his own insight as "elementary."**

ホームズはワトソンに推理力を驚嘆された時、それくらいの洞察は「初歩だよ」といなした。

「基本的な要素、元素」を意味する element には、elemental と elementary という二つの形容詞形がある。elemental は「要素の、元素の、自然の、原始的な」などの意味が中心であるのに対して、elementary はこれらに加えて「初歩の、基本の」という意味もある。elementary education は「初等教育」、elementary knowledge は「初歩的な知識」である。また、*Elementary Modern Physics*（『現代物理学初歩』）など、教科書の題名に用いられることもよくある。なお、友人などから「君、すごいね」と言われて、"Elementary, my dear Watson."（「そんなのは初歩だよ、ワトソン君」）と返す、というパターンがある。（🐾 第3章 6. fundamental・第6章 10. essential）

08 | finite /fáinàit/ (OC 170-161)

fínite ≈ limited
finite *adj* - finitely *adv* - finitude *n*

○ **An irrational number, such as π, cannot be expressed as a finite decimal.**

円周率のような無理数は、有限小数で表現することができない。

○ **A spokesman explained that resources for the project were finite and that all the available money had already been allocated.**

その計画のための資金には限りがあり、使用可能な予算はすでにすべて配分されていると、スポークスマンは説明した。

「有限の、列挙する〔数えきる〕ことができる」が finite、これに対して「無限の、すべてを列挙することが不可能」というのが infinite である。数学では、要素の個数が限られている集合のことを finite set（有限集合）、無限個の要素が含まれる集合のことを infinite set（無限集合）という。finite は fáinàit、infinite は ínfənət と発音される（どち

```
π = 3.1415926535
    897932384626433
    832795028841971
    693993751058209
    749445923078164
    062862089986280
    348253421170...
```
start of an infinite decimal expansion

らも 1 番目の母音にアクセントがある) ことに注意。ラテン語の「止める、限定する」という意味の *finīre*（完了分詞 *finītus*）に由来する。類語としては limited が挙げられる。ただし limited（および unlimited）が日常的な文脈で用いられるのに対して、finite は学術的あるいは改まった場で用いられる傾向がある。（🐸 第 10 章 2. boundless）

09 | fruition /fruːíʃən/ (OC 170-155)

fruítion ≈ the successful end of a process of growth or development
fruition *n* - fruit *n* - fruitful *adj* - fruitfully *adv* - fruitfulness *n*

○ **Muhammad Yunus' idea of microcredit for the poor came to fruition with the establishment of the Grameen Bank in 1983.**
ムハマド・ユヌスによる貧しい人々へのマイクロクレジット（小額融資）のアイデアは、1983 年にグラミン銀行の設立によって実現した。

○ **One important criterion of success in a scientific theory is fruitfulness, which is the ability to generate new and unexpected explanations.**
科学的理論が妥当かどうかを判断する重要な基準は「生産性」――すなわち、それのおかげで、新しく、予期されなかった説明が生み出されるかどうかということ――である。

日本語で「努力が実を結ぶ」などというが、これに対応する英語表現として bear fruit という言い回しがある。たとえば、「我々の十年にわたる研究が実った」は Our ten years of study bore great fruit. と訳すことができる。この場合の fruit は「成果」という比喩的な意味を担っているが、これに対して、fruition は「実を結ぶこと」、すなわち「（希望・目的などの）実現、達成」という意味である。たとえば After ten years of study, our idea came to fruition.（10 年におよぶ研究の末、我々のアイデアは実を結んだ）というような形で用いられる。また、fruitful は「多くの実を結ぶ」（すなわち「成果が多い」）という意味の形容詞である。fruitful research といえば「実りの多い研究」を意味する。fruitful theory とは、それによって多数の現象が説明できるような優れた理論のことである。（🐸 第 9 章 14. realize）

10 | impressed /ɪmprést/ (CW 32-115)

impréssed ≈ filled with admiration
impressed *adj* - impress *v* - impressive *adj* - impressively *adv* - impression *n*

○ **We were all impressed by the clarity and insight of her presentation.**
彼女の口頭発表は明晰で洞察に満ちており、我々は一同に舌を巻いた。

○ **Since the year 2000, a number of emerging economies have made impressive progress.**

2000年以降、幾つかの新興経済圏がめざましい発展を遂げている。

「すごい！」を英語で言えば、I'm impressed! である。また、「感心する、びっくりする（ほどの）」と言いたければ、impressive という形容詞を用いればよい。impress は in＋press という成り立ちからも明らかなように、「ぎゅっと押して、刻印などをつける」というのが元来の意味で、そこから「心に刻印する」、すなわち「強く印象を残す」という意味が生じている。名詞形は impression で、The scene left a deep impression in my mind.（その場面は私の心に強い印象を残した）のような形で用いられる。文字通り、「心に深々と刻み込まれている」ということであろうか。

Review 06 - 10

Supply the best word (or related form) from the list below.

detect, elementary, finite, fruition, impressed

1. Our knowledge is still at a(n) _____ level now, so it would be better to avoid questions that can be addressed more _____ at a later stage.

2. Currently available cameras have _____ face and smile _____ capabilities, in spite of their strictly _____ memory and processing limitations.

11 | initiative /ɪníʃətɪv/   (OC 168 - 134)

initiative ≈ 1. the power to take action. 2. the ability to take action without being told.
initiative *n* - initiate *v* - initiation *n* - initial *adj* - initially *adv*

○ **In any competitive situation, some people prefer to take the initiative while others are more cautious.**

人と競争する場面においては必ず、主導権をとろうとする人間と、より慎重な態度をとる人間とがいるものだ。

○ **The most creative people in any field are blessed with self-confidence and initiative as well as brilliant ideas.**

どんな分野においても、最も創造的な人というのは、着想の良さに加えて、自信、積極性といった資質に恵まれている。

関連語に initial（初めの、皮切りの）があるが、initiative は「主導権」とともに「他に先んじて物事を進める能力や意欲、またその具体的な行為」をも含む。1980年代の冷戦末期にアメリカ政府が打ち出した Strategic Defense Initiative (SDI) は、日本語では通称「スターウォーズ計画」とも呼ばれたが、この場合の initiative は行動計画の意味。また、政治の分野ではアメリカの特定の州やスイスなどで実施される公民立案権を指す。動詞形の initiate は、「新たに何かを始める」の意味で、名詞形の initiation は文化人類学では成人式や入会式などの「加入儀礼」の意味で使われている。（🐾 第13章 12. motivation）

12 | manifestation /mæ̀nəfəstéiʃən/ (OC 175 - last line)

manifestátion ≈ a sign or symptom of something
manifestation *n* - manifest *v, adj* - manifestly *adv* - manifesto *n*

○ **The rise in energy prices was a manifestation of increasing demand from developing countries.**

エネルギー価格の上昇は、開発途上国からの需要が増大していることの表れであった。

○ **Lawyers for the accused declared that the verdict was "manifestly unfair."**

被告側弁護士は、評決は「明白に不当」と断言した。

抽象的な何かをはっきりと表わすものを指し、display、exemplification、sign、evidence、proof などと同義。近年、日本の政党が選挙前に出すマニフェストはラテン語から来る英語 manifesto に相当し、政策や政治目標の公的な宣言を表す。歴史的には、1848年にマルクスとエンゲルスが発表した「共産党宣言」*The Communist Manifesto* がよく知られている。アメリカ英語では manifesto がもつ過激なイメージを避け、platform を使う。2番目の例文のように、副詞形の manifestly は、definitely、evidently などと同様に強い肯定をする場合に使われる。アメリカ合衆国史において Manifest Destiny（「明白なる天命」）は、19世紀中葉にテキサス併合を正当化するスローガンとして登場したが、アメリカの例外主義的な世界観を表す言葉として、現在もしばしば言及される。（🐾 第9章 6. definite・第10章 8. evident・第12章 13. obvious）

13 | postulated /pástʃəlèitəd/ (OC 162 - 7)

póstulated ≈ assumed; hypothesized
postulated *adj* - postulate *n, v*

○ **The postulated 4% average growth in the world economy on which their predictions were based may well have been optimistic.**
　彼らは世界経済の平均成長率が4パーセントであるという想定にもとづいて予測をたてたが、この数字は楽観的すぎた可能性が大である。

○ **It is a postulate of the democratic system that those who vote have sufficient information to do so rationally.**
　有権者は合理的な判断にもとづいて投票するための十分な情報をもっているというのが、民主制の根本原理である。

「立論や議論の基礎として仮定された、前提とされた」の意味で、最初の例文のように、仮定の内容は事実にもとづかない場合もある。名詞形の postulate は2番目の例文のように「必要条件」を表すが、数学や論理学では「公理」を意味する。postulate の発音は、この語が名詞形であれば第1音節にアクセントが置かれ、動詞形であれば第1音節に主強勢が、第3音節に従強勢がある。（🐱 第5章 9. hypothesis・第6章コラム・第13章 5. assume）

14 | progress *n:* /prágrès/, *v:* /prəgrés/　　　(OC 26-71)

prógress ≈ moving forward (*also verb*)
progress *n, v* - progression *n* - progressive *adj* - progressively *adv* - progressivism *n*

○ **It's an interesting question whether there can be genuine progress in artistic fields.**
　芸術の分野で本当の進歩というものがありうるか否かは、興味深い問題だ。

○ **Conflicts between conservative and progressive political movements often reflect generational as well as ideological differences.**
　「保守」対「革新」の政治運動における対立は、イデオロギーだけでなく世代間の違いも反映していることが多い。

新しい発明・発見による技術の発展に支えられた19世紀から20世紀前半にかけての時期は "The Age of Progress"（進歩の時代）であると言われた。progress と同じような意味合いの語として improve、enhance、upgrade などがあるが、これらは「上達」「向上」といった上に向けた動きを表している。一方、「前に進む」というイメージが強い progress は、His cancer gradually progressed.（彼の癌は徐々に悪化した）のように、悪い方向への進行を表す場合にも使われる。

15 | prominent /prάmənənt/ (OC 34-25)

próminent ≈ noticeable; obvious; well-known
prominent *adj* - prominently *adv* - prominence *n*

○ **The Neanderthals were significantly more robust than Homo sapiens, with a heavier jaw and prominent brow ridges.**
ネアンデルタール人はホモ・サピエンスに比べて、顎が大きく、眉隆線が突き出しており、はるかに頑丈であった。

○ **Gandhi came to international prominence in 1930, as the leader of protests against a British salt tax.**
英国の塩税に対する反対運動のリーダーとして、ガンディーは1930年に国際的な注目を集めるようになった。

ラテン語で「前方に」を意味する接頭辞 *pro-* と、「突き出る」を意味する *minēre* に由来する。最初の例文のように、単に「突出した、目立つ」という意味では noticeable、salient、eye-catching などと同義であり、「卓越した、傑出した、高名の」という肯定的な意味では、eminent、famous、distinguished などと同義である。2番目の例文で使われている come to prominence は成句で、類似表現として rise to prominence、gain prominence がある。（📖第9章7. dominant・第10章6. distinction・第12章13. obvious）

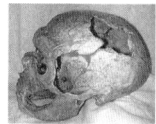

Neanderthal skull

Review 11-15

Supply the best word (or related form) from the list below.

initiative, manifestation, postulated, progress, prominent

1. Some economists regard _____ and prosperity as being _____ most clearly in increases in personal income.

2. In many battles, the capture of a _____ landmark such as a hill or important building gives one side the _____ and leads on to victory.

3. One of the fundamental _____ of the conservative outlook is that success comes to those who deserve it.

16 | radiate /réidièit/ (OC 162-17)

rádiate ≈ to send out in all directions
radiate *v* - radiation *n* - radioactivity *n* - radiator *n* - ray *n* - radius *n* - radiant *adj*

○ **Solar flares radiate high-energy x-rays outwards, sometimes affecting communications on Earth.**
太陽面爆発は高エネルギーのX線を放射し、時には地球上での通信に影響を与えることもある。

○ **The half-life of a radioactive substance is the time required for the radiation it produces to fall by half.**
放射性物質の半減期とは、その物質の出す放射線が半分の量にまで減るのに必要な時間のことである。

○ **The area of a circle is equal to π times the square of the radius.**
円の面積は、半径の二乗に円周率をかけたものに等しい。

ラテン語の *radiāre*（光を放つ）から派生し、radio も同根である。Spokes radiate from the center.（スポークは車輪の中心から外へと伸びている）のように、動きを伴わない、形状を描写するのにも用いられる。名詞形の radiation は、一般に何かが放射される状態、および放射されるもののことを指し、2番目の例文におけるように、特に、放射線という意味を表すことがある。radioactivity は「放射能」。関連する形容詞のうち、radioactive は「放射能がある」、radiant はより一般的に「(光などを)発している」「(喜びや希望に)輝やいている」という意味。

17 | ratio /réiʃou/ (OC 48-48)

rátio ≈ the proportion between two quantities
ratio *n* - ration *n* - rational *adj* - rationally *adv* - rationalize[rationalise] *v* - rationality *n*

○ **The teacher/student ratio is an important factor that profoundly affects learning.**
教師と学生の比率は、学習に大いに影響をおよぼす重要な要素である。

○ **The Continuum Hypothesis asserts that there is no quantity greater than that of the rational numbers and less than that of the real numbers.**
連続体仮説とは、有理数の総数より大きく、実数の総数より小さい数は存在しない、というものである。

有理数というのは rational number の和訳であるが、この用語は、2つの整数の間の比率として表しうる数という意味で、つまり、この場合の rational という形容詞は「比率に関係する」というような意味なのだから、当初から rational number は「比率数」「有比数」などと訳してもよかったのである。数学以外の場面では rational は「理性的」の意。配給という意味の ration（ræʃən または réiʃən）も、歴史的に同根の語である。(🐌 第8章 10. disproportionate・第11章 3. balance)

18 | saturated /sǽtʃərèitəd/ (OC 162-22)

sáturated ≈ filled completely, as when a liquid cannot dissolve any more of a substance
saturated *adj* - saturate *v* - saturation *n*

○ **Some museums use a saturated solution of calcium nitrate to control humidity throughout the year.**
美術館の中には、年間を通じて湿度を調整するために、硝酸カルシウムの飽和溶液を使用しているところがある。

○ **In a totalitarian society, a determined government can saturate the media and culture with its propaganda.**
全体主義的な社会においては、政府は、その気になれば、マスメディアと文化を自身のプロパガンダで埋め尽くすこともできる。

ある種のものがある場所にすでに大量に存在していて、他のものが入り込む余地がなくなっている状態を指すのが元来の用法である。2番目の例文では、saturate を flood、swamp、inundate などの動詞で置き換えることもできる。この4語とも、「何かを水浸しにする」という意味もある。

19 | unparalleled /ʌ̀npǽrəlèld/ (OC 175-23)

unpáralleled ≈ without equal or precedent
unparalleled *adj* - parallel *adj, v, n* - parallelism *n*

○ **The sequencing of the human genome was a task of unparalleled significance.**
ヒトゲノムの配列決定は、比類なき偉業であった。

○ **In Shakespeare's plays, there is usually a subplot which parallels the events of the main plot.**
シェイクスピアの劇では、主筋に並行する副筋があるのが通例である。

parallel には他動詞としての用法があり、主語の指すものが目的語の指すものに「平行している、あるいは匹敵している」という意味を表す。形容詞 unparalleled はこの他動詞から派生したものである。名詞 parallelism は「平行関係、類似」という意味。heroism（英雄的な行為）、alcoholism（アルコール依存）などを見ても分かるように、-ism で終わる単語がすべて「何とか主義」を意味するわけではない。（🐱 第 1 章 11. original・第 1 章 20. unique）

20 | variable /vέriəbəl/ (OC 46-19)

váriable ≈ something, usually a quantity, which may change (*also adjective*)
variable *n*, *adj* - vary *v* - varied *adj* - variation *n* - variability *n* - variant *n*

○ **Surveys have shown that the thickness of the Arctic ice cap is surprisingly variable.**
調査によって、北極地方の氷冠の厚さは驚くほど変動するものであることが分かった。

○ **One interesting variant of the flute—used, for example, in Hawaii—is powered by air from the nose, not the mouth.**
笛には面白いものもあって、たとえばハワイで使われているものに、口ではなく鼻からの空気で音を出すものがある。

一定していない、という意味で、類語に unstable、changeable などがある。反意語は constant。名詞としては、「変数」「要因」という意味。独立変数（説明変数）は independent variable、predictor variable で、従属変数（被説明変数）は dependent variable。variant は「異種」のことで、たとえば「…の現代版」のことは a modern variant of ... といえるが、同じ意味は a modern equivalent of ... という言い方でも表せる。「…の変形・変種」には、a variation of ... という形に加えて、a variation on ... もよく用いられる。（🐱 第 6 章 6. consistent）

variant of the flute

Review 16-20

Supply the best word (or related form) from the list below.

radiate, ratio, saturated, unparalleled, variable

1. The _____ of sodium chloride to water in a completely _____ solution _____ depending on the temperature.

2. The release of _____ from the Chernobyl nuclear power plant in
   1986 was a disaster of _____ magnitude.

Unit Review

Write five new sentences, each of which uses at least two words, or their related forms, from the following list. An example is shown below.

   One of her aunts was a **prominent** researcher in the field of **elementary** particle physics.

accurate, advocate, ancestor, attitude, culmination, detect, elementary, finite, fruition, impressed, initiative, manifestation, postulated, progress, prominent, radiate, ratio, saturated, unparalleled, variable

変わりゆく要注意表現
Speaking of the Unspeakable

　あるアメリカのラジオ番組で、次のようなエピソードが紹介された。「航空管制官を募集しようとしたどこかの会社が雇用機会の公平性が大事だといって、点字の募集広告も出したらしい」と言って、番組の出演者が大笑いした。もし、これが日本のラジオ番組であったら、視力障害者に配慮して、茶化したりはしないだろう。障害者に関する限り、アメリカに比べて日本の方が、メディアにおける表現や取り扱いには神経が使われているようだ。

　一方で、2008年に日本で導入された「後期高齢者医療保険」をめぐっては、その制度自体の分かりにくさとともに、後期高齢者という名称が75歳以上の高齢者の心を傷つけるとして槍玉に挙げられた。イギリスやアメリカでは高齢者を指す senior citizen という名称がすでに定着しているが、senior がもつ「先輩の」「上級の」というニュアンスが高齢という事実をうまく婉曲的に表現しているといえよう。

　この例に限らず、英語圏においては特に人種民族、ジェンダーに関する表現について、対象となる人々や文化の尊厳に配慮した表現を使うことが社会的および政治的に正しい（politically correct）とする傾向が強まっている。このことは、当然、アカデミックな文章や口頭表現にも影響をおよぼしている。

　例えば、次のような記述は一昔前まではアメリカの大学の歴史教科書でも当たり前のこととされていた。

> Christopher Columbus discovered America by accident when looking for Japan and China. (Samuel Eliot Morison and Henry Steele Commager, *The Growth of the American Republic*, 1962, originally published in 1930)
>
> クリストファー・コロンブスは日本と中国を目指すうちに、偶然アメリカを発見した。

　しかし、上記の教科書の執筆者の一人コマジャーによる1986年のテキストでは、書き方にかなりの変化が見られる。

> [B]y the time of the European "discovery" there were perhaps thirty or more million "Indians" differing in language, culture, civilization, even in appearance, quite as markedly as did the peoples of the African, Asian, or European continents. (Henry Steele Commager, *The American Spirit*, 1986)

ヨーロッパ人の「発見」以前に、そこには3000万人以上の「インディアン」がいて、彼らは言語、文化、文明、また外見においてすら多様であり、そうした違いはアフリカ、アジア、ヨーロッパ大陸に住む人々の間で見られた相違と同じぐらい大きかった。

ここでまず注目したいのは、discovery と Indians という言葉に引用符がつけられていることだ。つまり、「発見」は西欧にとっての出来事であったにすぎず、その場所には1万年以上も前にアジアから移住していた多様な民族の子孫が暮らしていたし、ヴァイキングと呼ばれた北欧の部族も北米大陸には何度か到達していた。「インディアン」もコロンブスがインドに着いたと勘違いして名づけた現地の住民の呼称であるために、引用符をつけることによって、「いわゆる」「本当はそうではないが、このように信じられてきた」という意味を示している。近年は、Native Americans（先住アメリカ人）の視点を取り込んだ結果、この出来事にはヨーロッパ中心主義（Eurocentrism）から来る discovery ではなく、landing や単なる voyage といった言葉が使われている。

この例からも分かるように、アカデミックな文章では記述している事柄が論争の対象となっていることを筆者が認識しているのだということを引用符によって示すのが約束事となっている。このような引用符は scare quotes とも呼ばれて、読者に警告を発したり、注意を促している。

歴史認識をめぐる問題だけでなく、男女の社会的・文化的な差異を示すジェンダーについても、「人」「人間」などの意味で英語の man、men、mankind などを用いるのは性差別だとして、近年は persons、humans、humankind などに置き換える傾向がある。人称代名詞の使い方にしても、he or she、s/he といった表現を用いる代わりに、文章全体に she と he とを適度に散りばめたり、全体に she が使われる論文も見られるし、単数を避けて they を使うこともしばしばある。

職業の分野でも男女の境界が薄くなっている現在、fireman は firefighter に、stewardess は flight attendant に取って代わられ、policeman は、女性の場合は policewoman が使われたり、性差が表れない語（gender-free language）として police officer、law enforcement officer が両性に対して用いられる。やや問題なのは、fisherman で、fisher を提唱する向きもあるが、定着はしていない。

「議長、会長、学科長」などの役職名については、従来は chairman が使われていたが、現在では、それが女性の場合は chairwoman と言ったり、chair や chairperson がしばしば用いられる。本書においても、第1章16の例文に spokesperson があり、日本でも一部で使われはじめている「スポークスパーソン」を訳語に使った。一方、第14章8の例文にある spokesman は、そのまま「スポークスマン」とした。しかしながら、日本語では「女性のスポークスマン」「女のボーイさん」といった言い方がされたり、女性が指示対象であっても「ワンマン社長」などの表現が現在もされている。

いずれは日本社会の変化とともに、カタカナ語の「ワンマン」も「カメラマン」「スポーツマン」も消えてゆくのだろうか。

　最後に、誰しも口にしづらい「死」について考えてみよう。日本語の「亡くなる」「逝く」「みまかる」「冥界に入る」などに限らず、死に関する婉曲表現はどの言語にも存在するが、英語では pass away が一般的に使われる。他にも、… is deceased、at rest、no longer with us も用いられ、またキリスト教的な表現として join the heavenly choir、go to meet one's Maker といった言い回しもある。俗語として go west も「死ぬ」ことを意味するが、アメリカの西部開拓時代に危険が待つ西に向うことが死を暗示していたからだという説もある。仏教でいう西方浄土とは、かなりイメージが異なっている。

解答例
Suggested Answers

はじめに
- 各章に4つずつ設けた Review は、そこまでで学んだ5つの語について、例文の空所に適切な語を、必要であれば語形を変えて埋める形式の問題です。見出し語を他の語形も含めて、実際に使ってみる練習です。related form は、品詞、動詞の時制による変化、単数・複数の変化、派生語を含み、主なものは各項目の見出し語のあとに列挙してあります。原則として、5つの語が1回ずつすべて空所に入るよう作られていますので、易しいものから順番にパズルのようにして解くことができます。
- 設問によっては正解が複数あり、適切な語彙の選択の幅を考えるための練習になります。複数の選択が可能な場合も、特定の語が別の語よりも適切な場合は、その旨を記しました。
- 各章の最後に設けた Unit Review は、できる限り、当該のページを見ずに解いてみてください。和文英訳や見出し語を使った英作文の問題については、幾つかの解答例を示してあります。

One

Review 01-05
1. consideration (*Note*: the subject is too specific for "context")
2. civilization
3. claim
4. context(s)
5. cumulative ("accumulating" and "accumulated" are also possible)

Review 06-10
1. individual
2. framework ("metaphor" is also possible but a bit less likely)
3. literally
4. metaphor ("framework" might be possible, but it would lead to the question of what the framework was for)
5. invested

Review 11-15

1. process ("policy" is a bit awkward with "begin")
2. role (determined by "played")
3. originally
4. resources ("policies" and "processes" are possible but are less likely in the real world)
5. policy ("political" is also possible; "role" would also be possible in some contexts)

Review 16-20

1. text ("tradition" is ruled out by context)
2. specific ("unique" is not impossible); strategy
3. traditions (the plural is dictated by the verb form)
4. unique ("specific" would not be impossible in some contexts)

Unit Review

4	accum u l a t e	1.	a sequence of events
	civilization	2.	advanced learning or technology
	claim	3.	something not yet definitely known
18	considerable	4.	to increase gradually
14	context	5.	materials
17	framework	6.	any piece of writing
	investment	7.	money or effort used
	indiv i d u a l	8.	one of something
	literally	9.	without exaggeration or metaphor
	metaphorically	10.	in some extended sense
	orig i n a l	11.	new, different
1	process	12.	large-scale planning
	pol i c y	13.	a stated plan of action
5	resources	14.	surroundings
	role	15.	a set of actions
	spec i f i c	16.	particular
12	strat e g y	17.	supporting structure
6	text	18.	significant in degree or amount
	tradition	19.	a long-surviving custom
	unique	20.	unlike any other

Note: "15. a set of actions" could also be the definition of "strategy" or "policy," but better definitions of these words are provided in 12 and 13.

Two

Review 01-05

1. condition
2. categorization ("analysis" is also possible)
3. absolute ("categorical" is also possible)
4. consciously ("absolutely" is not impossible)
5. analysis

Review 06-10

effective ("efficient" is not as good in the context, because of "permanent")
involving
maintain
efficient ("effective" is also good)
innate

Review 11-15

1. phenomena ("mechanisms" is not impossible; "observations" is a bit awkward with "tornadoes and thunderstorms")
2. preference(s)
3. observe
4. necessary ("preferable" is not impossible but needs more context to be fully understandable)
5. mechanical ("mechanistic" is also possible)

Review 16-20

1. significant ("substantially important" would be possible but not "substantial" alone in this context, as "substantial" by itself tends to mean "large in amount")
2. substances
3. technical
4. ultimately
5. sources

Unit Review

1. This has been the **source** of the confusion.
2. An **effective** treatment has not yet been found. / No **effective** treatment has so far been found.
3. This fact is not **necessarily** a problem for the theory.
4. A social **phenomenon** like this is rare.
5. We were **conscious** of that possibility.

6. These tasks **involve** performing various experiments. / Various experiments are **involved** in carrying out these tasks.
7. This textbook is too difficult for an **absolute** beginner.
8. Musical talent is often **innate**.
9. Nobody understands the **significance** of this event.
10. That doll is (being) moved [operated] through a special **mechanism**. / A special **mechanism** is used to move [operate] that doll.
11. That is a **technical** term.
12. The president **observed** that a new era of responsibility had begun.
13. It is necessary to **analyze** the evidence.
14. Do you know anything about his **condition**?
15. We have no **preference(s)**.
16. That book has little **substance**.
17. It is also possible to **categorize** human personalities into introverted types and extroverted types.
18. He wants to **maintain** his current weight.
19. The **ultimate** outcome of the experiment was disappointing.
20. This method is extremely **efficient**.

Three

Review 01-05

1. enabler ("creator" is unsuitable because of "small")
2. create controversy
3. entitlement
4. dismantle

Review 06-10

1. identify
2. inspiring ("fundamental" and "indispensable" are both possible); heritage ("identity" is also possible)
3. indispensable ("fundamental" is also possible)
4. fundamental ("indispensable" would be redundant here)

Review 11-15

1. particular material
2. obligatory
3. perspective; occupying

Review 16-20

1. unfortunately; unstable

Suggested Answers | 239

2. transcend
3. recognize; sophisticated

Unit Review

	contro v e r s i a l	1. creating disagreement
	create	2. to make; to produce
	dismant l e	3. to take to pieces
20	enable	4. unluckily
	entitled	5. having a right to something
17	funda m e n t a l	6. complex; refined
	heritage	7. what we inherit; tradition
	identity	8. what makes something the thing it is
	indis p e n s a b l e	9. necessary; essential
	inspire	10. to give hope, a new idea, etc.
	mat e r i a l i s t i c	11. ignoring spiritual matters; obsessed with money
	obligat o r y	12. required; not optional
	occup a t i o n a l	13. related to work or a profession
	particularly	14. more so than others
	perspect i v e	15. standpoint; way of seeing
	recognize	16. to know something again
6	sophisticated	17. basic; most important
	stab i l i z e	18. to make something safer and less liable to sudden change
	transcend	19. to go beyond
4	unfor t u n a t e l y	20. to make it possible to do something

Four

Review 01 - 05

1. capable; collaborate ("compare" would need an object, e.g., "compare their ideas")
2. comparative (the context rules out "breakthrough" and "conclusive," but "collaborative" is also possible); inconclusive
3. breakthrough

Review 06 - 10

1. generalization ("overgeneralization" is also possible; "conjecture" is not impossible but seems too tentative in this context)
2. conjecture
3. dimensional

4. Exhibition ("Exhibit" is also possible in American English, but the actual show was called an "Exhibition"); developments

Review 11-15

1. intense; reflected
2. probability
3. insightful ("reflective" is also possible); margin (or "margins")

Review 16-20

1. symmetry; trait
2. Researchers; surmised
3. unify

Unit Review

Examples:

In **general**, scientists work in close **collaboration** with others.

But some of the greatest **breakthroughs** have come from the **insights** of individuals working alone.

They **surmised** that the **research** results would **probably** end the debate.

The **exhibition reflected** the results of the **comparative research** on the new **dimensions** of **marginal** popular culture.

Five

Review 01-05

1. crucial ("considerable" is also possible); circumstances; authority
2. debates ("debate" is also possible); consider

Review 06-10

1. established; deliberations ("deliberation" is also possible)
2. hypothesize ("establish" is also possible, but would be better with "eventually"); incorporating
3. designation

Review 11-15

1. potential ("potency" is also good); objectively
2. neglect; proposal ("proposition" is also possible)
3. inevitability

Review 16-20

1. theory ("theories" is also good); universe; sample ("reality" is also possible

but not as good)
2. radical ("universal" and "theoretical" are also good); reality ("realities" and "realism" are also possible)

Unit Review

See the individual entries in this unit for related forms.

Six

Review 01-05

1. ambiguities ("ambiguity" is also good); account
2. apparent; inadequate; consequences ("consequence" is possible but not idiomatic)

Review 06-10

1. description; demonstration
2. inconsistent; dynamic; essential

Review 11-15

1. remarkable; interpretation; physical
2. implications; revise

Review 16-20

1. witness; severity
2. subjective; substitute; sense

Unit Review

1. The book's **description** [A **description** of the book] is available on the Web.
2. We should not take the company's **account** seriously. / We should take the company's **account** with a grain of salt.
3. Mona Lisa has an **ambiguous** smile. / Mona Lisa is smiling **ambiguously**.
4. Do you realize that harsh corporal punishment is **essentially** illegal? / Do you understand the **essentially** criminal nature of severe corporal punishment?
5. His remark had no political **implication(s)**. / There were no political **implications** in his statement.
6. He is [has been] a **consistent** home run hitter. / He hits [has hit] home runs **consistently**.
7. It is **apparent** that the system has a flaw [fault]. / The system's defects

[faults] are **apparent**.
8. Do you know the difference between **subjective** truth and objective facts?
9. Can you **demonstrate** how to do it?
10. We must do it, whatever the **consequences** may be. / We have to do it regardless of the **consequences**.
11. Margarine is used as a **substitute** for butter.
12. The deterioration of the five **senses** caused by aging can be slowed with **adequate** nutrition. / An **adequate** diet can delay the aging-related decline of the five **senses**.
13. No **witness** has been found for the murder. / No one has been found who **witnessed** the murder.
14. Some types of **physical** contact can be **interpreted** as sexual harassment.
15. She had to **revise** her thesis on the **dynamics** of the global economy.

Seven

Review 01-05

1. concentrate; alternative ("basic" or "consistent" would also be possible)
2. basics ("bases" is also possible, while "basis" is ruled out by "are"); accessible
3. consists

Review 06-10

1. construction; exclusive ("explicit" is also possible but somewhat less likely in real-world contexts)
2. encapsulate; determine; explicit

Review 11-15

1. objection; gradually
2. focuses; interaction (or "interactions"); function

Review 16-20

1. projections; suggest; respective ("projected" is also possible)
2. symbolic ("suggestive" is also good); subside

Unit Review

Examples:

One form of writing about history tries to **encapsulate** the lives of those who **determined** the sequence of events.
There is always a danger that the writer will **project** our knowledge into their lives and **construct** a false picture of their motives.

He **suggested** that **exclusive access** to the archives might provoke some **objections**.
The **interactive** media may **function** as an **alternative** to direct communication in neighborhoods.

Eight

Review 01-05

1. characteristic; affiliated
2. array; chronic; accepted

Review 06-10

1. concomitant; disproportionate ("critical" is also possible in some contexts)
2. critics; construed; counterparts

Review 11-15

1. ideological ("reductionist" is also possible); inherently; reductionist ("ideological" is also possible)
2. network; parameter

Review 16-20

1. subsequent ("selection" and "unwarranted" are not impossible); stressful
2. selective; unwarranted
3. regulation

Unit Review

The answers will depend on the individual student.

Nine

Review 01-05

1. collapse; commodities; contamination
2. capital; actually

Review 06-10

definition; dominate; global; eradicated; Furthermore

Review 11-15

1. mutually; impose; registered
2. natural; realized

Review 16-20
1. virtually; revolutionary; rituals
2. undermined; tenuous

Unit Review

See the individual entries in this unit for related forms.

Ten

Review 01-05
1. assimilation; communal ("common" and "community" are not impossible but "communal" is more natural)
2. boundlessly; common component

Review 06-10
1. facet; extraordinary ("evident" is also possible) diversity
2. distinguish; evidence

Review 11-15
1. juxtapose; represents (or "represented"); modern
2. predominantly; generation

Review 16-20
1. undoubtedly traces; utilized
2. stereotype; strive

Unit Review
1. I am majoring in **modern** history. / My major is **modern** history.
2. The engine lacked one basic **component**. / One key **component** was missing from the engine.
3. Politicians should **strive** to improve the health of the people.
4. He wasted his **extraordinary** talent.
5. It is not easy to **assimilate** immigrants into society. / The **assimilation** of immigrants into society is no simple task.
6. His report shows another **facet** of the incident.
7. She wants to **trace** her family history. / She is interested in **tracing** her genealogy.
8. Love is **boundless**. / There are no **bounds** to love.
9. This graduate school is **predominantly** female. / Women **predominate** in this graduate school.
10. What is the **distinction** between yogurt and cheese? / How can one **dis-**

tinguish between yogurt and cheese?
11. This university is known for its student **diversity**. / The university is famous for its **diverse** student body.
12. She will **undoubtedly** achieve her objective.
13. We have [share] **common** interests.
14. The government is ignoring the education of the next **generation**.
15. This poem **represents** a new trend.
16. The company has the technology to **utilize** farm products as fuel. / The company possesses technology for the **utilization** of agricultural products as fuel.
17. It is **evident** that their experiment was successful.
18. That Japanese are good in math is a **stereotype**. / Japanese people have been **stereotyped** as being good at math.
19. The Romans enjoyed **communal** bathing.
20. He plans to **juxtapose** high-rise buildings and low-rise houses. / His plan calls for the **juxtaposition** of high-rises with low-level housing.

Eleven

Review 01-05

1. aware; absurdity (or "absurdities")
2. capable; balancing; barely

Review 06-10

1. collated; chronological
2. current citation; cease

Review 11-15

1. indicates; norm; rigidity
2. occurrence; skew

Review 16-20

1. stabilized; spiral ("spiraled; stable [or stabilized]" is also possible); stemming
2. Strictly; standardized (or "standard")

Unit Review

Examples:

When the news media have to deal with controversial issues which may challenge the **norms** of their audience, it is important for them to aim for **balance**. Though it would be **absurd** to demand a **strictly** impartial presentation, the media have a fundamental duty to make their audience **aware** that there are two sides to such questions. A **skewed** or one-sided approach can do enormous harm.

The idea that **strict** teachers are good teachers is **absurd**, as they set in motion a negative **spiral** of turning the infinite **capacity** of their students into a **rigid** and **standardized** pattern of thinking.

The botanist **indicated** that some plants are **normally stabilized** by **rigid** or **spiral stems**.

Twelve

Review 01-05

1. certainly; comprehensible; articulation
2. applies; coincidental

Review 06-10

1. constituents; differentiated
2. heterogeneous; engaged; continuous ("continuing" and "continual" are also possible)

Review 11-15

1. negotiated; ramifications; independent
2. previously ("independently" is also possible); obvious

Review 16-20

1. rigorous; sphere; subordinates
2. trajectory; referred

Unit Review

Examples:

Their **continuous engagement** in the project will bring about good results.

They did not **comprehend** that the **heterogeneity** of the society was significant.

We should **differentiate** between what is **obviously coincidental** and what is **certainly** inevitable.

The **application** form requires a supervisor's letter of **reference**.

The **subordination** of comics to novels used to be assumed but was rarely **articulated** clearly.

Thirteen

Review 01-05
1. artificial; arrangement ("assumption" is not impossible)
2. assumptions; animosity; accordingly

Review 06-10
1. intended; facilitate ("facilitated; counteract" is also possible); double-edged
2. counteract; frequent ("double-edged" is not impossible)

Review 11-15
principle; refined ("principled" is also possible); motivation(s); Nonetheless; manipulate

Review 16-20
1. repertoire; sequence; relatively
2. tacit; intangible

Unit Review
assume; tacitly; manipulate; arrangement; intended; refined; frequency; motivated; repertoire; facilitate

Fourteen

Review 01-05
1. culminated (or "culminates"); advocates ("advocacy" is not impossible)
2. accurate ("inaccurate" is also possible; it would give the sentence the opposite meaning); ancestors; attitudes

Review 06-10
1. elementary; fruitfully ("impressively" is not impossible)
2. impressive; detection (or "detecting"); finite

Review 11-15
1. progress; manifested ("initiated" is not impossible)
2. prominent; initiative
3. postulates

Review 16-20

1. ratio; saturated; varies
2. radiation; unparalleled

Unit Review

Examples:

The **prominent** features of Japanese **ancestor** worship **impressed** Roland Barthes, as shown in his *Empire of Signs*.

His attitude **manifested unparalleled** self-confidence.

Accurate dating is necessary to **postulate** a historical theory.

The **progress** of the liberation movement **culminated** in independence.

The **ratio** of foreign pupils in **elementary** schools **varies** according to the size of the immigrant population in the area.

単語索引　Vocabulary Index

数字は各単語が見出し語・派生語・関連語として扱われている箇所、あるいはそれらが例文の一部、コラムの対象語として扱われている箇所を示す。最初の数字は章の番号、2番目の数字は項目の番号。コラムの場合はその章の番号を記す。項目の見出し語とその場所は太字で示した。

absolute **2-1**, 13-16
absolutely　2-1
absurd **11-1**
absurdism　11-1
absurdist　11-1
absurdity　11-1
absurdly　11-1
accept　コラム 1, 4-1, 4-19, コラム 7, **8-1**, 8-14, 8-17, 8-18, 9-10, 10-16, 11-12, 12-5, 12-19
acceptable　8-1
acceptance　8-1
accepted　8-1
access　1-15, **7-1**
accessibility　7-1
accessible　7-1
according to ...　1-14, 3-6, 6-8, 6-18, 8-12, 9-2, 9-3, 11-19, **13-1**
accord　13-1
(in) accordance with　13-1
accordingly　13-1
account　**6-1**, 8-15, 14-3
accountability　6-1
accountable　6-1
accountant　6-1
accounting　6-1
accumulate **1-1**, 9-2
accumulation　1-1
accumulative　1-1
accuracy　3-17, 14-1
accurate　6-5, 8-19, 9-16, 11-7, **14-1**
accurately　14-1
actual　8-18, **9-1**

actuality　9-1, 11-12
actualize　9-1
actually　5-5, 9-1, 11-17
actuate　9-1
adequacy　6-2
adequate **6-2**
adequately　2-14, 6-2, 10-1
advocacy　14-2
advocate **14-2**, 14-4
affiliate **8-2**
affiliated　8-2
affiliation　8-2
alternate　7-2
alternative　5-4, **7-2**, 11-7, 13-13
alternatively　7-2
ambiguity　6-3
ambiguous **6-3**
analysis　1-9, 2-2, 7-6, 12-8
analyst　2-2
analytical　2-2
analyze **2-2**, 2-7, 2-11
ancestor **14-3**
ancestral　14-3
ancestry　14-3
animosity **13-2**
animus　13-2
apparent **6-4**
apparently　6-4
appear　2-11, 3-2, 6-4, 8-4
appearance　6-4, 12-4
appliance　10-7, 12-1
applicable　12-1
applicant　12-1

application　12-1
applied　12-1
apply　4-10, 6-11, 8-19, **12-1**
arrange　13-3
arranged　13-3
arrangement **13-3**
arranger　13-3
array **8-3**
arrayed　8-3
articulate **12-2**
articulation　12-2
artifact　13-4
artifice　13-4
artificial　8-17, **13-4**
artificially　13-4
askew　11-15
assimilate **10-1**
assimilation　10-1
assimilative　10-1
assume　5-20, コラム 6, 12-14, **13-5**, 13-19
assumption　10-18, 13-5
assumptive　13-5
attenuate　9-18
attenuation　9-18
attitude　13-13, **14-4**
attitudinal　14-4
authoritarian　5-1
authoritative　5-1
authority **5-1**, 9-19
authorization　5-1
authorize　5-1
aware **11-2**
awareness　8-14, 11-2

balance 2-13, **11-3**
balanced 8-14, 11-3
bare 11-4
barely 6-2, **11-4**
base ... on ... 2-3, 6-5, 7-3, 9-12, 9-19, 14-13
basic 7-3
basically 7-3
basics 7-3
basis 7-3
boundary 10-2
boundless 10-2
bound 10-2
breakthrough 4-1, 4-15

capability 4-2, コラム 4, 11-5
capable 3-2, 4-2, 11-5
capacious 11-5
capacity コラム 4, 10-20, **11-5**
capital 9-2
capitalism 9-2
capitalist 9-2, 12-1
capitalistic 9-2
capitalize 9-2
capsule 7-8
categorical 2-3
categorically 2-3
categorization 2-3
categorize 2-3
category 2-3
cease 11-6
certain 8-9, 8-12, 8-17, 11-16, **12-3**
certainly 11-2, 12-3
certainty 1-2, 12-3
cessation 11-6
character 4-8, 6-10, 8-4, 13-10
characteristic 1-20, 8-4, 10-3
characterization 4-10,

8-4
characterize 4-18, **8-4**, 12-10
chronic 8-5, 11-7
chronological 11-7
chronology 11-7
chronometer 11-7
circumstances 3-4, **5-2**, 10-9
circumstantial 5-2
citation 11-8
cite 11-8
civilization 1-2, 2-3
civilize 1-2
civilized 1-2, 2-3, 3-16
claim 1-3, コラム 1, 2-1, 3-1, 3-12, コラム 7, 9-1, 9-13
claimant 1-3
claimer 1-3
coincide 12-4
coincidence 12-4
coincidental 12-4
coincidentally 12-4
collaborate 4-3
collaboration 4-3
collaborative 4-3
collaboratively 4-3
collaborator 4-3
collapse 1-1, 1-6, **9-3**
collapsible 9-3
collate 11-9
collation 11-9
commodification 9-4
commodify 9-4
commodity 9-4
common 7-9, **10-3**, 14-3
commonality 10-3
commoner 10-3
communal 10-4
commune 10-4
communion 10-4
community 9-7, 10-4,

12-18
comparable 4-4
comparative 4-4
comparatively 4-4
compare 4-4
comparison 4-4
component 10-5
comprehend 12-5
comprehensible 12-5
comprehension 12-5
concentrate 7-4
concentrated 7-4
concentration 7-4
conclude コラム 1, 4-5, コラム 7, 10-5
conclusion 3-5, 4-5
conclusive 4-5
conclusively 4-5
concomitant 8-6
condition 1-8, 1-13, **2-4**, コラム 2, 3-18, 7-13, 8-1
conditional 2-4, コラム 2
conditioner 2-4
conjectural 4-6
conjecture 4-6, コラム 6
conscious 2-5
consciously 2-5
consciousness 2-5, 2-14
consequence 6-5, 9-8, 9-10, 12-15, 13-10
consequent 6-5
consequential 6-5
consequently 6-5
consider 1-4, 2-11, 4-8, **5-3**, 5-12, 5-17, 7-5, 9-2, 13-5
considerable 1-4, 10-11, 12-10
considerably 1-4
considerate 5-3
consideration 1-4, 5-3
consist of ... **7-5**, 12-18
consistency 6-6

consistent 6-6
consistently 6-6
constituent 12-6
constitute 12-6
constitution 10-9, 12-6
construal 8-7
construct 7-6
construction 7-6
constructive 7-6
construe 8-7
contaminant 9-5
contaminate 9-5
contaminated 3-3, 9-5
contamination 9-5
context 1-5, 2-11, 8-15
contextual 1-5
contextualize 1-5
continue 9-13, 10-7, 12-7, 13-5
continuity 12-7
continuous 12-7
continuously 12-7
controversial 2-3, 3-1, 3-13, 4-1, 10-2
controversy 3-1, 11-8
counteract 13-6
counterpart 8-8, 8-17
corporation 5-10
create 2-17, **3-2**, 6-19, 9-4, 9-15
creation 3-2
creative 3-2, 14-11
creativity 3-2, 9-1
creator 3-2
crisis 5-15, 6-5, 8-9, 10-12, 13-1, 13-18
critic 1-9, 5-19, 6-16, 8-9
critical 8-9, 12-1
critically 8-9
criticism 4-19, 8-9
criticize 1-12, 8-9, 8-15, 13-19
crucial 5-2, **5-4**

crucially 5-4
crux 5-4
culminate 14-5
culmination 14-5
cumulative 1-1
currency 11-10
current 11-10, 14-3
currently 11-10

debatable 5-5
debate 5-5, 7-11, 11-10
definite 9-6
definitely 9-6
definition 2-3, 9-6
definitive 9-6
deliberate 5-6
deliberately 5-6
deliberation 5-6
demonstrable 6-7
demonstrate 2-6, 4-5, 6-7, コラム 7, コラム 11
demonstration 6-7
demonstrative 6-7
demonstrator 6-7
describe 6-8, 9-9
description 6-8
descriptive 6-8
designate 5-7
designated 5-7
designation 5-7
detect 11-4, **14-6**
detection 14-6
detective 13-5, 14-6
detector 14-6
determinant 7-7
determinate 7-7
determination 7-7
determine 4-16, 6-1, 6-11, **7-7**, 13-14
determined 7-7, 13-11, 14-18
determinism 7-7
deterministic 7-7

develop 1-12, 2-4, **4-7**, 5-3, 5-4, 6-17, 9-17, 10-18, 14-12
developer 4-7
development 3-4, 3-19, 4-7, 5-2, 8-6, 12-1, 13-17
developmental 4-7
diachronic 11-7
differ 12-8
difference 12-8, 14-14
different 12-8
differentiate 12-8
differentiation 12-8
differently 12-8
dimension 4-8
dimensional 4-8, 6-13, 12-18
dismantle 3-3
disproportionate 8-10
disproportionately 8-10
distinct 5-3, 10-6
distinction 10-6
distinguish 4-19, 10-6
distinguished 10-6
diverge 10-7
divergence 10-7
divergent 10-7
diverse 10-7
diversification 10-7
diversify 2-5, 10-7
diversion 10-7
diversity 10-7
dominance 9-7
dominant 9-7
dominate 9-7, 10-18
domination 9-7
domineering 9-7
dominion 9-7
double-edged 13-7
doubt 2-1, 5-13, 10-19
dynamic 6-9
dynamically 6-9

dynamics 4-11, **6-9**
dynamism 6-9

effect 2-6, 9-14, 9-15, 13-6, 13-7
effective 1-12, **2-6**, 2-11
effectively 2-6
effectiveness 2-6, 11-18
effectual 2-6
efficiency 2-7
efficient 2-7
efficiently 2-7
element 2-18, 3-9, 5-7, 5-15, 14-7
elemental 14-7
elementary 14-7
enable 4-11, **3-4**
enabler 3-4
enabling 3-4
encapsulate 7-8
encapsulation 7-8
engage 12-9
engagement 12-9
engaging 12-9
entitle 3-5
entitled 3-5
entitlement 3-5
eradicate 9-8
eradication 9-8
essence 6-10, 10-13
essential 1-7, 2-10, 4-13, **6-10**, 7-12, 10-10, 14-1
essentially 6-10
establish 3-8, **5-8**, 5-12, 11-7
establishment 5-8, 8-1, 14-9
evidence 2-18, 3-5, 3-15, 4-3, 4-6, 5-3, 9-18, 9-19, 10-8
evident 10-8
evidential 10-8
evidently 10-8

exclude 7-9
exclusion 7-9
exclusive 7-9, 9-12
exclusively 7-9
exclusivity 7-9
exhibit 4-9, 13-15
exhibition 4-9, 10-12
exhibitionism 4-9
exhibitionist 4-9
explicit 7-10
explicitly 7-10, 12-3
explicitness 7-10
extraordinarily 10-9
extraordinary 10-9, 11-5

facet 10-10
facile 13-8
facilitate 13-8
facilitation 13-8
facilitator 13-8
facility 13-8
finite 14-8
finitely 14-8
finitude 14-8
focus 7-9, **7-11**, 8-6, 10-4
focused 7-11
frame 1-6
framework 1-6, 2-14, 9-1
frequency 13-9
frequent 13-9
frequently 13-9, 13-11
fruit 13-20, 14-9
fruitful 14-9
fruitfully 14-9
fruitfulness 14-9
fruition 14-9
function **7-12**, 8-13, 12-17
functional 7-12
functionalism 7-12
functionality 7-12

fundamental 3-6, 4-18, 8-11, 9-13, 10-18
fundamentally 3-6
furthermore 9-9

general 4-10, 4-20
generalist 4-10
generality 4-10
generalization 4-10
generalize 4-10
generally 4-10, 5-19
generate 9-20, 10-11, 14-9
generation 2-1, 7-1, **10-11**
generative 10-11
generator 10-11
global 1-12, 3-6, 5-4, 6-5, 7-16, **9-10**, 11-13
globalization 8-12, 9-10, 10-7, 13-14
globe 9-10
globular 9-10
globule 9-10
gradation 7-13
grade 7-13
gradual 6-1, 6-19, **7-13**
gradualism 7-13
gradually 7-13, 10-14, 11-18
graduated 7-13

heritage 3-7, 5-7, 9-8
heterogeneity 12-10
heterogeneous 12-10
hypothesis 2-18, **5-9**, 7-13, 14-17
hypothesize 5-9, コラム 6, 10-14
hypothetical 5-9

identical 3-8
identification 3-8, 5-1

Vocabulary Index | 253

identify 3-8, 11-11
identity **3-8**, 4-5, 12-16
ideological 8-11, 14-14
ideologically 8-11
ideologue 8-11
ideology 4-4, **8-11**
implication 5-3, 5-14, **6-11**
implicit 6-11
implied 6-11
imply 6-11, コラム 6
impose **9-11**, 10-9
imposition 9-11
impress 14-10
impressed **14-10**
impression 13-20, 14-10
impressive 14-10
impressively 14-10
incapable 4-2
incorporate **5-10**
incorporation 5-10
independence 12-11
independent 4-5, **12-11**
independently 12-11
indicate コラム 7, **11-11**, コラム 11
indication 11-11
indicative 11-11
indicator 11-11, 11-13
indispensable **3-9**
indispensably 3-9
individual 1-6, **1-7**, 4-10, 7-9, 8-13
individualism 1-7
individualistic 1-7
individualize 1-7
inevitability 5-11
inevitable 3-2, 5-11, 8-5
inevitably **5-11**, 9-2
inhere 8-12
inherent **8-12**
inherently 8-12
inherit 3-7

inheritance 3-7
inheritor 3-7
initial 2-16, 14-11
initially 14-11
initiate 14-11
initiation 14-11
initiative **14-11**
innate **2-8**
innately 2-8
innateness 2-8
insight **4-11**, 8-17, 13-10, 14-7, 14-10
insightful 4-11, 12-2
inspiration 3-10
inspirational 3-10
inspire **3-10**, 6-9
inspired 3-10
inspiring 3-10, 7-12, 8-11
intangible 13-20
intend 11-20, 13-10
intended **13-10**
intense **4-12**, 6-13, 10-4
intensify 4-12
intensity 4-4, 4-12, 13-9
intensive 4-12
intent 13-10
intention 13-10
intentional 13-10
intentionally 13-10
intently 13-10
interact 7-14
interaction **7-14**
interactive 7-14
interpret **6-12**, コラム 6, 13-11, 13-19
interpretable 6-12
interpretation 6-12, 13-8
interpretative 6-12
interpreter 6-12
invest 1-8, 13-20
investment **1-8**, 11-19
investor 1-8, 5-10

involve 1-8, **2-9**, 8-9, 10-14, 11-14, 12-17, 14-5
involvement 2-9
involving 2-9

juxtapose **10-12**
juxtaposition 10-12

literal 1-9
literally **1-9**

maintain コラム 1, **2-10**, 2-13, コラム 7, 12-17, 13-12
maintenance 2-10
manifest 14-12
manifestation **14-12**
manifestly 14-12
manifesto 14-12
manipulate **13-11**
manipulation 13-11
manipulative 13-11
margin **4-13**
marginal 4-13
marginalize 4-13
marginally 4-13
material 1-13, 1-20, 2-12, **3-11**, 10-5, 12-14
materialism 3-11
materialistic 3-11
materialize 3-11
matter 3-11
mechanical 2-11
mechanically 2-11
mechanism **2-11**
mechanize 2-11
mechanized 2-11
metaphor 1-9, 1-10
metaphorical 1-10
metaphorically **1-10**
modern 4-1, 5-4, 8-8, 9-16, **10-13**, 11-5, 12-11,

13-8, 13-10, 14-6
modernity   10-13
modernization   10-13
modernize   10-13
motivate   8-11, 13-12
motivated   13-12
motivation   13-10, **13-12**
motivational   13-12
motivator   13-12
motive   9-4, 13-12
multifaceted   10-10
mutual   9-12
mutuality   9-12
mutually   9-12

natural   1-14, 5-11, 8-12, 8-17, 9-13, 10-10, 12-19
naturalism   9-13
naturalistic   9-13
naturally   9-13, 10-8
nature   3-10, 7-20, **9-13**, 10-9, 11-13, 11-16
necessarily   1-14, **2-12**
necessary   1-14, 2-12, 3-3, 5-17, 11-20
necessity   2-12
neglect   5-12
negligence   5-12
negligent   5-12
negligible   4-14, **5-12**, 8-4
negotiable   12-12
negotiate   12-12
negotiation   8-8, 12-9, **12-12**
negotiator   7-4, 12-12
network   8-13
nonetheless   13-13, 13-20
norm   11-12
normal   8-11, 11-12
normality   11-12
normalize   11-12
normative   11-12

object   5-13, 7-15, 8-4, 10-12
objection   7-15
objectionable   7-15
objective   5-13, 5-17
objectively   5-13
objectivity   5-13
objector   7-15
obligate   3-12
obligation   3-12
obligatory   3-12
oblige   3-12
observable   2-13
observant   2-13
observation   2-13
observe   2-13, 3-20, 11-4
observer   2-13, 10-13, 12-9
obvious   12-13
obviously   12-13
occupation   3-13, コラム 3
occupational   3-13
occupier   3-13
occupy   3-13
occur   3-6, 11-13
occurrence   11-13
origin   1-11, 4-17
original   1-11, 1-18, 2-12, 3-10
originality   1-11
originally   1-11, 10-7, 11-20
originate   1-11

parallel   14-19
parallelism   14-19
parameter   8-14
parametric   8-14
particular   3-14, 4-10
particulars   3-14
particularly   3-14, 10-12
perspectival   3-15

perspective   3-15
phenomenal   2-14
phenomenology   2-14
phenomenon   2-14, 3-15, 12-4, 12-14
physical   4-8, **6-13**
physicality   6-13
physically   6-13
physics   6-13, 13-7, 14-6
physique   6-13
policy   1-12, 2-10, 5-3, 7-12, 10-1
policymaker   1-12, 11-3
postmodern   10-13
postulate   コラム 6, 14-13
postulated   14-13
potency   5-14
potent   5-14
potential   5-14, 11-2
potentiality   5-14
potentially   5-14
predominant   10-14
predominantly   10-14, 13-5
predominate   10-14
prefer   2-15, 13-12, 14-11
preferable   2-15
preferably   2-15
preference   2-15, 11-11
premodern   10-13
previous   11-9, **12-14**
previously   12-14
principle   13-14
principled   13-14
probability   4-14
probable   4-14
probably   2-2, 4-14, 4-17
process   1-13, 2-5, 2-9, 5-11, 6-19, 7-13, 8-12, 8-18, 10-10, 10-14, 11-14, 12-9, 12-12
procession   1-13
processor   1-13

progress 3-4, 14-6, 14-10, **14-14**
progression 14-14
progressive 14-14
progressively 14-14
progressivism 14-14
project 7-16
projectile 7-16
projection 7-16
projector 7-16
prominence 14-15
prominent 14-15
prominently 14-15
proposal 1-4, 4-12, 5-15
propose 4-8, **5-15**
proposition 5-15

radiant 14-16
radiate 14-16
radiation 14-16
radiator 14-16
radical 5-16
radicalize 5-16
radically 5-15, **5-16**
radioactivity 14-16
radius 14-16
ramification 12-15
ramify 12-15
ratio 10-20, **14-17**
ration 14-17
rational 14-17
rationality 14-17
rationalize 14-17
rationally 14-13, 14-17
ray 14-16
realist 5-17
realism 5-17
realistic 5-17
realistically 5-17
reality 5-5, 5-17, 8-4, 9-20
realization 9-14
realize 5-14, 8-17, **9-14**,

12-4, 12-12
recitation 11-8
recite 11-8
recognition 3-16
recognizable 3-16
recognize 3-16, 10-19, 13-13
reconsider 5-3
reconstrue 8-7
recurrent 11-10
reduce 8-15
reductionism 8-15
reduction 8-6, 8-15
reductionist 8-15
reductive 8-15, 10-16
refer 12-16, 14-1
reference 7-10, **12-16**
referential 12-16
refine 13-15
refined 13-15
refinement 13-15
refiner 13-15
refinery 13-15
reflect 4-15, 14-14
reflection 4-15
reflective 4-15
reflector 4-15
register 9-15
registrar 9-15
registration 9-15
regulate 8-16
regulation 8-16, 8-19
regulator 8-16
regulatory 8-16
relate 13-16
related 13-16
relative 2-1, 12-20, 13-16
relatively 13-16
relativity 4-20, 13-16
remark 4-11, **6-14**, 13-8
remarkable 3-16, 6-14
remarkably 6-14

repertoire 13-17
repertory 13-17
represent 10-15
representation 10-15
representational 10-15
representative 10-15
research 2-9, 2-14, 3-2, 3-14, 3-15, 3-16, 4-5, 4-10, **4-16**, 5-9, 5-14, 8-6, 9-13, 9-15, 10-2, 12-1
researcher 1-1, 4-16
resourceful 1-14
resources 1-14, 10-20, 12-9, 14-8
respective 7-17
respectively 7-17
revise 6-15
revision 6-15
revisionism 6-15
revisionist 6-15
revolt 9-16
revolution 9-16, 12-13
revolutionary 4-1, 5-14, 9-2, 9-16
revolutionize 4-7, 9-16
revolve 9-16
revolver 9-16
rigid 11-14
rigidity 11-14
rigidly 11-14
rigor 12-17
rigorous 12-17
rigorously 12-17
rite 9-17
ritual 9-17
ritualistic 9-17
ritualize 9-17
role 1-9, **1-15**, 2-13, 4-13, 6-10, 7-11
role-play 1-15
role-playing 1-15, 7-14

sample   5-18, 6-5, 8-9
sampling   5-18
saturate   14-18
saturated   14-18
saturation   14-18
select   8-17
selection   8-17
selective   8-17
selectively   8-17
selector   8-17
sensation   6-16
sense   1-9, 3-8, 3-12,
   6-16, 9-8, 10-13, 10-15
sensibility   6-16
sensitive   6-16
sensitize   6-16
sensor   6-16
sensory   6-16
sensual   6-16
sensuous   6-16
sequence   **13-18**, 14-19
sequential   13-18
sequentially   13-18
severe   **6-17**, 8-9
severely   6-17
severity   6-17
significance   2-16, 9-17,
   10-5, 14-19
significant   2-16, 5-12,
   8-6, 10-19
significantly   2-16, 6-5,
   14-15
signifier   2-16
signify   2-16
skew   11-15
skewed   11-15
sophisticated   3-17, 5-8,
   11-7
sophistication   3-17
sophistry   3-17
source   1-18, **2-17**, 5-4,
   11-8, 12-16
specific   **1-16**, 1-20, 12-18

specification   1-16
specificity   1-16
specify   1-16, 12-16
sphere   12-18
spherical   12-18
spiral   11-16
stability   3-18, 11-17
stabilization   11-17
stabilize   3-18, 11-17
stabilizer   3-18, 11-17
stable   3-18, 11-17
stably   11-17
standard   9-3, 11-18,
   12-17
standardization   11-18
standardize   11-18
standardly   11-18
stem   11-19
stereotype   10-16
stereotypical   10-16
strategic   1-17, 5-13
strategist   1-17, 12-2
strategy   1-17
stress   8-18
stressful   8-18
strict   11-14, 11-20
strictly   11-20, 11-12
strictness   11-20
strife   10-17
strive   10-17
subject   5-1, 6-18, 11-10,
   11-11
subjective   6-18
subjectively   6-18
subjectivity   6-18
subordinate   12-19
subordination   12-19
subsequent   8-19, 13-7
subsequently   8-19
subside   7-18
subsidence   7-18
substance   **2-18**, 3-11,
   8-8, 12-3, 14-16

substantial   2-18
substantiate   2-18
substantive   2-18
substitute   6-19
substitution   6-19
suggest   コラム 1, 4-3,
   5-3, 5-15, 7-13, **7-19**, コ
   ラム 7, 9-1, 11-11, コラ
   ム 11
suggestion   3-10, 7-19
suggestive   7-19
supernatural   9-13
surmise   4-17
symbol   3-2, **7-20**
symbolic   7-20
symbolism   7-20
symbolization   7-20
symbolize   7-20
symmetric   4-18
symmetrical   4-18
symmetry   4-18
synchronic   11-7

tacit   13-19
tacitly   13-19
taciturn   13-19
taciturnity   13-19
tangible   13-20
tangibly   13-20
technical   2-19
technically   2-19
technician   2-19
technique   2-6, 2-19,
   11-18
technological   2-19
technology   2-19, 6-10,
   12-14
tenuous   9-18
tenuously   9-18
text   1-18, 2-2, 2-11, 9-20
textual   1-18, 4-3
theoretical   4-16, **5-19**,
   12-17

theoretically 5-19
theorize 5-19
theory 1-3, 1-11, 3-17,
  3-19, 4-7, 4-11, 4-20,
  5-19, 6-6, 7-1, 7-2, 8-12,
  8-15, 8-20, 9-2, 9-3,
  9-18, 11-10, 11-19, 12-5,
  13-2, 13-16, 14-2, 14-3,
  14-9
trace 10-18
traceable 10-18
tradition 1-19, 10-4,
  12-7
traditional 1-19, 12-18,
  13-14
traditionalist 1-19
traditionally 1-19, 9-19
trait 4-19
trajectory 12-20
transcend 3-19, 9-4
transcendent 3-19
transcendental 3-19

ultimate 2-20, 10-6
ultimately 2-20
ultimatum 2-20
uncertain 12-3
unconditional 2-4, コラム
  2
undermine 9-19
undoubted 10-19
undoubtedly 10-19
unfortunate 3-20
**unfortunately 1-18,
  3-20**, 5-12, 13-10
unification 4-20
unified 4-20
unify 4-20
unique 1-20, 2-16, 4-19
uniquely 1-20, 12-2
uniqueness 1-20, 4-8
universal 5-20
universally 5-20
universe 5-20
unparalleled 14-19

unwarranted 8-20
utility 10-20
utilization 10-20
utilize 10-20

variability 14-20
variable 14-20
variant 14-20
variation 14-20
varied 14-20
vary 7-16, 14-20
virtual 9-20
virtualize 9-20
virtually 9-20

warily 11-2
wariness 11-2
warrant 8-20
warranty 8-20
wary 11-2
witness 6-20, 9-6, 11-13

東大英単

2009 年 3 月 23 日　初　版
2009 年 5 月 15 日　第 5 刷

［検印廃止］

編著者　東京大学教養学部英語部会
発行所　財団法人　東京大学出版会
代表者　長谷川寿一

113–8654 東京都文京区本郷 7–3–1　東大構内
電話：03–3811–8814・FAX：03–3812–6958
振　替　00160–6–59964

印刷所　研究社印刷株式会社
製本所　株式会社島崎製本

© 2009 Department of English Language,
College of Arts and Sciences, The University of Tokyo, Komaba
ISBN 978–4–13–082140–7　Printed in Japan

R〈日本複写権センター委託出版物〉
本書の全部または一部を無断で複写複製（コピー）することは，著作権法上での例外を除き，禁じられています．本書からの複写を希望される場合は，日本複写権センター（03-3401-2382）にご連絡ください．

本書『東大英単』と連動．東京大学の新しい英語リーディング教科書
On Campus
東京大学教養学部英語部会 編
B5判・208頁／定価(本体価格 1,700 円＋税)

Campus Wide
東京大学教養学部英語部会 編
B5判・208頁／定価(本体価格 1,700 円＋税)

自分の思考を英語で組みたてるライティング教科書
First Moves
ポール・ロシター＋東京大学教養学部英語部会 編著
B5判・256頁／定価(本体価格 2,400 円＋税)

「もう一つの別な宇宙」……？
The Parallel Universe of English
佐藤良明／柴田元幸 編
小津映画からバービーまで，日米の文化をいまどきの英語で読む15編．
A5判・208頁／定価(本体価格 1,800 円＋税)